暨南大学本科教材资助项目（青年教师编写教材资助项目）

林文亿◎编著

社会企业与公益创业

SHEHUI QIYE YU
GONGYI CHUANGYE

暨南大學出版社
JINAN UNIVERSITY PRESS

中国·广州

图书在版编目（CIP）数据

社会企业与公益创业/林文亿编著. —广州：暨南大学出版社，2023.6
ISBN 978-7-5668-3644-1

Ⅰ. ①社… Ⅱ. ①林… Ⅲ. ①社会福利事业—中国—高等学校—教材
Ⅳ. ①D669.69

中国国家版本馆CIP数据核字（2023）第078019号

社会企业与公益创业
SHEHUI QIYE YU GONGYI CHUANGYE
编著者：林文亿

出 版 人：张晋升
责任编辑：黄文科 彭琳惠
责任校对：孙劭贤 王燕丽
责任印制：周一丹 郑玉婷

出版发行：暨南大学出版社（511443）
电　　话：总编室（8620）37332601
　　　　　营销部（8620）37332680 37332681 37332682 37332683
传　　真：（8620）37332660（办公室） 37332684（营销部）
网　　址：http://www.jnupress.com
排　　版：广州尚文数码科技有限公司
印　　刷：广州市友盛彩印有限公司
开　　本：787mm×1092mm 1/16
印　　张：15
字　　数：265千
版　　次：2023年6月第1版
印　　次：2023年6月第1次
定　　价：59.80元

前　言

近年来，“大众创新、万众创业”是我国重要国家战略之一。发展创新创业教育是建设现代治理体系的必然要求，也是社会治理的客观需要，对解决当前社会问题有重要启示，有助于推动国家经济实现包容性增长与可持续发展。国内有关社会创业的教学体系逐渐建立，研究成果也纷纷涌现，但社会企业、公益创业的基本概念、理论、模式和实践经验还有待梳理与总结。了解国外社会企业和公益创业的研究成果和实践案例，分析我国社会企业和公益创业的制度环境与践行模式，有助于推动社会企业和公益创业的发展。笔者开设过“社会企业和公益创业”的课程。在这个课程中，笔者和学生一起探讨过一系列问题：什么是社会企业？什么是公益创业？欧美国家、中国港台地区和内地社会企业发展的现状如何？制度环境如何？哪些因素决定了社会企业的成功？是外部制度环境、市场环境，还是组织内部治理、（社会）企业家精神、运营模式、营销、融资、创新？如何理解社会企业的作用和社会影响力？为什么要关注社会企业影响力？如何评估公益创业或社会企业的社会影响力？在这本书里笔者也试图对上述问题进行讨论。

本书主要介绍社会企业与公益创业的发展背景、理论和发展状况，界定社会企业与公益创业的基本概念和核心要素，讨论中国社会企业与公益创业的实践模式，探讨西方社会企业和公益创业模式在中国本土化的问题，分析中国社会企业与公益创业面临的机遇与挑战。本书通过借鉴经济学、管理学、政治学和社会学相关理论，结合丰富、翔实的国内外案例，从经济、社会、文化、管理等视角全面观察和分析社会企业和公益创业出现的时代背景、社会企业和公益创业的国际经验与挑战、社会企业和公益创业的中国模式与发展、社会企业家精神、社会企业和公益创业的运营模式、营销和融资、社会企业影响力，理论性和可读性较强。本书可以作为管理学类和经济学类专业本科生、研究生的阅读书目，还可供政府、企业和非营利组织相关从业人员作为工作参考。

本书在梳理总结先发地区社会企业成功经验的基础上，通过扎实的实证研究，分析我国社会企业发展的驱动力、影响因素、作用、社会影响和面临的挑战。具体的研究方法和研究思路如下：

（1）文献研究。通过文献查询和资料搜集，总结梳理先发地区社会企业运作的成功经验及其影响因素，梳理我国社会企业实践。本书收集了国内外关于社会企业和公益创业的论著与期刊文章，并汇总了社会企业专门网站的文章和案例，如香港社会企业资源网、台湾社会企业全球资讯网、中国公益慈善项目交流展示会官网、北京社会企业发展促进会官网、成都市社会企业综合服务平台、广州公益创投网、顺德社会创新中心网、社会企业研究与发展中心网站等，以充实研究资料。本书的文献资料主要包括以下几个方面：一是政府制定的关于社会组织、社会企业和公益创投的相关政策、法规等文件，二是社会企业的案例，三是社会企业的相关调研资料和新闻报道。

（2）深入访谈。分别面向政府部门、社会企业孵化中心和社会企业家开展深入访谈，了解我国社会企业发展的背景、制度设计、运作情况及各类群体的主观认识，并结合具体案例中利益相关者的访谈分析社会企业的作用、社会影响和面临的挑战。

（3）多案例比较分析。分别对收集到的案例数据进行分析，综合评估、分析我国社会企业发展的影响因素和面临的挑战，提出解决问题的方案和建议。

本书共分为两部分：基础篇和实践篇，共有 13 章内容。第一部分为第 1 章至第 3 章，主要阐述社会企业的核心要素。第 1 章阐述社会企业的概念和相关理论。第 2 章梳理国外社会企业发展经验。第 3 章对中国社会企业发展历程和地方实践进行了详细的案例分析，总结港台社会企业经验和内地社会企业发展情况。第二部分内容划分不同的主题，通过实证研究分析社会企业的发展。第 4 章主要讨论社会企业的社会影响力。第 5 章讲述社会企业认证对社会企业发展的影响。第 6 章比较香港和顺德社会企业发展中政策发展和政府角色。第 7 章探讨社会企业治理能力。第 8 章分析基金会市场化运作对组织发展的影响。第 9 章讨论社会组织发展社会企业的动力机制、运作模式和面临的挑战。第 10 章讨论行业协会基础能力、活动与影响力。第 11 章探讨养老服务领域社会企业的运营情况、服务供给情况、服务效果、社会影响和面临的困境。第 12 章和第 13 章讨论社会组织类社会企业介入社区戒毒的作用、效果和影响服务效果的因素。

编著者　林文亿

2023 年 2 月

目　录

CONTENTS

第二部分 实践篇

第一部分

基础篇

1 社会企业与公益创业概述

1.1 社会企业与公益创业定义

2006年诺贝尔和平奖获得者尤努斯曾说："为什么不把捐出来的钱用来建立一个社会企业呢？这样的企业可以自给自足，经营得很长久，可以不断满足更多需要帮助的对象。而单纯的慈善行为，钱捐出去后确实可以满足一定的需求，但对这些慈善企业来说捐出去用掉了，钱的生命也就完结了。而把它变成社会企业之后，这个钱就可以无限次地循环下去，社会企业也会持久地存在下去。"那么，什么是社会企业？跟传统非营利组织相比，社会企业的运营模式又有什么不同呢？

早在1996年，罗伯特流浪者经济发展基金会（The Roberts Foundation Homeless Economic Development Fund）就对社会企业（Social enterprise）作了界定："社会企业成立的目的是对低收入群体创造经济发展机会，但同时必须满足财政收入的底线。"社会企业的概念最早由法国经济学家蒂埃里·让泰于1998年提出。蒂埃里·让泰认为这种类型的组织不以工资、收益等资本主义标准衡量企业产出的办法作为组织成功的标准，而是把社会效果和间接经济效益结合起来，以衡量组织绩效。

在欧洲，"社会企业"一词主要是由经济合作与发展组织（Organization for Economic Cooperation and Development，OECD）的十五个会员国发展出的新概念。OECD将社会企业定义为任何可以产生公共利益的私人活动，这类组织具有企业精神策略，但并非以利润极大化为主要追求，而是追求特定经济或社会目标，有助于解决社会排斥及失业问题。

较早研究社会企业的学者Dees（1998）指出，社会企业一词并非单纯为财政目标而存在，而是一种多元混合的综合体（Hybrid），他提出了著名的"社会企业光谱"概念，即社会企业是在纯慈善（非营利组织）与纯营利（私人企业）之间的连续体，此种概念揭示出非营利组织商业化或市场化是其转变为社会企业的途径。Young（2001）认为社会企业应采取企业经营的方案及开展商业活动，以促进社会进步（Social cause）或对公共财政有所贡献为目标。

美国的社会企业服务机构 Virtue Ventures LLC 的创立者和负责人 Kim Alter 从手段、目标、管理方法、实现价值、使命、绩效衡量、财务和战略等九个维度归纳了社会企业的普遍特征：①运用商业手段和方法达到社会目标；②融合社会和商业的资本和管理方法；③创造社会和经济价值；④从商业活动中获得收益来支持社会项目；⑤由市场驱动，同时由使命引导；⑥同时衡量财务绩效和社会绩效；⑦在提供公共产品的过程中满足经济目标；⑧从无约束收入中享受财务上的自由；⑨在达成使命的过程中融入商业战略。

欧洲社会企业研究网络（EMES）制定了社会企业的四项经济指标和五项社会指标。经济指标包括：①持续生产，销售商品和（或）提供服务的行为；②高度自治性；③高经济风险；④少量有偿工作。社会指标包括：①有明确的目标来造福社会；②民间团体发起的计划；③决策权并不基于资本所有权；④受社会企业活动影响的各类团体的参与性；⑤有限的利益分配（马尔特·尼森，2014）。

公益创业（Social entrepreneurship）一词最早由美国比尔·德雷顿（Bill Drayton）提出。他在 1980 年成立了名为阿育王（Ashoka：Innovators for the Public）的全球性非营利组织，该组织致力于在全球范围内推广公益创业，专门物色和培养公益创业人才，向社会创业者提供种子基金，帮助他们开展社会创业，主要涉及社会公正、社区发展、环境保护以及满足弱势群体，如少数民族、妇女、老人、残疾人和孩子的需求等领域。

广义的公益创业是指采用创新的方法解决社会主要问题，采用传统的商业手段创造社会价值而非个人价值。它既包括创办非营利组织或者兼顾社会利益的营利组织，也包括一些营利组织充分利用资源解决社会问题，还包括非营利组织支持个体去创立自己的企业等。狭义的公益创业主要是指非营利组织应用商业机制和市场竞争来营利，或者是指创办非营利组织。

公益创业有三个重要特征：①创新性，即新思想的产生或新模式的创建；②公益性，即维护公共利益；③市场导向性，即绩效驱动、竞争性和前瞻性。

公益创业通过以下方法为社会带来改变：①选定一项使命来创造和持续社会价值（而不仅仅是私有价值）；②发现和不断寻找新的机会来实现这项使命；③不断创新、调整和学习；④对服务对象和行为结果高度负责。

1.2 社会企业与非营利组织

非营利组织是不以营利为目的，主要开展各种志愿性公益或互益活动的社会组织（王名，2010）。非营利性是非营利组织的第一个基本属性，是其区别于企业的根本属性，包括：①不以营利为目的；②不能进行剩余收入（利润）的分配（分红）；③不得将组织的资产以任何形式转变为私人财产。

非政府性是非营利组织的第二个基本属性，也是它们区别于政府的根本属性，包括：①独立自主的自治组织；②自下而上的民间组织；③属于竞争性的公共部门。

志愿公益性或互益性是非营利组织的第三个基本属性。非营利组织的内在驱动力既不是利润动机，也不是权力原则，而是以志愿精神为背景的利他主义和互助主义，包括：①志愿者和社会捐赠是非营利组织的重要社会资源；②非营利组织活动的社会公开性与透明性；③非营利组织提供两种类型的竞争性公共物品（公益性公共物品和互益性公共物品）。

社会企业和非营利组织都是以实现社会目标为使命的组织，但社会企业着重通过商业手段解决社会问题，而传统的非营利组织主要通过慈善资源和政府资助解决社会问题。按照 Dees（1998）描述的社会企业光谱，传统的非营利组织可通过商业化活动实现自身的可持续发展，以向社会企业演进。

1.3 社会企业与企业社会责任

在全球化时代，企业之间的竞争已经从以硬件竞争为主上升到以软件竞争为主，从过去技术、产品等层面的竞争上升到公司理念及公司道德水准的竞争，从单纯的市场竞争上升到全面的责任竞争。企业竞争过程越来越强调社会责任的履行情况。企业社会责任是指企业为实现自身与社会的可持续发展，遵循法律、道德和商业伦理，在运营全过程中对利益相关方和自然环境负责，追求经济、社会和环境的综合价值最大化的行为（郭沛源、曹瑄玮，2022）。

分析企业社会责任的理论有三个同心圆理论、卡罗尔金字塔理论、三重底线理论等。三个同心圆理论将企业社会责任分为内圆、中间圆和外圆。内圆代表企业的基本责任，包括向社会提供产品、工作机会并促进经济增长和经济职能。中间圆指的是企业在实施经济职能基础上要对其行为可能造成的社会和环境影响承担责任。外圆指的是企业要承担更大范围地促进社会进步的其他无形责任。卡罗尔金字塔理论认为企业要承担经济、法律、理论和慈善责任。三重底线理论认为企业要承担经济、社会和环境保护责任。首先，企业要承担股东责任，企业获取利润后要回报股东。其次，企业要承担社会责任，包括对内部员工的安全健康责任和为员工提供相应福利，也包括为外部利益相关者（如客户、供应商、政府、社区等）创造价值。最后，企业要承担环境或生态责任，减少废水、废弃和废物排放，提高资源利用率，推进循环经济。

1.4 社会企业的作用

社会企业的重要作用在于纠正非营利组织的失灵问题。第一，社会企业通过营利性项目可以缓解非营利组织资金不足导致的服务和产品供给不足的问题。第二，社会企业要及时回应服务对象需求才能有所营利，在一定程度上可以克服非营利组织家长式作风的问题。第三，社会企业通过营利性项目提高员工待遇和技能，有利于提高组织的产品和服务质量，也有利于克服慈善业余主义的弊端。第四，社会企业让服务对象按照市场化原则购买产品或使用服务，保护了服务对象的自尊心的同时也提高了其能力，可以解决福利依赖的问题。第五，社会企业采用营利组织的治理机构，解决了非营利组织中理事会监管能力不强的问题。

国际标准化组织（International Standard Organization，ISO）从 2001 年开始着手进行社会责任国际标准的可行性研究和论证。2004 年 6 月该组织最终决定开发适用于包括政府在内的所有社会组织的“社会责任”国际标准化组织指南标准，该标准由 54 个国家和 24 个国际组织参与制定，编号为 ISO 26000。

2005 年 5 月，中国纺织工业协会发布了题为“中国纺织企业社会责任管理体系 CSC9000T”（以下简称 CSC9000T）的管理工具，从而产生了中国产业界自主开发的第一个标准化的社会责任管理体系。2006 年 3 月，CSC9000T 的试点工作正式启动。2005 年末，由国资委发起的“中国企业社会责任联盟”正式成立，召开了“2005 年中国企业社会责任论坛”，制定了国内第一部《中国企业社会责任标准》，并发表了《中国企业社会责任北京宣言》。2006 年 3 月，我国企业第一部社会责任报告《国家电网公司 2005 社会责任报告》正式发布。

越来越多的商业组织开始重视社会责任的履行，因为企业意识到履行社会责任可以带来销售额和市场份额的增长，可以巩固品牌定位，提升企业形象和影响力，吸引、激励和保留员工，降低运营成本，增大企业对投资者和财务分析师的吸引力。

根据 Dees（1998）的观点，传统企业在实现经济可持续性后，通过承担相应社会责任，可转型为社会企业。企业成功转型为社会企业，与企业规模、企业家精神、政策工具、资源支撑和社会资本等因素密切相关，可以有多重实现方式（李健、成鸿庚，2022）。

推荐阅读

1. 王名. 非营利组织管理概论［M］. 北京：中国人民大学出版社，2010.

2. 王名，刘求实. 中国非政府组织发展的制度分析［J］. 中国非营利评论，2007（1）：92－145.

3. 苗青. 社会企业：链接商业与公益［M］. 杭州：浙江大学出版社，2014.

4. 郭沛源，曹瑄玮. 企业社会责任理论与实务［M］. 北京：中国经济出版社，2022.

5. KERLIN J A. Social enterprise in the United States and Europe：understanding and learning from the differences［J］. Voluntas，2006，17（3）：247－263.

6. SPEAR R，BIDET E. Social enterprise for work integration in 12 European countries：a descriptive analysis［J］. Annals of public and cooperative economics，2005，76（2）：195－231.

7. WALLACE S L. Social entrepreneurship：the role of social purpose enterprises in facilitating community economic development［J］. Journal of developmental entrepreneurship，1999，4（2）：153－174.

8. 李健，成鸿庚. 商业企业转型为社会企业的成功路径研究：一项模糊集定性比较分析［J］. 研究与发展管理，2023（3）.

9. 徐换歌，陈波. 城市声誉促进了企业社会责任履行吗？——来自文明城市评选的自然实验［J］. 南京财经大学学报，2022（4）：66－76.

10. 张哲. 公共危机情境下企业社会责任对组织韧性的作用机制研究［J］. 中国物价，2022（6）：113－115，128.

11. 王雅莉，侯林岐，朱金鹤. 文明城市创建如何"催生"企业"道德血液"？——基于企业社会责任视角的分析［J］. 财经研究，2022，48（6）：64－78.

12. 肖红军，阳镇，姜倍宁. 企业社会责任治理的政府注意力演化：基于 1978—2019 中央政府工作报告的文本分析［J］. 当代经济科学，2021，43（2）：58－73.

13. 荣奎桢，陆奇斌. 企业与社会组织联盟研究综述：基于企业社会视角［J］. 管理现代化，2020，40（2）：116－118.

14. 徐光伟，李剑桥，刘星. 党组织嵌入对民营企业社会责任投入的影响研究：基于私营企业调查数据的分析［J］. 软科学，2019，33（8）：26－31，38.

15. 陈贵梧，胡辉华，陈林. 行业协会提高了企业社会责任表现吗？——来自中国民营企业调查的微观证据［J］. 公共管理学报，2017，14（4）：102－117，158

思考

（1）广义的公益创业和狭义的公益创业的联系与区别分别是什么？

（2）公益创业与传统公益、传统创业的区别是什么？

（3）社会企业与非营利组织的联系和区别是什么？

（4）社会企业与企业社会责任有哪些区别？

（5）企业社会责任的履行受哪些因素影响？企业履行相应的社会责任会影响企业发展吗？

（6）非营利组织与企业的合作模式有哪些？社会企业可以是其中一种合作模式吗？

2 社会企业在国外的发展

2.1 社会企业在西方国家出现的背景

西方国家社会企业的产生和发展源于20世纪80年代经济危机出现后衍生出的福利危机。经济停滞发展使得欧美国家政府难以承受沉重的社会福利负担，各国政府开始减少对公益组织的资金资助，转而鼓励社会救助对象通过再就业方式减少政府的救助责任。各国政府制定了各种政策帮助公益组织为福利救济对象提供就业指导和教育培训，并鼓励社会各界创造各种新的就业形式。在这个背景下，一类新的就业整合型组织应运而生。这类组织不以利润最大化为目标，旨在吸纳被市场排斥的劳动力就业，将所得利润用于就业人员的薪资福利和组织再生产所需的投资。以英国“大问题”（The Big Issue）杂志社的创建为例，该杂志社与传统慈善组织开展的活动有所不同，该杂志社经营所得利润不是分配给投资者，而是分配给作为销售人员的失业人士或流浪人士。该杂志社鼓励培养失业人士，为数万个失业人士或流浪人士提供再就业机会，缓解了劳动力市场失业率居高不下的局面。此外，西方国家的经济危机发生后，政府为克服通货膨胀的压力而实施减税政策，公益组织获得社会捐赠的数量也随之减少，因此越来越多的公益组织转向市场活动以获得服务收费。萨拉蒙于1995至2000年间对36国非营利组织展开的调查显示，非营利组织的收入构成中，50%以上来自提供服务以及投资、会费和产品销售等商业活动（萨拉蒙·莱斯特等，2007）。具体而言，可以从政治因素、经济因素和发展理念三个方面的变化分析西方国家社会企业出现的背景。

2.1.1 政治因素

20世纪70年代至80年代，欧美国家政府一直被财政赤字困扰，在这一背景下，政府削减后的预算已经无法满足非营利组织或公益组织日渐新增的需求，非营利组织因而转向另一个替代方案——市场。在此期间，商业收入不仅成为非营利组织的主要资金来源，也成为推动非营利组织收入增长的引擎。此外，私人企业也在此时期大量进入社会福利领域，以本身市场机制的竞争优势争取更多的政府补助。

西方国家政府一开始对公共服务外包的热情不高，但随着非营利组织开始介入公共服务供给领域，将其组织目标定位为“提供无法由公共部门满足的需求，必须能够从事生产性活动，并且寻求经济支持”，将服务人群定位为“边缘人群及失业者”，这些组织具备了社会企业的雏形（European Commission，2014）。

2.1.2 经济因素

非营利组织的经费来源主要是政府补贴或慈善捐赠，当政府补贴或慈善捐赠的资金不足时，非营利组织的运作就难以为继了。西方国家出现经济危机后，一些社会产业（比如教育、医疗）支出增长的速度已经超过了通货膨胀的速度，而在政府预算和慈善捐赠资金有限的情况下，开展这些社会项目的非营利组织之间便会通过竞争的形式争夺有限的资源。在这种情况下，一部分非营利组织开始转移方向，开始运用商业化的运作模式来解决自身发展上的财务危机。在这个过程中，以市场化为手段、以解决社会问题为目标的社会企业的优势逐渐显现出来。

首先，通过市场化的操作，社会企业不仅可以解决自身发展所需的资源，还会有一些盈余，因此，它们可以摆脱单纯依赖政府补贴或慈善捐赠获得资金的限制。其次，在资金盈余的情况下，它们可以进入私人资本市场，为实现其长远的目标进行融资。因此，社会企业的经营方式在效率、稳定性和可持续性上的优点是非常亮眼的，越来越多的非营利组织开始往社会企业的模式发展。

2.1.3 发展理念的变化

全球大部分国家在实现经济增长的同时，都面临资源高消耗和环境破坏的挑战，因此，很多发达国家都开始引入“可持续发展”的理念，即要求各类社会组织在创造利润的同时，要注重社会的发展和环境的承载能力。“融合的价值理念”（The blended value proposition）随之被认可，其核心观点是：社会、经济和环境领域的投资行为之间并非交替换位关系（Trade off），而是共同追求一个价值取向——社会目标、经济目标和环境目标的融合。这三者不能被视作截然不同的目标而予以分离，而应该是一种一致的追求。所有的组织在其内部必须确立

“社会价值创造”的取向。

西方国家政府在社会企业发展过程中制定了各种优惠政策，全球著名学府也纷纷开设社会企业课程，为这类创新组织提供支持和培训的机构和网络也迅速发展起来。

2.2 英国社会企业发展

英国政府将社会企业定义为实现社会目标而从事商业行为的组织，其营利所得主要用于社会公益事业或所服务的社区人群（Department for Business，Innovation & Skills，2011）。英国对社会企业的认定标准有三个：①企业形式；②有社会目标；③组织的大部分利润用于运营或实现社会目标。

英国最早的社会企业模式是合作社，它以成立于1844年的罗奇代尔合作社为起点。20世纪70年代，英国为应对经济危机进行了一系列社会改革。非营利组织获得的慈善捐款和政府资助减少，转向营利性业务以获得更多收入来源。英国政府也相信社会企业在解决弱势群体的失业、被社会标签化等问题方面有重要优势。另外，社会企业支持网络，如英国社会企业联盟、社会企业标记公司、英国合作社联盟等的成立，进一步推动了社会企业的发展。2002年，英国政府出台了《社会企业：走向成功的战略》，旨在实现三个目标：营造社会企业支持性环境、提高社会企业商业模式的运作效率、确定及推广社会企业价值（李健，2018）。此后，英国政府于2006年发布了《社会企业行动计划：勇攀高峰》，明确了政府在发展社会企业中的角色和功能，主要体现为培育社会企业文化，协助社会企业获得第一部门和第二部门的支持，解决社会企业融资中遇到的问题以及促进社会企业与公共部门的合作。2010年，英国政府启动“大社会”项目，并发布《建设更强大的公民社会》的发展战略，支持社会企业、慈善组织、志愿组织和社区组织参与公共服务项目。

英国社会企业在发展初期也没有受到社会认同，政府采取放任其自由发展的态度。但是，学者呼吁政府和社会营造合适的环境，让社会企业有更多的发展空间。英国工业与贸易部在2001年作了一个关于社会企业兴起的研究，其显示英国社会企业主要涉及的领域包括两方面：一是向被排斥在劳动力市场以外的人士提供就业训练，协助这部分人士重返就业市场；二是个人社会服务事业。在2002年《社会企业：走向成功的战略》报告中，时任英国首相布莱尔亲自作序，指出“社会企业为我们解决社会福利问题提供了一个崭新途径，它们使公共部门与企业部门较好地协调起来，我们既可以拓宽企业的经营范围，又可以让对顾客高度负责的企业运用私人部门的自由性来为部分社会公众开展服务”。有了政府领导的关注，英国社会企业迅速发展起来。2005 年完成的《小企业年度调查：英国 2005 年》（*Annual Survey of Small Businesses*：*UK 2005*）显示，95%登记的社会企业表示其企业使命是帮助有需要的人士，23%涉及环保行业。社会企业助人的方式多样化，涉及的服务包括就业援助、社会援助、培训课程提供、房屋、运动、文化、商业、托儿、养老、辅导、医疗和交通。环保领域的服务包括废物回收、环境改善、节约能源和环保意识的提升等（邓伟志、张钟汝、范明林，2007）。

但是英国政府至今没有专门的社会企业法，而是针对社会企业的不同形式进行分类管理，在公司法和非营利组织的相关法律中都有涉及社会企业规管的内容。英国于 2005 年针对社区利益公司这种特定的社会企业形式颁布了《2005 年社区利益公司规定》，成立了专门部门负责发展该形式的社会企业。

英国社会企业主要有四种模式：社区利益公司（一种商业模式的社会企业）、工业与储蓄协会（由合作社和社区按照民主原则并在社区所有权运营下的社会企业）、担保有限责任公司（一种承诺服务于社区利益目标并将利润用于社会目标实现的社会企业）以及慈善组织身份的组织结构（Group structures with charity status among those there are non-profit operations）（李健，2018）。其中第四种模式最为普遍。社区利益公司受公司之家和社区利益公司管理局监管；担保有限公司和股份有限公司受公司之家监管；工业与储蓄互助协会受英国金融管理局监管；慈善形式的社会企业受英国慈善委员会监管（European Commission，2014）。

在金融支持方面，英国政府通过设立风险资本基金（1997）、大社会资金（2012）、涉及成果基金（2012）、社会产出资金（2012）、投资和合同准备基金（2012）、影响力风险投资基金（2012）、社会股票交易所（2012）以及社会孵化器基金（2012）解决社会企业在融资上遇到的问题。在税收方面，英国政府于 2002 年出台“社区投资税减免计划”。社会企业投资者可获得高达 25%的税收减免幅度。在能力建设方面，贸易与工业部负责向社会企业开展培训，确保社会企业都可参与针对企业的培训计划。此外，英国政府还开通“业务通”网站、开展“能力建设者”项目，成立“社会企业培训支持联合会”，为社会企业提供各种资讯和培训。英国政府还与大学等科研机构合作，开设社会企业课程，鼓励大学生创办社会企业。在购买服务方面，英国政府于 2013 年颁布的《公共服务（社会价值）法案》，强调在服务项目竞标时要优先考虑社会企业。在宣传推广方面，政府通过宣传和奖励成功社会企业、在各种会议上发言介绍社会企业、组织社会企业之旅、邀请各界人士参观社会企业、让各级媒体积极参与社会企业报道、设立社会企业奖项等方式提升社会企业的社会认知度。在财政支持方面，政府通过设立专项基金的方式资助社会企业。在监管方面，不同形式的社会企业在收入构成和利润分配方面要遵循相应规定，如规定社区利益公司不少于 25% 的收入来自商业活动，不超过 75% 的收入来自捐款，不超过 50% 的利润可用来分红。

总的来说，英国政府在支持社会企业发展方面有以下措施：①建立社会企业信息库。英国工业与贸易部建立了关于社会企业的信息库，帮助社会各界了解社会企业的数量和经营范围等，同时提升社会对社会企业的认识，从而为社会企业争取更多的资金支持。②建立社会企业信用体系。政府积极帮助社会企业建立信用体系，提高社会企业的信用度，从而提升社会企业的筹资能力。③支持社会企业培训。政府确保社会企业都可以参与适用于其他企业的培训计划。对社会企业合伙人、工作人员进行相关培训，并提供高于其他企业的培训费用补贴。④给予资金支持。政府专门制订了一个扶持社会企业的财政计划，每年拨出一定的财政资金支持社会企业的发展。⑤完善社会企业法定模式。政府制定了多种法律框架以制约形式多样的社会企业。不同的法律适用于不同的社会企业，亦规定了社会企业的性质、股东的要求、管理结构、融资方式和纳税方式。

2.3 美国社会企业模式

美国社会企业主要指能够持续产生利润且从事的业务都有利于社会的组织。在实践中，美国的社会企业包括从商业活动中获取收入来源的非营利组织。美国在 2002 年启动“发展社会企业”战略，探索行业协会、基金组织、慈善组织、志愿组织和社会发展公司等社会企业的多种模式。美国在国家层面并未有针对社会企业的专门立法，但是许多州的政府颁布了《利益公司法》《爱达荷州利益公司法案》《印第安纳州利益公司法》《公共利益公司法》《社会目的公司法》和

《示范利益公司法》等地方立法以规范社会企业的发展。2008 年以来，美国有 20 多个州进行了社会企业立法（李健，2018）。

美国的社会企业形式包括非营利部门、营利部门和公营部门，只要这个组织承诺使用组织资源解决社会问题或贡献社会，就可以被认为是社会企业。根据美国社会企业联盟统计，目前美国大约有 5 000 家社会企业（李健，2018）。

美国的社会企业形式可以是非营利组织、免税组织、营利公司和有限责任公司等。各州根据社会企业的特征先后创立了三种新的社会企业形式：低利润有限责任公司、共益公司和社会目的公司。低利润有限责任公司与有限责任公司一样都是营利组织，不能免税，但是低利润有限责任公司不将创造利润放在第一位，而将实现社会目标放在第一位。美国私人基金会向低利润有限责任公司进行投资后可获得免税资格，这种投资也是低利润有限责任公司的主要资金来源之一。美国《联邦税法》规定私人基金会只有将每年净资产的 5% 或以上用于实现社会目标，才能获得免税资格。除了慈善捐赠外，向营利或非营利组织进行低利息贷款或股权投资也可以被认定为实现社会目标的一种方式。共益公司是创造普遍公共利益的营利组织，要求在决策过程中考虑各利益相关方的利益，并要公开报告其社会和环境绩效。灵活目的公司或社会目的公司介于低利润有限责任公司与共益公司之间，以追求利润最大化为首要目标，但要在公司章程中声明自身特定的或多个社会目标，每年要向公众提交社会与环境效益报告。

美国没有专门针对社会企业的主管部门，政府对社会企业的专项资助和支持也较少，主要通过私人基金会为社会企业提供金融支持、教育、培训、研究和咨询服务。在税收方面，政府对投资社会目标项目的组织有相应的税收减免规定。2010 年，美国政府设立了“社会创新基金”，鼓励社会资本投向社会企业。该基金通过中介组织拨付给非营利组织，政府要求中介组织对资金进行 1∶1 配比，中介组织也要与非营利组织进行 1∶1 配比，所以政府每支出 1 美元就会带来 3 美元的投资（李健，2018）。

在购买服务方面，美国州政府主要通过购买工作整合型社会企业的方式支持残疾人就业，因此这类社会企业有 70% ~80% 的收入源于政府购买服务。但这类组织中残障人士员工占所有员工的比例至少为 75% 才能获得政府采购资格（李健，2018）。

美国政府针对社会企业的直接资金资助较少，一般是通过购买第三方组织的服务为社会企业提供培训和能力建设项目。美国有很多高等院校和科研机构开设了社会企业相关的课程，为社会企业发展提供智力支持。

总体而言，美国政府促进社会企业发展的措施包括以下几个方面：①营造良好的法律环境。政府对社会企业实行低税收的优惠政策，但在税法中规定社会企业要提交包含运营项目、资金和资产等内容的税务报告，并将这些税务信息公开到网上，方便公众查阅，以此来提高社会企业的透明度。②实行全国统一的义务社会保障制度，缓解社会企业因规模小和职工薪酬不高等造成的职工高流动性和不稳定性的问题。③提供财政资金支持，帮助社会企业缓解成立初期资金紧张的问题。

从英美国家社会企业发展的经验看，政府对社会企业的态度是宽松而又不失监管的。首先，政府从法律上认可营利组织形态的社会企业，未将非营利组织的利润分配严格限制于社会企业认证过程中。其次，政府不放任社会企业的自由发展，而是通过资格认定和监管方式约束社会企业的商业活动，让其不失公益性。政府的这种做法有助于为社会企业"正名"，也为社会企业在获取公益资源方面提供了各种便利。此外，通过政府的认可，社会企业在社会公众中的认知度得到提升。

英美国家在社会企业发展的过程中建立了几种新型的社会企业法律形态。英国主要以"社区利益公司"（Community Interest Company，CIC）的形式存在，美国主要以"低利润有限责任公司"（Low-profit Limited Liability Company，L3C）和"共益公司"（Benefit Corporation，B Corporation）的形式存在（苗青，2014）。

英国于2005年7月1日正式出台《2005年社区利益公司规定》（*Community Interest Company Regulations 2005*）。截至2014年3月，英国有9 000多家注册为社区利益公司的机构（苗青，2014）。要成为一个社区利益公司，需要满足以下两个条件：①通过"社区利益测试"。申请机构要向监管机构提交一份证明。该证明能显示机构成立的目的是追求社区利益，机构的活动范围是谋求社区公众利益以及机构的受益群体是社区公众。②"资产锁定"和利润分配限制的承诺。申请机构必须承诺将资产用于社区利益。如果机构要对资产进行转移，必须满足三个条件：一是以市场价格进行转移；二是将资产转移给其他社区利益公司或慈善机构；三是转移要以实现社区利益为目的。此外，申请机构在利润分配方面有三个限制："利润上限"限制（即利润分配总额不得超过可分配利润的35%）、

“每股分红上限”限制①和贷款“利率上限”限制（2014 年“利率上限”规定为上一年贷款债务平均水平的 20%）。

美国佛蒙特州于 2008 年 4 月颁布了“低利润有限责任公司”法案。要申请成为低利润有限责任公司，需要满足三个基本条件：一是申请机构必须承诺推动实现国内税法法典所列举的一个或多个公益目标；二是申请机构要将实现社会使命作为首要目标；三是申请机构不得追求政治或立法目的。

随后，美国马里兰州于 2010 年首先通过了“共益公司”法例。该法例不要求共益公司以社会目标为首要目标，而是要求共益公司在追求经济利润的同时追求环境和社会效益。共益公司每年必须向社会公众和股东提交其社会责任的详细报告。报告中要交代其创造的公共利益和环境利益。该报告必须符合第三方标准。

2.4 新加坡社会企业模式

新加坡的社会企业以 1925 年成立的第一个合作社——新加坡政府公务员存款和贷款合作社为起点。20 世纪 90 年代，新加坡政府出台“多方援手”战略，鼓励草根组织、宗教团体、志愿组织、独立法人组织、有限责任公司、私人有限公司以及担保有限公司共同帮助弱势群体。2003 年，新加坡社会发展、青年及体育部（2013 年更名为社会及家庭发展部）设立“社会企业基金”，为社会企业提供启动资金。

新加坡没有针对社会企业的专门立法。社会企业的主要形式是合作社，合作社占所有社会企业的 41%。还有一些社会企业的服务领域涉及商业支持、旅游服务、就业安置和活动管理、食品和饮料、教育、贸易、医疗和社会工作、信息与沟通、艺术与休闲和其他（Roshini & Pauline，2014）。

新加坡从国家层面促进社会企业发展的部门是社会企业委员会，其工作内容主要集中在两个方面：推动社会企业和社会责任企业的发展，为弱势群体提供就业和技能培训机会；推进社区建设项目，培育社会企业家精神和孕育社会企业文化。

新加坡专门成立了社会企业基金和社区关怀基金，以支持社会企业发展，允

① 该限制于 2014 年取消。

许社会企业进行利润分配，为处于不同周期的社会企业开发不同的融资模式（Ministry of Community Development，Youth and Sports，2007）。

新加坡政府通过对话、工作坊、会议、研讨、社会企业竞赛和论坛等方式宣传推广社会企业。政府每年进行一次调查，了解公众对社会企业的认知情况。

新加坡社会及家庭发展部在2009年时成立了社会企业联盟，帮助社会企业和其他部门建立伙伴关系，并为社会企业成员提供各种资讯和成功案例。截至2016年，新加坡已成立400~500家社会企业（李健，2018）。

2.5 韩国社会企业模式

1997年亚洲金融危机爆发后，韩国社会失业问题严重。在这个背景下，社会企业应运而生，成为解决失业问题的制度化设计。2000年，韩国政府实施“自主事业”计划。2003年，韩国劳动部实施“社会就业岗位创业”项目。2005年，政府出台了《社会企业的设立及培育关联的法案》。2006年，又出台《社会企业支援法案》。韩国国会于2006年底通过《社会企业育成法》，明确规定社会企业的组织形态、类型、经营领域等（李健，2018）。

韩国社会企业定义包含四个要素：①是一个为低收入者、老年群体、残疾人群体、卖淫的受害者、长期失业者、失业女性等弱势群体提供工作或社会服务的组织；②促进当地社区和公共利益发展；③将利益相关者纳入民主决策过程；④将投资利润用于社会目的的实现。《社会企业育成法》规定社会企业要满足七个条件：①是一个合法性组织；②雇佣劳动者并进行经营性活动；③将社会目标作为组织成立的宗旨；④让利益相关者参与组织管理；⑤经营所得收入符合相关规定；⑥有社会企业章程；⑦应将可分配利润的三分之二以上进行再投资（李健，2018）。

韩国社会企业有五种模式：就业机会提供型、社会服务提供型、混合型、区域社会贡献型和其他型。就业机会提供型社会企业主要为不稳定就业者或弱势群体提供就业机会。社会服务提供型社会企业主要为弱势群体提供公益服务。混合型社会企业既提供就业机会，也提供社会服务。该类型社会企业要保证雇佣的员工中有30%以上为弱势群体，同时为弱势群体提供的社会服务比率要占30%以上。区域社会贡献型社会企业以实现某个固定区域经济的良性循环为目标。

韩国劳动部和区域联合援助机构负责对韩国社会企业进行认证。从2010年

12 月开始，韩国社会企业振兴院和区域联合援助机构一同对社会企业进行认证。韩国社会企业振兴院通过培养社会企业家、发展社会企业商业化模式、监督与评估社会企业、建构社会企业网络、促进社会企业国际合作与交流等方式推动社会企业发展。

得到认证的社会企业可以得到为期 4 年的减免 50% 法人税的优惠。自 2011 年起，韩国政府对社会企业适用了同一般中小企业相同的 7% 的最低税率（李健，2018）。韩国政府对社会企业的财政支持包括人工成本支援、工作岗位补助、社会保险费支援、经营设备费支援、事业开发费支援等。人工成本支援补助项目中，社会企业可获得最长 5 年的人工成本补助。社会企业可获得第一年 100%、第二年 80%、第三年 70% 的补助。准社会企业可获得第一年 100%、第二年 90% 的补助。在社会保险费支援方面，不参与人工成本支援项目并且全员参加四大保险和工资高于最低薪资标准的社会企业可获得社会保险补助，按最低工资的 9% 的标准给予援助，最长支援 4 年。事业开发费支援主要是指给予品牌和技术方面的研发费用、市场营销费用以及产品性能与质量改善费用等方面的援助。

韩国政府通过为社会企业提供经营咨询、基础咨询、专业咨询、软件普及服务和开办社会企业研究院等方式提升社会企业能力。政府在购买服务方面优先考虑购买社会企业的产品和服务。截至 2017 年 5 月，韩国社会企业数量有 1 741 家（李健，2018）。

2.6 日本社会企业模式

日本政府于 2015 年发布的《关于我国社会企业活动规模的调查报告书》，认为社会企业要具备七大要素：①通过商业手段解决或改善社会问题；②成立的主要目的是解决社会问题；③利润主要用于组织的可持续发展；④用于分红的利润要低于全部利润的 50%；⑤事业性收入占全部收入的 50% 以上；⑥事业性收入中来自公共保险（医疗或护理保险等）的收入要低于 50%；⑦事业性收入中来自政府委托事业的收入不能高于 50%（李健，2018）。

日本社会企业形式包括中小企业法人、非营利组织法人、一般社团/财团法人以及公益社团/财团法人。日本通过“新公共支援项目”和“区域社会就业促进项目”为初创期社会企业提供资金资助，给在社会企业工作的人员发放补助薪金，促进社会企业能力建设。日本经济产业省每年召开一次“社会企业研究会”，针对社会企业问题开展专题调研。至 2014 年底，日本有 20.5 万家社会企业，其创造的价值占日本 GDP 的 3.3%（李健，2018）。

推荐阅读

1. 李健，荣幸. 国际比较视野下的社会企业政策模式选择：基于“工具—结果”维度的多案例研究［J］. 社会政策研究，2020（2）：40－53.

2. 李健，卢永彬，王蕾. 组织法律形式、政策工具与社会企业发展：基于全球28 个国家的模糊集定性比较分析［J］. 研究与发展管理，2019，31（1）：1－9，66.

3. 李健. 政策设计与社会企业发展：基于30 个国家案例的定性比较分析［J］. 理论探索，2018（2）：32－38.

4. 李健. 条条大陆通罗马？——国外社会企业立法指向及经验启示［J］. 经济社会体制比较，2017（3）：74－82.

思考

（1）国外社会企业发展的模式有哪些异同？

（2）社会企业的发展受哪些因素影响？

（3）社会企业认证模式有哪几种？

3 社会企业在中国的发展

3.1 中国本土化的社会企业

官有垣等（2014）认为既有研究对社会企业的关注主要集中在美国或欧洲模式，而未将社会企业置于其发展的本土环境脉络中。大部分研究多以国外社会企业的发展经验为借鉴，讨论中国社会企业发展的路径和模式，却忽视了从中国本土化的发展模式中梳理总结经验。

3.1.1 社会企业发展的动力机制

政府部门、公民社会、市场部门和国际机构对中国社会企业发展发挥了不同的作用。政府部门对社会企业发展的影响主要体现在国有福利机构市场化、法律与政策多样化、政府采购与补贴、跨部门合作和社会投资项目的开展；公民社会对社会企业发展的影响主要体现在非营利组织的市场化、新型合作社的兴起、跨部门合作、基金会的社会投资项目和支持服务体系的出现；市场部门对社会企业发展的影响主要体现在企业社会责任的迅速发展、跨部门合作和企业社会投资的发展；而国际机构对社会企业的影响主要体现在提供资讯和资金、能力培训和促进交流等方面。

3.1.2 定义和类型

社会企业兼具一般营利企业和非营利组织的特征，是社会公益的一种创新组织形式。首先，社会企业具有一般营利企业的经济特性和企业特性，体现为可持续地生产商品和（或）提供销售服务、高度自治、承担经济风险和使用最少数量的带薪雇员。其次，社会企业具有非营利组织的社会特性，体现在五个方面：有为共同体服务的明确目的；集体行动的结果；拥有不是基于资本所有权的决策权；要求受到活动影响的所有人都参与组织管理；有限的利润分配。以社会企业发展较快的英国和美国为例，英国政府将社会企业定义为为实现社会目标而从事商业行为的组织，其营利所得主要用于社会公益事业或所服务的社区人群。而在美国，社会企业被认为是关注社会和经济目标的非营利或营利组织，其治理结构呈多元化特征。

我国学者丁开杰认为我国有四类“类社会企业”或“准社会企业”，分别是民间组织、合作社、社会福利企业和社区服务中心。俞可平在《发展社会企业，推进社会建设》一文中认为民办非企业单位、社会福利企业、城乡居民的互助合作组织和社区服务中心等在中国都可被归入社会企业的范畴。较早在我国系统研究社会企业的学者舒博对社会企业的定义为“公民在社会责任感驱动下，依法自愿结社形成并采用市场化运行方式，以实现社会公益为使命的非营利性社会组织”。也有学者认为社会企业不是一种法律意义上的组织形态，需要对组织的宗旨与目标及其营利活动进行价值判断（孙同全、潘忠，2013）。

3.1.3 社会企业的角色和作用

社会企业是我国十八届三中全会提到的“创新社会治理”的一种具体实践模式，可以从三个层次体现创新社会治理价值：第一，社会企业可以为失业和残障人士创造就业机会；第二，社会企业运作模式可实现社会与企业、政府的协同治理，有利于社会公益目标的实现，增进社会公众福利；第三，社会企业有助于实现社会资本积累，有助于解决社会公益事业资金短缺和不稳定的问题，促成社会公益组织财务自主和高度自治。在具体实践中，社会企业在就业、扶贫、教育、医疗、环保、社会服务、社区治理、社会福利等领域发挥了重要作用，成为社会关注的热点议题。

社会企业对公众参与公益事业和对社会组织发展有重要影响。首先，社会企业的出现改变了传统公益服务递送过程中资助/捐赠方、公益服务机构和公益服务对象的角色及三方之间的关系。在传统公益服务递送过程中，资助/捐赠方基本是无偿资助或捐赠物资和资金给公益服务机构；公益服务机构作为服务提供者，为公益服务对象提供实物或无形的服务；公益服务对象一般作为服务受体使用提供的服务。从这个递送过程可以看出，传统公益服务的主、客体界限比较清晰，参与者数量有限，参与形式较单一，而且这种服务递送模式易使公益服务对象出现“福利依赖”和“被标签化”的问题。

社会企业出现后，资助/捐赠方可以作为资助者为公益服务机构提供各种资助，也可以作为雇佣方为公益服务对象提供工作机会和工作岗位，还可以作为服务直接提供方为服务对象提供各种服务。公益服务机构除了履行传统公益模式中服务提供方的责任外，还可以从事经济生产活动，一方面可以为服务对象提供工作机会，另一方面还可以为社会公众提供各类产品和服务。而社会公众通过购买使用公益机构的产品或服务，可为公益机构提供可持续发展的资金，并使公益机构服务对象范围扩大、服务内容增加和服务质量提高。此外，公益服务对象也从传统公益服务模式中被动的受助对象转变为为社会公众提供产品或服务的提供方。从这个服务递送过程可以看出，社会企业模式下公益服务递送的主、客体界限变得模糊，公益服务参与者数量增加，参与方式多样化。因此，社会企业的出现克服了公益服务供给中出现的政府失灵、市场失灵和志愿失灵（家长作风严重、资源稀缺、受益人群有区域限制、对政府的依赖性强）的问题，提高了公益参与的有效性。

此外，社会企业的这种新型组织形态对社会组织发展的影响也是不可忽视的。从第一维度看，社会企业改变了社会公众参与公益的方式，而这种改变很大程度上对社会组织人力资源的管理有积极影响。社会组织开始关注和学习商界的运营模式，通过商业活动为组织财务的可持续性提供保障，同时也为社企（社会组织和企业）合作提供了大量机会，促进社企之间的沟通联系，有利于推动公民社会的发展。

3.2 港台社会企业发展

3.2.1 台湾社会企业发展

台湾从 20 世纪 90 年代初期开始出现由事业单位经营的非营利组织，如喜憨儿社会福利基金会的烘焙坊与餐厅、伊甸社会福利基金会的轮椅事业、阳光社会福利基金会的洗车中心与加油站、荒野保护协会的出售保护荒地书籍、卡片以及付费的生态之旅等。官有垣将台湾非营利组织中兴起社会企业的因素归纳为五个方面：①回应社会需求；②非营利组织寻求财务稳定与自主；③社会福利民营化和政府购买服务的发展；④政府出台了相关的政策，并给予经费资助；⑤企业开始重视履行社会责任。其中，回应弱势群体和各种残障人士的特定需求、政府出台政策和提供资助、组织基于财务稳定和自主的考虑是最主要的三个原因（官有垣等，2014）。

台湾社会企业可以被分为五种类型，分别是积极性就业促进型（主要关注被社会排斥的弱势群体的就业问题)、地方社区发展型（协助地方小区的人文与产业经济发展)、服务提供与产品销售型、公益创投的独立企业型（强调以营利公司的创设及盈余来支持非营利组织的公益活动）和社会合作型。台湾当局在推动非营利组织社会企业发展上发挥了四个方面的作用。第一，政府提供了人力支援。第二，政府提供了物品与服务销售方面的协助。第三，政府给予非营利组织在租用场地和建盖建筑物的特许权。台湾当局制定了《身心障碍者权益保障法》，其中有《优先采购身心障碍福利机构或团体生产物品及服务办法》，要求政府机关、公立学校、公营事业机构等在采购物品与服务项目时，邀请身心障碍福利机构与身心障碍福利团体办理优先采购，使得非营利组织能够在市场竞争中受到保护并获得优势的经营条件。第四，政治人物带头推售社会企业产品。政府部门领导在开会或特定节日时指定购买社会企业的餐饮产品与服务。以喜憨儿基金会在台北市政府设立的 Enjoy 餐厅为例，市长办公室会定期向该餐厅购买餐饮点心。在市长办公室与新闻媒体作简报时，该餐厅的服务生会推餐车提供服务。在餐厅的一些特殊节庆，市长会亲自主持。但是，政府也对社会企业的发展造成了阻力，包括造成社会企业对政府经费的依赖、非营利组织因为要支付相关费用给政府所造成的负担以及政府政策对社会企业庇护工场定位不清晰而造成的运作困难（官有垣等，2014)。

3.2.2 香港社会企业发展

香港社会企业的发展在 2001 年前主要由服务残障人士的社会服务组织创办，主要为残障人士提供培训和工作机会。2001 年，社会企业得到政府的认同和支持。政府该年的财政预算列出了专项资金用于支持残障人士就业。香港社会福利署于 2001 年开展“创业展才能”计划（又被称为“种子基金”计划)，鼓励非营利组织以企业模式的运作，为残障人士创造就业机会。在 2006 年至 2007 年的财政预算案中，政府又提出了发展社会企业的相关措施：①提升社会企业的社会认知度。香港扶贫委员会通过制作一系列电视特辑、举办社会企业讲座和会议的形式向公众宣传社会企业。②为社会企业人员提供培训。香港扶贫委员会与大学合作举办社会企业人员培训课程，将工业贸易署为中小企业提供的“营商友导”计划和业务咨询服务等扩展至社会企业，并为非营利组织和准社会企业提供具有针对性的培训。③适当的政策倾斜。政府及公营机构在外判合约或租用等方面优先考虑社会企业。

香港社会企业主要有三种主要模式：就业整合型、社区营造型和公益创投型（官有垣等，2014）。政府为社会企业的发展提供了软硬件支持、经营管理培训课程和健全的法规。政府一般在社会企业创业阶段提供“种子基金”，并为其提供低租金的场地。此外，政府还对社会企业的成员数量、内部治理和财务审计等均有严格规定。

3.3 顺德社会企业发展

顺德社会企业的试点工作主要由顺德社会工作委员会于2011年底开始推进。在2011年至2014年期间，顺德出台了《关于推进社会体制综合改革加强社会建设的意见》等推动社会企业发展的文件（见表3－1）。其中2014年出台的《顺德区社会企业培育孵化支援计划》明确定义了社会企业即为“在顺德区内注册，通过商业运作解决社会问题或赚取利润，以回馈社会为设立宗旨和目标的企业”。该支援计划确定了顺德社会企业的认定标准、扶持措施、评估和监管措施，明确由顺德社会创新中心（事业单位，以下简称“社创中心”）负责社会企业孵化培育和认定工作，从资格认定、金融扶持、资源对接、结对帮扶、社会企业人才培训、孵化支持机构、创投资金、政府服务购买、荣誉表彰制度和监管制度建设等方面推进社会企业的发展。社创中心还专门建立了网站（http://www.ss-ic.org.cn/）对公益创新和社会企业项目进行宣传。

表3－1 顺德社会企业发展的相关政策

时间	政策文件	主要内容
2011年	《关于推进社会体制综合改革加强社会建设的意见》	鼓励支持社会各界参与公共服务，建立政府与企业的社会服务合作关系，引导和支持企业履行社会责任，扶持社会企业
2013年	《顺德区深化综合改革规划纲要（2013—2015年）》	制定社会企业标准及扶持政策，积极培育社会创业家、企业家，引导社会资本创办社会企业，推动商业运作解决社会问题
2013年	《2013年广东省深化社会体制改革工作要点》	鼓励发展社会企业，培育社会企业家
2014年	《顺德区社会企业培育孵化支援计划》	制定社会企业认定和扶持政策，推进社会企业发展

根据2014年出台的《顺德区社会企业培育孵化支援计划》，在顺德申请认定社会企业应同时具备以下条件：

（1）组织类型包括股份有限公司、有限责任公司、个人独资企业、合伙企业。

（2）业务类型包括促进就业、提供社会服务、扶贫、教育提升、环境保护等。其中促进就业类型要求残疾人、特殊困难人员、刑释解矫人员占企业员工总数的30%以上；提供社会服务类型要求为特殊群体提供服务占企业业务总量的30%以上。

（3）企业章程中应明确规定企业的社会目标和拟解决的社会问题、治理结构、利润分配、解散时的资产处置方式等，其中，在企业运营中，应当建立员工或服务对象参与决策过程的机制；在利润分配上，每年50%以上的经营利润投入公益事业或用于机构自身发展，其中用于股东分红的经营利润不得超过三分之一；在资产处置上，企业解散时应将至少三分之二的剩余财产捐赠给其他社会企业或公益基金。

（4）有一年以上的纳税记录。

顺德社会企业认定程序如下：

首先，符合认定要求的企业可向社创中心提出申请，并提交以下材料：《顺德区社会企业认定申请书》；企业营业执照副本、一年以上纳税证明；企业章程、上一年度财务报告、年度总结。财务报告中应载明企业利润分配情况、按照章程开展活动的情况、人员和机构变动情况。

其次，组织审查、认定与公示。社创中心组织政府代表、专家等组成评审委员会，通过资料评审、实地考察的方式对申请企业进行评议，根据评议结果确定认定企业名单；经认定的社会企业，在社创中心网站上公示10个工作日，由社创中心负责对公示期有异议的企业进行资料和实地核查。经公示无异议的确定为社会企业，并向社会公布；社创中心向获得认定的企业颁发《社会企业证书》，并允许使用社会企业标志。

顺德社创中心对认定的社会企业提供政策扶持：

（1）开展金融扶持。符合区扶持公益创新种子资金使用规定的，可参照《顺德区扶持公益创新种子资金管理暂行办法》（顺保发〔2013〕77号）申请资助；符合风险审查和提供相应担保措施的前提下，可参照《顺德区创新扶持资金管理暂行办法》（顺经发〔2013〕118号）申请区创新扶持资金的支持和享有政策性融资担保；符合残疾人就业保障金使用及实施细则相关条件的前提下，可参照《顺德区残疾人就业保障金使用管理暂行办法》（顺府办发〔2012〕57号）、《顺德区残疾人就业保障金扶持残疾人就业实施细则》（顺保发〔2013〕168号）申领资助。

（2）设立创投资金。建立投资机构与社会企业顺利对接机制，引导社会资金对初创期社会企业进行投资，集结社会力量盘活投资资本，为社会企业提供金融贷款担保。

（3）促进社会购买。引导各界优先采购社会企业的产品、服务，提倡公共服务购买政策向社会企业倾斜。

（4）开展结对帮扶。根据社会企业的需求，配对来自商界或专业界别的义务导师，与初创期社会企业建立结对帮扶的工作机制，提供政策讲解、风险评估、社会创业、产品营销等咨询和顾问服务。

（5）建立人才培训机制。开展社会企业人才培养，系统提升社会企业经营者和业务骨干开展管理的能力，并安排一定比例的社会企业参加顺德龙腾星光研修班；依托中介培训机构，辅助社会企业开展各类创业培训和专业技师、岗位技能培训。

（6）搭建项目、人才、资本、载体的资源对接平台。以举办社会项目推介会等方式，建立投资机构与社会企业项目顺利对接的机制，引导有实力的企业、基金会、宗教慈善组织和社会精英捐助、投资、创办和参与社会企业项目。

（7）孵化社会企业支持型机构，推动政府、社会组织、商业企业与社会企业之间的沟通和协作。

（8）制订社会企业发展规划。制订相应的社会企业发展和扶持方案，包括发展目标、工作内容、扶持政策、保障措施等，共同营造有利于社会企业发展的环境和氛围。

（9）建立荣誉表彰制度。在区年度社会创新人物（组织）评选中设立优秀社会企业和社会企业家荣誉称号，并推荐认证的社会企业参与区级相关荣誉评选。

（10）加强宣传推广。设立社会企业项目及风采展示平台、举办社企论坛、向国内外推介顺德社会企业。

（11）鼓励开展理论研究。在高校、科研单位设立与社会企业相关的研究基地、培训课程和专业方向，开展社会企业理论研究。

2013 年 1 月由民营企业家创办的首家社会企业——佛山市永亮善品文化传播有限公司正式运营，主要提供咖啡等饮品销售。该社会企业为社会弱能人士提供工作岗位，盈利利润遵循“三分之一用于公益发展，三分之一留作发展资金，三分之一用于股东分红”的原则。到 2014 年 6 月为止，顺德已经孵化培育了 12 家社会企业（见表 3－2），这 12 家社会企业涉及的行业包括手工艺品制作、广告策划、餐饮服务、饮品销售、技能和教育培训、洗车和中介服务等。

表 3－2 顺德社会企业孵化培育情况

序号	名称	成立时间	资金来源	场地来源	企业类型	社会效益体现
1	佛山市观效文化传播有限公司	2013 年 9 月	自筹	陈村镇政府无偿提供	手工艺品制作（掐丝珐琅工艺画）	吸纳 10 名残疾人，就业 6 人
2	容桂共融艺术广告策划有限公司	2013 年 11 月	伍威权庇护工场自有资金	有关单位无偿提供	广告策划	为残障人士提供 8～10 名就业培训名额，吸纳 3 名残疾人就业
3	北滘甜梦成真甜品屋	2013 年 11 月	顺德区 2012 年镇（街）社会创新项目专项资金	自行租赁	餐饮服务	为 6～10 名残障人士提供工作训练和就业机会。所得利润提留 50% 用作自身发展，20% 用于残疾人共融艺术计划项目的发展，30% 用于社工机构的发展基金
4	共融艺术咖啡屋	2012 年 12 月	区残联提供 30 万启动资金	自行租赁	零售	吸纳 3 名残疾人员就业

(续上表)

序号	名称	成立时间	资金来源	场地来源	企业类型	社会效益体现
5	佛山市永亮善品文化传播有限公司(顺峰山公园店)	2013年1月	佛山市顺德区永亮企业发展有限公司	顺德区社会创新中心提供	饮品销售	各分店分别吸纳2名残疾人就业，占员工总数的40%，而且收益的三分之一用于慈善事业
	佛山市永亮善品文化传播有限公司(南城店)	2014年1月		容桂街道无偿提供		
	佛山市永亮善品文化传播有限公司(办证中心店)	2014年3月		区行政服务中心提供		
6	佛山市益爱策划有限公司(60吧)	2013年8月	自筹	社会创新园社会书吧	策划公司	60%的企业收益投入公益慈善事业
7	杏坛爱·简约面包烘焙工房	2013年10月	镇政府投入	无偿提供	餐饮服务	吸纳10名残疾人就业
8	益腾职业技能培训中心	2012年11月	自筹	各镇街工作站的场地，部分无偿提供，部分租赁	技能培训	为弱势群体(包括低保、残疾、4050人员①等)免费提供职业技能培训，并为这些家庭的子女免费提供兴趣爱好培训

① 4050人员是指劳动年龄段中女性40岁以上、男性50岁以上的，本人有就业意愿但因自身就业条件较差等原因难以在劳动力市场竞争就业的劳动者。

（续上表）

序号	名称	成立时间	资金来源	场地来源	企业类型	社会效益体现
9	顺德区艺缘善品工艺品有限公司	2012 年 12 月	自筹	租赁	手工艺品制作	帮助解决弱势群体（包括低保、残疾、4050 人员等）就业
10	淳爱康园阳光洗车场	2013 年 1 月	政府投入	租赁	洗车服务	吸纳残疾人带薪岗前培训
11	圆方中外商务交流服务公司	2013 年 12 月	企业家自筹	租赁	中介服务	服务企业“引进来”“走出去”，且股东不分红
12	永亮行知教育科技有限公司	2014 年 3 月	企业自筹（首期投入 1 500 万）	由旧学校改造	教育培训	为学生提供校外素质拓展服务

顺德于 2015 年及 2016 年先后开展两届社会企业认证工作，认定 14 家社会企业，业务领域涵盖助残、公共安全、教育、文化、国际交流等多个方面。2018 年，顺德开展第三届社会企业认证，收到 37 家意向社会企业的申请资料，其中，往届认证社会企业申请复评 11 家。依据认证评审标准，共有 34 家企业通过初审，其中 26 家企业通过中审进入尽职调查及评审合议环节；共有 20 家企业被认证为社会企业，其中，AA 级社会企业有 8 家，A 级社会企业有 12 家。2022 年开展的第四届社会企业认证共认证了 10 家社会企业。社创中心向社会企业收集基础数据、财务和经营状况等信息，建立社会企业成长监测体系和数据库，并定期更新。

从顺德社会企业的发展路径可以看出，政府通过制定完善的社会企业发展政策，为社会企业的后续发展提供了制度保障。政府部门期望通过社会企业认证制度，让有志于发展公益事业的营利企业加入社会企业的行列，扩充社会企业的数量，为新创建的社会企业参与市场竞争提供经验和支持。但是，目前顺德社会企业认证制度和相关的政策优惠尚未吸引到运营时间较长的营利企业参与，导致顺德社会企业基本处于初创阶段，利用既有社会资源发展的能力较弱。

3.4　中山社会企业发展

中山市社会企业源于2007年在中山市民政局注册登记的中山市慈善爱心店。慈善爱心店由中山市青年志愿者协会管理和运作，该店主要通过吸纳社会物资捐赠和从厂商批发货品，以“爱心产品”的形式售卖物资和货品，获取的收入在扣除成本后由市青年志愿者协会用于帮助社会弱势群体。此外，慈善爱心店也可将义卖物资发放给社会弱势群体。2007年成立的首家慈善爱心店在运营两年后开始盈利。2009年，中山市慈善爱心店规模扩大到10家。但由于慈善爱心店的选址未能靠近核心商业地段，售卖的产品吸引力不够，2014年，中山市慈善爱心店基本因经营不善而面临倒闭的局面。

2012年，中山市获批成为广东省共青团枢纽型社会组织综合改革试验区。中山市团委在中山市11个镇区成立社会企业试点单位，并参访台湾、香港、北京、上海等地社会企业，邀请专家开展社会企业培训讲座，这些措施都旨在推动中山市社会企业的发展。

2012年，香港中山青年协会（社会团体注册）会员创办融资租赁公司（工商注册性质），向40周岁以下、在中山生活满2年并在中山范围内自主创业的非中山户籍青年提供设备融资租赁服务。该融资租赁公司的目标是在2012年至2015年间提供150万元的融资额（每笔融资额的上限为10万元）。符合条件的申请者只需提交申请，等待通过审核，然后由融资租赁公司向市场购买所需生产设备并将设备提供给申请者使用，而申请者需要按融资租赁合同分期偿还年利率为16%的利润成本，并签订1年或以上的融资租期。申请者在租期届满后一次性付清设备购置费用即可获得设备的所有权。该融资租赁公司通过这个面向外来务工青年的免抵押的创业扶持项目获取的收入主要用于扩大该项目运作范围和延续该项目的运作。

2012年12月，中山市青年社会企业孵化中心（民办非企业注册）成立，旨在推广社会企业理念，孵化培育社会企业，为社会企业的开办提供培训、交流和指导服务。根据中山市青年社会企业孵化中心提供的资料，该中心的工作内容包括五个方面：

（1）联系、组织、协调及督导社会企业，提供社会企业运作培训、联系组织、参观交流、管理指引、运营督导等孵化服务；

（2）争取政府及社会各界支持，筹措资源成立中山市社会企业孵化种子基金，促进社会企业创办和发展，并为相关部门提供社会企业发展的动态数据和信息；

（3）开展社会企业理念宣传和运作培训，营造良好社会氛围，促进社会企业发展；

（4）表彰、奖励对公益事业做出突出贡献的社会企业，探索社会企业在社会管理创新和公益事业发展方面的作用和意义；

（5）承办社会企业运作有关公益活动的具体事宜，并与国内外友好组织及机构进行广泛沟通、联络、合作，促进社会企业共同发展。

中山市青年社会企业孵化中心于 2013 年开始运营中山青年社会创新园。创新园的主要功能表现在两方面：一方面，为初创期的异地青年社会组织提供场地设备、能力建设、小额资助、注册协助、表现评估和跟踪辅导等服务；另一方面，孵化新的社会企业，如众联清洁服务中心、五桂山耕读心园、原色·陶公社、启善爱护动物宠物用品店等 6 家社会企业。这些新生社会企业都要遵守“三成盈利回报社会”的规定。此外，在这些社会企业工作的员工大部分是社会弱势群体，如失足青年、残障人士、下岗工人等。因此，中山市社会企业在将三分之一盈利用于社会公益事业的同时，还解决了一部分社会弱势群体的工作问题，使这部分群体能够获得一份稳定收入，并在社会上有立足之地，受到社会的尊重。

但是，目前中山市并未出台正式的与社会企业相关的政策法规，针对新成立的社会企业的扶持措施主要来自共青团中山市委员会和中山市青年社会企业孵化中心。此外，中山市推动社会企业发展的主要做法是孵化培育新组织，激励既有的企业和社会组织向社会企业转型的措施较少。而这些新成立的社会企业因为受到社会组织登记注册条件的限制，还是以工商注册登记的性质进行运作，因此，高税赋是这些社会企业面临的主要问题。而且社会公众对以工商登记注册的社会企业的公益成分尚存疑虑，导致这些社会企业的公益营销策略未能达到如期效果，在市场竞争中处于劣势地位。下面具体从“政府部门—市场部门—国内公民社会—国际社会组织”的四维分析框架分析中山市社会企业发展的特点：

3.4.1 政府部门

从中山社会企业发展路径中可以看出，共青团中山市委员会在政策法规、孵化基地（中心）建设、资金资助和激励社会企业创办和发展方面发挥了重要作用（见表 3－3）。从 2013 年开始，共青团中山市委员会通过制定规范文件、建立中山市青年社会企业孵化中心和举办社会企业培训等方式发展中山本土社会企业。这种从上至下的发展模式充分发挥了政治资源的优势，使社会企业这种公益创新实践在短时间内受到社会关注。

表 3－3 中山市社会企业发展的相关文件

时间	文件	主要内容
2013 年 4 月	《关于推动中山市社会企业发展的工作方案》	指出发展社会企业的重要性和必要性，拟定了发展社会企业的主要目标、具体指标和具体措施，建议通过成立中山市社会企业发展促进委员会、组建中山市社会组织发展顾问团和建立企业家对接社会企业机制等方式推动社会企业的发展
2013 年 4 月	《中山市社会企业孵化种子基金管理办法》	确定社会企业孵化种子基金管理和监督的部门及其职责，明确种子基金来源构成，规定基金申报、审核、发放、使用方法、回收、终止及处罚等措施
2013 年 4 月	《中山市推动社会企业发展经费预算》	拟定推动社会企业发展的项目、经费用途和经费预算
2013 年	《中山市青年社会企业孵化中心管理办法》	拟定中山市青年社会企业孵化中心举办单位、监督管理部门、服务范围、服务内容、孵化服务实施程序和宣传推广等内容
2013 年 7 月	《中山市社会企业认证管理办法（征求意见稿）》	搭建中山市社会企业管理架构，管理架构划分为由团市委和社工委等部门组成的中山市社会企业发展管理委员会。作为政策制定和指导部门，该委员会由中山市青年社会企业孵化中心负责准社会企业项目的孵化和培育工作，由中山市社会企业发展管理委员会办公室负责社会企业的认证评审、评估、年审和管理工作
2016 年 1 月	《中山市社会企业评估管理办法（试行）》	对中山市社会企业的定义进行了修订，并对社会企业的认证范围、认证条件（包括收入来源、利润分配和人员结构）、认证内容及标准进行修改和补充

共青团中山市委员会从探索社会企业发展的初期阶段就对中山市社会企业的概念和基本内容进行了界定。申请认证成为社会企业必须符合社会企业运作模式

的五个要求①：

（1）解决社会问题，以实现社会利益、促进社会发展相关内容为社会目标。

（2）按照商业规则及方法进行规范且环保的企业活动，并以市场经营作为主要利润来源。

（3）管理运作方式及财务状况公开透明，并自愿接受社会监督。

（4）用于自身运作和持续发展的投入不低于税后总利润的三分之一，用于支持社会公益和社会目标实现的投入不低于税后总利润的三分之一，或将企业三分之一以上的服务无偿或低偿向服务对象提供，或将企业用工总人数三分之一以上岗位定向提供给就业弱能人士（伤残者、精神病康复者等）。

（5）通过社会企业审核认证。

考虑到发展初期社会企业认证要求的门槛较高，共青团中山市委员会从发展准社会企业开始探索社会企业的多种模式。准社会企业指“由中山的企业、组织或机构发起，认可接受社会企业理念，并在中山行政区域范围内以‘中山社会企业运作模式’运作经营，但尚未进行社会企业评估认证，或尚未达到认证条件和要求的公益性社会项目”②。

共青团中山市委员会于 2013 年 4 月制定了《关于推动中山市社会企业发展的工作方案》《中山市社会企业孵化种子基金管理办法》和《中山市推动社会企业发展经费预算》等政策文件。《关于推动中山市社会企业发展的工作方案》指出了发展社会企业的重要性和必要性，拟定了发展社会企业的主要目标、具体指标和具体措施，建议通过成立中山市社会企业发展促进委员会、组建中山市社会组织发展顾问团和建立企业家对接社会企业机制等方式推动社会企业的发展。《中山市社会企业孵化种子基金管理办法》为社会企业创办初期提供经费支持，对符合要求的准社会企业项目发放不超过 10 万元的免息借款，并分 3 年回收所借款项进入种子基金以资助其他项目的运作。同年制定的《中山市青年社会企业孵化中心管理办法》规定接受孵化中心孵化服务的个人或组织需填写《中山市青年社会企业孵化服务申请书》，并在获得审批通过后签订《中山市青年社会企业孵化服务协议书》，认证流程如图 3－1 所示。《中山市推动社会企业发展经费预算》拟定了推动社会企业发展的项目、经费用途和经费预算。

---

① 来自共青团中山市委员会和中山市青年社会企业孵化中心提供的资料。

② 来自共青团中山市委员会和中山市青年社会企业孵化中心提供的资料。

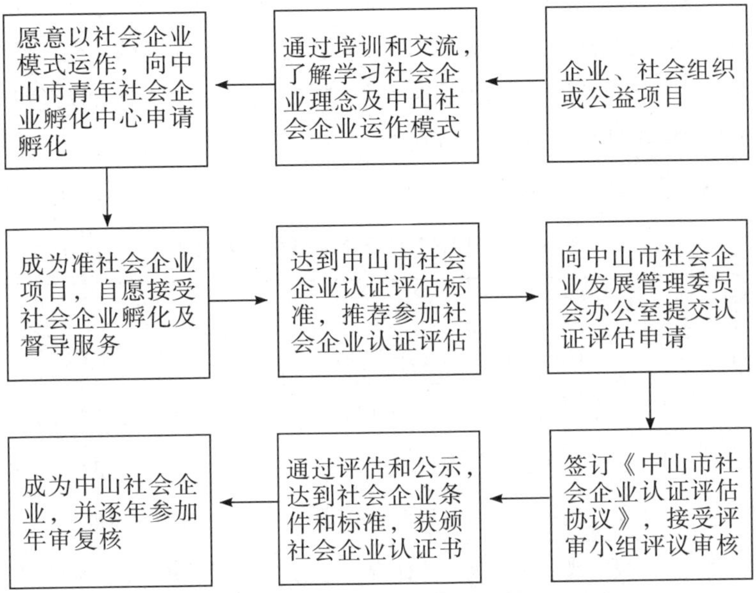

图 3－1　中山市社会企业孵化流程示意图①

2013 年 7 月共青团中山市委员会和中山市社会工作委员会联合制定了《中山市社会企业认证管理办法（征求意见稿）》，规范社会企业的申报和认证审批工作。该认证管理办法对申请认证机构的社会目标实现情况、利润获取方式和过程、财务状况和利润流向作出了详细说明②：

（1）社会目标实现情况：是否以解决社会问题、实现社会利益、促进社会发展相关内容为目标，以及目标内容实现的程度；

（2）利润获取的方式和过程：是否按照商业规则及方法进行规范且环保的企业活动，是否以市场经营作为主要利润来源（占 50% 以上）；

（3）财务状况：包括资产负债表、损益表、现金流量表等能体现资金运作和利润收益的账目记录数据，由具有专业资质的会计师事务所进行核查并出具审计报告；

（4）利润流向：用于自身运作和持续发展的投入不低于总利润的三分之一，用于支持社会公益和社会目标实现的投入不低于总利润的三分之一，或将该企业三分之一以上的服务无偿或低偿向服务对象提供，或将企业用工总人数三分之一

① 来自共青团中山市委员会和中山市青年社会企业孵化中心提供的资料。
② 来自共青团中山市委员会和中山市青年社会企业孵化中心提供的资料。

以上岗位定向提供给就业弱能人士（伤残者、精神病康复者等）。

《中山市社会企业认证管理办法（征求意见稿）》对申请认证机构的社会目标实现情况、获取利润的方式及经营情况、财务状况和企业内部管理运作情况四方面的指标赋予不同权重，拟定了量化的《中山市社会企业认证评估表》（见表3－4），便于申请认证机构操作。

表3－4　中山市社会企业认证评估表①

单位名称			
评估项目	评估具体内容及所占分数	评审标准	评审
社会目标实现情况（20分）	1. 社会目标制定是否合理（10分）	合理/待调整/不合理	
	2. 社会目标实现情况（5分）	较好/一般/不达标	
	3. 所产生的社会效益（5分）	较好/一般/不明显	
获取利润的方式及经营情况(25分)	1. 商业模式获取利润的比例（10分）	50%以上/50%以下	
	2. 经营是否兼顾了环保（5分）	较好/基本符合/不符合	
	3. 获取利润的方式是否存在违规（5分）	无/有	
	4. 社会企业产品或服务提供情况（5分）	较好/一般/有待提高	
财务状况(40分)	1. 财务报表是否规范、清晰（5分）	较好/基本符合/不符合	
	2. 费用收支是否规范、合理（5分）	较好/基本符合/不符合	
	3. 税务管理是否规范、合法（5分）	较好/基本符合/不符合	
	4. 财务单证、资料是否齐全（5分）	较好/基本符合/不符合	
	5. 用于自身运作发展的盈利比例（10分）	34%以上/34%以下	
	6. 用于社会公益的盈利比例（10分）	34%以上/34%以下	
企业内部管理运作情况(15分)	1. 经营管理情况（5分）	较好/一般/有待提高	
	2. 社会企业产品或服务开发情况（5分）	较好/一般/有待提高	
	3. 盈利能力（5分）	较好/一般/有待提高	

考虑到社会企业的管理涉及多个政府部门，共青团中山市委员会在搭建中山市社会企业管理架构时充分考虑了跨部门合作和自上而下统筹管理的重要性，将

① 来自共青团中山市委员会和中山市青年社会企业孵化中心提供的资料。

管理架构划分为由团市委和社工委等部门组成的中山市社会企业发展管理委员会。作为政策制定和指导部门，该委员会由中山市青年社会企业孵化中心负责准社会企业项目的孵化和培育工作，由中山市社会企业发展管理委员会办公室负责社会企业的认证评审、评估、年审和管理工作（见图3－2）。

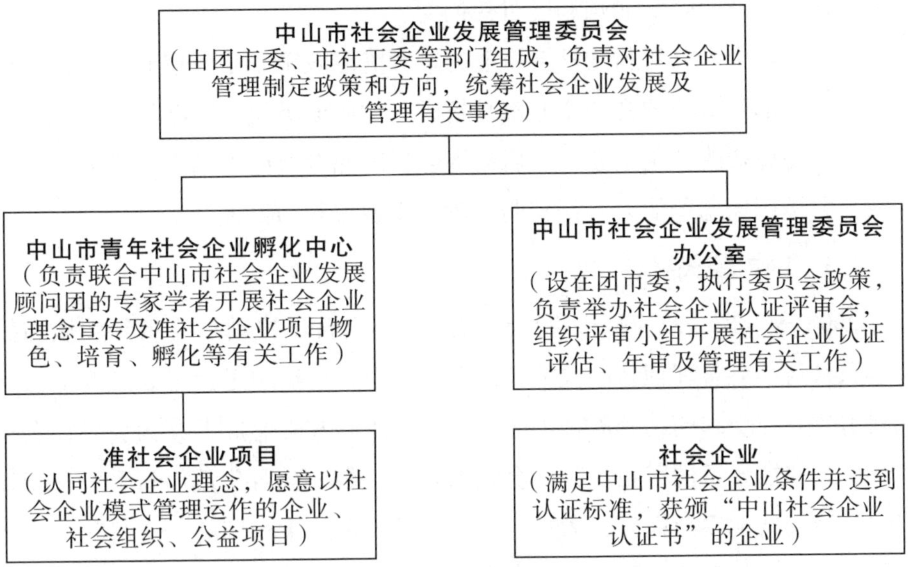

图3－2　中山市社会企业管理架构①

2016年1月，中山市社会企业认证管理委员会制定《中山市社会企业评估管理办法（试行）》。该办法在总结过去几年经验的基础上，对中山市社会企业的定义进行了修订，并对社会企业的认证范围、认证条件（包括收入来源、利润分配和人员结构）、认证内容及标准进行修改和补充。目前，该办法最终稿尚未确定，但将会对推动中山市社会企业的规范发展造成深远影响。

值得关注的问题是，中山市对于社会企业的激励政策不足以吸引既有的企业加入社会企业行列；政府部门之间的政策整合度较低，优惠政策落实不到位。这些都是目前阻碍社会企业发展的制度因素。

3.4.2　市场部门

中山的中小企业数量众多，政府为中小企业的发展提供各种扶持政策，从而

① 来自共青团中山市委员会和中山市青年社会企业孵化中心提供的资料。

营造了良好的社会生态环境，为各种新的社会企业的诞生创造了有利的社会资本（如交流、经验分享、能力培训、资讯共享、产业集群优势等）。一部分社会企业的创建者本身是一些运营时间较长的营利企业的管理层，其具备商业运营能力，也拥有个人的社会支持网络，能为初创的社会企业提供智力、物力、人力和财力资源，确保社会企业能顺利度过初创期。

但是，目前中山针对新的社会企业的培育优惠政策较难吸引到有一定规模的企业，所以大部分认证的社会企业都是新成立的商业组织。这些社会企业尽管能获得场地设备免费或低租金使用、启动资金资助和专业能力培训等政府提供的优惠政策，但是市场竞争能力还是较弱，较难实现盈利的目标。

3.4.3 国内公民社会

自2008年以来，政府从中央到地方层面都出台了推动社会组织发展和鼓励社会组织参与社会管理创新的政策，以促成各类社会组织迅速增长，并引导社会组织利用政府补贴和资助开展种类多样的社会服务和志愿服务，为公民社会的发展营造良好的社会氛围。在这种社会氛围中，社会公众对公益创新项目和新型公益实践的接受度也逐渐提升，为社会企业的发展创造了有利的公众基础。

虽然公益慈善事业的开展在中山有优良的历史传统，但是公益慈善人才的培养还是有所欠缺，因此中山在推动社会企业和社会公益组织发展过程中还面临着专业管理与运营人才欠缺的问题。

3.4.4 国际社会组织

中山毗邻香港，和一些国外组织和国际机构接触的机会比较多，也比较容易获得社会企业和社会创新的相关资讯。此外，一些国际机构将社会投资转向公益领域的创新项目，也为初创社会企业提供了各种专业知识和技能培训活动，能有效推动社会企业的成长。

根据上述分析，影响中山社会企业发展路径的积极因素和消极因素如表3－5所示。“政府部门—市场部门—国内公民社会—国际社会组织”的四维分析框架依然适用于分析中国地方社会企业的发展，但是应该看到不同部门对社会企业的发展既有积极影响，也有消极影响，也应该看到影响社会企业发展的各种因素存在交互作用，因此，地方政府在发展社会企业时要综合考虑各种因素的影响。

表3-5 中山社会企业发展路径影响因素

	积极影响	消极影响
政府部门	通过颁布社会企业相关的政策法规为社会企业的创办和发展提供合法性地位，提供启动资金资助和场地设备免租或低租优惠政策，成立孵化基地（中心）为初创期的社会企业提供培训和交流机会，通过认证制度提升社会企业在社会公众中的认知度和美誉度	激励政策不足以吸引既有的企业加入社会企业行列；政府部门之间的政策整合度较低，优惠政策落实不到位
市场部门	中小企业数量众多，为社会企业创办和发展提供了社会支持网络	新成立的社会企业面临较多的竞争对手，市场竞争力不足
国内公民社会	公民社会发展迅速，社会公众对社会企业的接受度较高	专业管理和运营人才欠缺
国际社会组织	国际社会组织为社会企业的发展提供人、财、物的支持	—

从中山发展社会企业的路径可以看出，首先，政府对社会企业的扶持措施应和政府层面出台的相关政策法规相协调，并积极向社会公众宣传社会企业和公益创新理念相结合才能达到预定的效果。其次，政府出台政策的同时，还要协调各个政府部门利益，确保针对社会企业的优惠政策能落到实处，确保优惠政策对市场竞争力强的企业和社会组织有吸引力。

国外较早研究社会企业的学者 Dees 认为社会企业具有提高组织财务稳定性、提升服务品质、为弱势群体提供工作机会和促进组织向专业化发展等优势（Dees，1998）。为此，政府需要在推动社会企业发展方面发挥重要作用。从中山社会企业发展状况看，公众认知度和法律制度环境是影响社会企业发展的主要因素。在很大程度上，公众对社会企业的认知也受法律制度环境的影响，因此，健全、完善社会企业法律制度环境是促进其发展、提升公众公益参与度的重要制度保障。

2015 年 11 月，中山市青年社会企业孵化中心召开第二届理事会，有 5 家接受社会企业孵化培育的机构参与了理事会会议。这 5 家准社会企业的情况如表 3-6所示。目前 5 家准社会企业都以工商注册登记的性质进行运作，其中，中山市启善爱护动物服务中心正在申请以民办非企业单位的性质注册登记。目前这5家准社会企业的资金来源基本是以自筹为主，场地来源基本是自行租赁，共青团中山市委员会和中山市青年社会企业孵化中心主要以提供项目运营咨询建议、公益活动资讯和开展社会企业培训讲座的形式支持这些机构的发展。5家准社会企业的社会目标和社会效益主要体现在环保、弱势群体就业问题解决、公益项目资金支持和动物保护等领域。

表3－6 中山市（准）社会企业孵化培育情况

序号	名称	成立时间	资金来源	场地来源	企业类型	社会效益体现
1	中山市乐土礼赞贸易有限公司	2012年	自筹	热心人士捐赠	主营生态果蔬和来自全国各地的社区支持农产品，举办食育活动	引导消费者和生产者形成良好的生产与消费观念，将生产和消费链条上的利益相关者塑造为可持续发展生态农业的贡献者；注重生产环节的环保和生态指标
2	舒窝公益咖啡店	2009年	自筹	小榄镇政府免费提供	公益咖啡馆、书吧和厨房	公益咖啡馆利润的50%捐赠给创益菊城作为公益基金；消费者购买的公益饮品中有5元捐赠给他们选择支持的公益项目；公益书吧为热心公益事业的人士或组织提供交流学习和开展活动的场所；公益厨房宣传绿色饮食文化
3	中山市东区咖啡有爱咖啡馆	2012年	自筹	自行租赁	咖啡饮品	将一定利润所得投入相应公益项目中；培训社会弱势青年群体，为这部分人群提供工作岗位

（续上表）

序号	名称	成立时间	资金来源	场地来源	企业类型	社会效益体现
4	中山市港菜贸易有限公司	2012 年	自筹	自行租赁	供港蔬菜（无添加豆芽）贸易	为青年公益创业提供咨询服务；传达食品安全知识；利润所得的一部分用于公益项目
5	中山市启善爱护动物服务中心	2013 年	自筹	自行租赁	收留流浪动物；安排动物领养、助养、寄养和美容等服务；提供动物饲养咨询服务；销售宠物用品	开展公益宣传和动物救助服务活动；开展义工活动

3.5 成都社会企业发展

成都市从 2018 年开始进行社会企业认证工作，建立了成都市社会企业综合服务平台。平台功能包括：①服务社会企业对外宣传、能力提升、业务拓展、交流合作、金融对接，提高社会企业群体的品牌意识，争取社会各方的广泛认知与支持，开辟志愿者服务通道，积极支持和促进志愿者参与社会企业服务；②营造有利于社会企业有效运作的良好社会氛围。

2021 年成都市政府印发了《成都市社会企业评审认定管理工作试行办法》，规定了认定范围、认定流程和认定标准，并提供政策支持和管理服务，明确了金融、财税、政府购买和评优创先等支持措施，构建社会企业的生态系统。

成都市社会企业的认证范围包括经成都市各级企业登记机关登记且完成了社会企业章程备案的企业（即成都市观察社会企业）和农民专业合作社，要求：①公司章程清晰载明具体的社会公益目标、拟解决的社会问题、商业模式和业绩测量的办法、依据等；②连续从事经营活动一年以上，专职受薪人数不低于 3 人；③法定代表人均有良好的信用记录，三年内无法院强制执行信息、相关行政处罚信息及失信记录，按时缴纳社会保险，正常申报纳税。

成都市社会企业评审认定按照以下程序组织实施：

（1）申请。申报机构在规定时间内提出申请并提交相关材料。

（2）初步信用核查。区（市）县市场监管部门按属地管辖原则对申报机构进行初步信用核查。

（3）审查。评审认定办公室采取资料审查、实地考察、创始人访谈等方式，对通过初步信用核查的机构进行审查。

（4）信用核查。成都市市场监管局召集市级相关部门就审查合格的机构进行信用核查。

（5）专家评审。评审认定办公室组建专家评审委员会，对信用核查合格的机构进行专家评审。

（6）评审认定公示。评审认定办公室对通过专家评审的机构名单进行公示。

（7）异议核查。评审认定办公室对公示期内存在异议的公示机构进行核查。

（8）评审认定公告。成都市市场监管局对经公示无异议和经核查异议不属实的机构，发布成都市社会企业认定公告。

成都市政府提供各方面的政策。在发展重点方面，政府优先培育发展社会企业的行业领域或服务项目，包括但不限于就业援助、扶贫帮困、养老助老、助残救孤、医疗救助、妇女儿童成长发展等基本民生服务项目，社区环境保护、垃圾分类、食品安全、物业服务等居民生活服务项目，社区文化、社区教育、卫生科普、体育健身等公共服务项目，面向农民的普惠性小额信贷、农业经济合作等乡村振兴项目，以及碳中和、大气治理、污水处理、土地修复、社会创新支持等新经济项目。各级各部门以及基层社区建立观察社会企业发现机制，充分发掘各自行业领域（区域）存在的具有创新商业模式、行业引领地位且深受社区居民认可的企业，鼓励其参与社会企业认定，推动其在社区规模化复制。

在登记政策方面，政府便利社会企业章程备案，修订发布社会企业章程参考范本。政府放宽成都市社会企业名称登记条件，支持其在名称中使用“社会企业”字样作为经营特点表述。放宽企业住所登记条件，允许其以集群注册方式、住所申报方式办理企业登记。支持成都市社会企业在办公场所、网站平台以及产品包装上规范使用社会企业标识。

在金融政策方面，政府推进税务机关纳税信用信息依托成都信用信息系统等平台有序向金融机构共享使用，鼓励银行业金融机构对纳税守信、经营状态良好的社会企业提供“税金贷”等信用金融产品，提升社会企业融资可获得性和便捷性。支持天府（四川）联合股权交易中心股份有限公司探索提供社会企业挂牌展示、融资等资本市场服务。将社会企业纳入新经济发展基金支持范围，对属于成都市新经济形态范围，且符合有关条件的社会企业、社会企业项目，按照新经济发展相关政策予以支持。

在财税政策方面，政府落实财税及行业支持政策，指导各区（市）县因地制宜，以社会企业实际经济贡献作为参照值，安排专项资金，对符合条件的社会企业给予扶持。政府支持行业主管部门关注社会企业，制定相应的支持政策。符合条件的中小微社会企业应被纳入中小企业成长工程，政府对科技型、农业创新型或现代服务业社会企业按政策给予支持。

在政府购买方面，政府加大购买社会企业产品和服务的力度，鼓励和支持社会企业以市场公平竞争方式参与政府采购；鼓励将社区居民有迫切需求、适合采取市场化方式提供、与保障和改善民生领域相关的政府采购项目面向社会企业公开采购。

在党的建设方面，加强社会企业党的建设，成都市鼓励符合条件的社会企业建立党组织，建设一支对党忠诚、热心公益、注重创新、勇担使命的社会企业家队伍，发挥党员在社会企业工作中的先锋模范带头作用，强化党组织在社会企业发展中的政治引领和组织功能。

在人才培养方面，成都市鼓励本地高校建立社会企业研究中心，培养一批熟悉国际规则、具备国际视野的社会企业家和社会企业创业者；鼓励本地技工院校、高技能人才基地、技能大师工作室等单位开展专项培训服务，提升社会企业从业人员专业技能。政府支持社会企业人才引进，各区（市）县可因地制宜制定政策措施，并依法依规在人才公寓、子女入学、医疗保障等方面给予支持。

在宣传推广方面，政府加大社会企业的宣传推广，市委宣传部、各区（市）县通过报纸、网站和公交、地铁公益广告位等广泛宣传社会企业；大力弘扬社会企业家精神，设立“成都市社会企业宣传月”，营造有利于社会企业发展的良好社会氛围。

成都市积极构建社会企业生态系统，从社会参与、社区社会企业发展、孵化服务、协会建设和区域交流等方面支持社会企业发展。在社会参与方面，支持社会力量投资参与社会企业或社会企业项目；支持各党派及社会团体中有志于可持续公益事业的社会人士投资创办社会企业；支持科研人员以科技创新和科技应用投入社会服务领域开展社会创新创业；支持国有龙头企业、行业骨干企业、上市公司等积极履行社会责任，投资或合作开展社会企业项目，适时设立社会企业子公司；引导社会力量通过公益创投、影响力投资等方式，支持优秀社会企业和品牌项目做大做强；鼓励社会组织、物业企业和其他商业企业关注社会创新，提升商业模式，转型发展为社会企业。

在支持社区社会企业发展方面，政府支持有条件的社区以特别法人身份创办社区社会企业，充分挖掘社区资源禀赋，围绕社区治理、居民需要，开展社会企业项目经营；完善社区社会企业发展的促进措施和监管办法，支持社区社会企业运用市场机制，以合资、合作等方式引进社会企业或社会企业项目，打造社会企业聚集型社区；通过举办社会企业推介会等方式，推动社会企业产品和服务落地社区。

在孵化服务方面，政府完善市、区（市）县、街道（镇）、社区（村）四级联动的社会企业孵化培育机制，因地制宜、合理布局，建立社会企业孵化培育基地，提供信息交流、能力提升、场地支持、金融支持、资源链接等孵化服务。

在协会建设方面，政府支持成立社会企业发展促进会，充分发挥其在加强党建引领、维护行业权益、整合行业资源、开展行业研究、培育行业人才、提供行业服务等方面的作用；支持促进会制定并申报社会企业行业标准，适时举办社会企业产品和服务展示交易会。

在区域交流方面，政府加强社会企业区域交流合作，支持社会企业跨区域、跨行业发展；鼓励经认定且在有效期内的外地社会企业落地成都发展，对申请成都市社会企业认定的，可适当简化流程。

经过三年的培育发展，截至 2021 年，成都市共发展各类认定社会企业 106 家，其中本地认定的成都市社会企业 69 家（不包括已经摘牌的 3 家），涉及养老服务、就业促进、社区经济等多个社会领域，成都成为全国认定社会企业数量最多、发展最为活跃的城市之一，为城乡社区发展治理和社会服务供给多元化发展增添了动力。

3.6 北京社会企业发展

北京市自 2018 年开始开展社会企业认证工作，并于 2019 年制定了《北京市社会企业认证办法（试行）》。北京市社会企业认证由北京市委社会工委、市民政局指导，北京社会企业发展促进会推动实施并发挥行业引领作用。鼓励社会企业研究机构、支持机构、投资机构积极推动社会企业发展，参与社会治理和公共服务。各级新闻媒体加强宣传报道，营造良好社会氛围。北京市对不同行业中经营模式清晰、势态良好、成效明显、各方认同的优秀社会企业，在党建工作、能力建设、资本对接和品牌推广等方面给予扶持。

北京市申请认证的法人单位需要符合以下条件：

（1）使命任务：有具体明确的社会目标，以社会问题和民生需求为导向，以解决社会问题、创新社会治理、提升公共服务水平为首要目标或宗旨，包括但不限于社区环境保护、食品安全、家庭服务、康养服务、垃圾分类等居民生活服务项目，社区文化、卫生、教育、科普、体育健身等公共服务项目，就业援助、扶贫帮困、养老助老、助残救孤等基本民生服务项目，面向农民的小额信贷、农业经济合作服务等服务农村经济发展的项目，以及大气治理、污水处理、土地修复、新能源新技术的开发推广使用等新经济类项目。

（2）注册信息：在北京依法登记注册成立一年以上的法人单位，并有相应的合格纳税记录。在其他省市通过认证并在北京依法登记注册的社会企业，其年限不受本条限制。

（3）信用状况：法人单位及其机构负责人近三年没有不良信用记录。

（4）经营管理：有不少于 3 人的全职受薪团队，具有健全的财务制度、实行独立核算，申请机构内部经营管理科学规范。

（5）社会参与：以申请机构自身力量为基础，积极整合社会资源，广泛动员各类社会力量参与解决社会问题，形成社会合力。

（6）社会效益：有可测量的证据显示其创造的市场成果及社会价值。

（7）可持续发展能力：有清晰的商业模式、能实现财务可持续性和营利性的商业计划以及有价值的产品或服务，有机制保证其社会目标的稳定。

（8）创新性：运用市场机制、现代信息技术等创新手段和方法，有效推动社会痛点、热点、难点以及基层社会治理“最后一公里”问题的解决，提高保障和改善民生水平。

（9）行业影响：对本领域产生一定的社会影响，得到行业认可；推动本行业发展，开展行业赋能、对接本行业政策，发挥行业影响作用，聚焦并解决社会问题。

北京社会企业认证按照以下程序组织实施：

（1）申请：符合本办法第五条基本标准的申请单位可以向北京社会企业发展促进会提出认证申请，并提交相关材料：《北京市社会企业认证申请书》；申请单位营业执照副本、一年以上纳税证明；申请单位章程、上一年度财务报告、年度总结，财务报告中应载明企业利润分配情况、社会组织按照章程开展活动的情况、人员和法人单位变动情况；其他申请单位认为有助于认证的证明材料（社会企业的活动、培训，相关媒体报道）。

（2）初期评审：根据申请单位提交的材料进行初评。

（3）中期评审：初评通过后，通知申请单位提供中期评审材料，进行材料审核及信用核查，以确认尽职调查名单。

（4）尽职调查：通过线上和线下的方式对通过初评的申报单位开展尽职调查，并产生终审名单。

（5）终审：召集专家或第三方对终审名单中的申请单位进行评议，并产生终审结果。

（6）公示颁牌：根据终审结果，正式公示名单，并举办颁牌仪式和相关配套活动，公示期为七天。

北京社会企业发展促进会在进行社会企业认证的同时，也组织开展社会企业星级评选活动，并统一颁发标牌。评选设置收入来源及占比、服务覆盖面、信用状况、社会影响力、专家意见、限制分红比例、资产锁定比例七项指标作为分级依据。

一星级社会企业的要求是：①收入来源：收入来源的30%来自商业收入（包含竞争性政府采购部分）。②社会效益：有可测量的证据显示其创造的社会价值。社会企业应能够明确阐释其项目年度受益人数、资源节约、环境友好、员工保障、社会影响等方面的数据。③服务覆盖面：社会企业开展市场经营活动、实现社会使命或创造社会价值的地域范围覆盖本市区级层面。

二星级社会企业的要求是：①收入来源：收入来源的50%来自商业收入（包含竞争性政府采购部分）。②社会效益：有证据显示其改善弱势人群的生活工作质量。能够有效整合配置资源，创新性地解决社会问题或提供公共服务。③服务覆盖面：社会企业开展市场经营活动、实现社会使命或创造社会价值的地域范围覆盖本市。

三星级社会企业的要求是：①收入来源：收入来源的50%来自商业收入（包含竞争性政府采购部分）。②社会效益：通过政策倡导和社会倡导，在服务模式探索上形成规模化的社会问题解决方案与实践，在本行业领域发挥良好的示范引领作用。③服务覆盖面：社会企业开展市场经营活动、实现社会使命或创造社会价值的地域范围覆盖本市以及其他省市。

通过认证的社会企业被授予相应级别的证书和社会企业专用标识。获得批准使用徽标的社会企业可在认证有效期内将徽标用于产品和服务的宣传活动、宣传物品，以及在网站、新媒体、信纸、名片等印刷物品上使用，供顾客及公众识别。

2018年北京市开展第一届社会企业认证，共有135家机构申请，首批认定了46家社会企业。其中7家被认证为三星级社会企业，11家被认证为二星级社会企业，25家被认证为一星级社会企业，3家被认证为普通社会企业。2019年北京市开展第二届社会企业认证，认证了19家社会企业。2021年北京市开展第三届社会企业认证，共有62家机构参与申报工作，有23家企业和社会组织通过了社会企业认证，其中1家被评为三星级社会企业，6家被评为二星级社会企业，9家被评为一星级社会企业，7家评为普通社会企业。

3.7 中国慈展会社会企业认证

2015年9月举行的第四届中国公益慈善项目交流展示会（下简称“中国慈展会”）发布了中国首个民间社会企业认证办法——《中国慈展会社会企业认证办法（试行）》，符合5个基本条件的申请机构可领取社会企业证明，并获得中国慈展会公益慈善资源的支持。

2015年《中国慈展会社会企业认证办法（试行）》规定申请机构需要符合以下5个基本条件：

（1）组织目标：有具体明确的社会目标，即促进就业、扶持特殊群体或解决其他特定社会问题，包括但不限于扶贫、教育、医疗、养老、环境保护、农业、食品安全等。

（2）收入来源：超过50%的收入来自商品销售、贸易或服务项目收入（包含政府采购部分）。

（3）利润分配：章程规定机构每年用于分配的利润不超过年度利润总额的35%（社会组织的利润全部用于组织的宗旨和目的）。

（4）人员结构：有专职受薪人员进行内部管理和经营活动，有两年以上合格纳税记录。

（5）注册信息：合法登记注册的企业或社会组织，经营执照上登记日期至少需要超过2年。

2016年中国慈展会开展第二届认证时对认证办法作出了修改：①在注册信息方面，将注册年限由两年改为一年；②将“人员结构”维度改为“治理结构”，扩大并明确评核范围，要求独立运作、治理结构明确，配备至少3名全职受薪人员。2016年的认证在第一届的基础上扩增为两个等级：“中国好社企”和“金牌社企”，“中国好社企”的评核标准主要考虑组织目标、注册信息、治理结构和收入来源四个面向，利润分配没有限制，认证有效期为两年；“金牌社企”则要着重考察利润分配、社会影响力和资产锁定报告，认证有效期为三年。

2017年中国慈展会社会企业认证进一步放宽认证标准，从机构资质、社会目标优先、创新解决方法和解决问题效能四个基本标准（包括13个评审细则）评价某组织是否符合社会企业的界定。

社会企业的认证等级也在2016年的基础上进一步扩增为四个等级：金牌社企、好社企、社企及观察机构。四个标准采取百分制进行量化，评分达到80分及以上的认证为“金牌社企”，60分及以上的认证为“好社企”。满足社会目标优先和机构资质2项判定性标准的申报机构可被纳入观察机构。在前三个等级中，好社企和社企的有效期为两年，金牌社企的有效期下调为一年。

2018年第四届中国慈展会社会企业认证把“创新解决方法”明示为“通过市场化运作创新解决社会问题”，突出社会企业的商业属性，其他三个标准几乎不变。认证等级调整为三级，把观察机构这一级去除，且将金牌社企的有效期调回三年。

通过社会企业认证的机构可享如下权益：

（1）资金支持：获得中国慈展会公益慈善资源对接平台会员资格，享受公益合伙人计划的资金支持。

（2）人才支持：开展社会企业人才培养，系统性提升社会企业经营者和业务骨干开展管理能力；优先加入中国社会企业家私人董事会；优先参与社会企业国际考察活动；根据机构需求，配对一名评审委员会委员库中的导师，建立并运行专业导师工作机制，提供政策讲解、风险评估、社会创业、产品营销等咨询和顾问服务。

（3）孵化支持：通过社会企业认证的机构可优先入驻中国慈展会华强北公益创客孵化基地，享受1年免费孵化服务。

（4）社会企业标志使用：通过认证的机构，可以使用慈展会社会企业标志，用于其机构、产品的宣传和包装。

（5）其他支持：向社会推荐通过社会企业认证的机构的产品和服务。

2015年有7家社会企业获中国慈展会社会企业认证的首批认证，随后的三年分别有16家、106家和110家社会企业获得认证。到第四届社会企业认证，一共有239家机构获得认证。

3.8 小结

目前，我国地方社会企业的发展仍面临着一系列问题，主要包括外部缺少法律制度保障和监管机制以及内部管理能力缺失等问题，造成政府相关部门避谈社会企业，导致社会企业市场竞争力弱、无法可依、自我造血不足而面临发展困境，从而进一步影响公众参与公益事业的程度。为推进我国社会企业的发展，可从以下几个方面进行改进和提高。

3.8.1 建立社会企业分类管理制度

社会企业在英美国家有多种组织形式，可以是民办非企业、慈善组织，也可以是有限责任公司等企业形式，因此，英美国家制定了多样化的法律制度对社会企业进行管制。在英国，以商业组织注册登记的社会企业一般不享有税收减免政策，但因其承担实现社会公益目标的使命，所以能获得政府部门在业务和培训方面的支持。而以慈善组织性质与社区利益公司（Community interest company）性质注册登记的社会企业可以享受免税等优惠政策。

英美国家在社会企业分类管理、资质审核、注册登记、税收和治理等方面的制度设计是值得我们借鉴学习的。政府不应该回避社会企业目前发展混乱的局面，应该指定相关管理部门（如社会组织管理局）或成立新的社会企业管理部门，对已有的社会企业进行分类管理。首先管理机构要对符合社会企业属性的企业或非营利组织进行核实并备案，然后根据这些社会企业不同的注册性质进行分类管理，对适用于《公司法》的商业组织可联合工商管理部门、人力资源部门等为这些社会企业提供业务咨询、员工拓展培训等支持，并在政府购买公共服务项目时适当增加社会目标的比重，在不违反公平竞争原则的前提下优先和这些社会企业合作；对适用于《社会团体登记管理条例》《民办非企业单位登记管理暂行条例》《基金会管理条例》等非营利组织相关法规管理的公益组织可联合工商管理部门、民政部门、人力资源部门等为这些社会企业的成长提供起步资金、商业运作模式成功经验和人力资源。社会企业的运作需要有合法性机制作为保障，才能保证其公益性，也才能获得社会外界的信任。因此，将社会企业与传统营利企业和非营利组织区分开来，赋予社会企业法律身份或标识，对社会企业进行分类管理，是政府在社会公益创新治理机制的发展方向。

3.8.2 创新社会企业组织形式

在英国，针对社区利益公司这种组织形式而设立的《社区利益公司法》是英国监管社会企业诸多形式中的新的法律形式，于 2005 年 7 月 1 日正式生效，是社会法私法化的成功实践。《社区利益公司法》对组织的准入和退出、资本和盈利分配、治理与监督三方面都作出了具体规定，最核心的机制是社区利益要求、资产锁定、红利上限和社区利益报告的规定。在社区利益要求和社区利益报告方面，一个社会组织要申请成为社区利益公司首先要获得社区利益公司监管局（以下简称监管机构）对其进行的社区利益标准认定，包括确认该组织处理盈余的办法和谋取公共利益的路径等。监管机构还需要审查社区利益公司年度社区利益报告，确保该组织的活动满足社区利益标准。资产锁定即要求社区利益公司的资产不能分割给该组织的董事、成员或股东等个体，只能转让给慈善组织或另一个社区利益公司。红利上限指社区利益公司分配给成员的红利比例需要得到监管机构的批准，而且受分配限额的限制，要确保组织绝大部分的资产和红利都用于所服务的社区。

建议我国发达地区创新社会企业组织形式，探索类似英国《社区利益公司法》的地方立法，设立专门的社会企业监管机构或部门，对拟注册登记为社会企业的组织进行公共利益标准认定，确保该组织通过市场化运作获取的利润绝大部分是用以实现社会公益目标的，并且对该组织的资产处置和利润分配进行约束限制，要求该组织建立所有利益相关者能参与组织管理和监督的机制。这种法律法规可以减少目前社会公益领域一些营利企业打着非营利组织的幌子避税的现象，还可以让符合这种法律法规而成立的社会企业在起步时期既能获得税收减免，又能以企业身份拓展融资渠道，减少对资助者或捐赠者的依赖，实现财务自主，这样就能维持社会企业可持续化发展，创造更多就业机会，扩大其社会公益服务内容和服务人群。

3.8.3 建立社会企业发展的支持网络

目前，国内一些发达城市通过政府主导、社会力量参与已经建立起社会企业孵化中心/基地，并设立了公益创投项目，为社会企业的成长和发展提供各种资源。此外，政府还通过公共服务外包机制为社会企业参与公共事业提供了渠道。还有一些基金会、研究机构、咨询公司等社会力量，如恩派、岚山基金、新公益伙伴、南都基金会、友成扶贫基金会、社会创业基金会、高校社会企业创新中心等与政府、高校、科研机构和企业合作举办社会企业论坛和公益创业大赛，开设社会企业相关的培训课程，提供技术支援等推动社会企业能力建设，扩大社会企业的社会影响力。社会公益组织为社会企业提供人力资源支持，减少社会企业的运营成本。这些新的机制和做法都为社会企业的发展提供了各种支持，但是目前缺少对这些创新机制的研究和评估。因此，需要一些研究机构和评估机构对这些创新机制的效用与影响进行深入分析，并提出改善建议，如为实现社会企业与政府、市场与其他社会组织的有效互动和合作，为拓宽社会企业的市场销售渠道，为改进社会企业的内部治理等出谋划策。

3.8.4 培养公众社会企业意识

一些国外政府通过各种媒体渠道大力宣传和讨论社会企业的相关法律法规、功能、实践案例等，展示社会企业的成功经验，引导民众认同社会企业精神，因此民众对社会企业的认知广度和深度都较高，会基于“道德经济”理念购买社会企业的产品和服务。而在我国，公众还比较难将“企业”和“社会公益创新”联系起来，对社会企业家通过市场运作模式获取收入和将收入用于社会公益缺少合理认知，因此，公众通过社会企业参与社会公益的程度还不高。政府要提升公众对社会企业的认知度。首先，需要政府为社会企业建立资质认证体系和基本行为标准，这与前面阐述的制度保障相关，只有社会企业获得合法性认同后，其组织行为才能获得公信力，其身份或标识才可以被识别和授信。其次，建立社会企业实习、就业和创业机制，考虑到社会企业在起步阶段财务压力较大，不可能像大型企业那样通过各种媒体和渠道发布招聘信息，那么政府和市场人力资源部门要为社会企业的员工和志愿者招募提供支持，以免费或低于市场的价格为社会企业发布各种招募信息。这几年，我们国家和地方政府都出台了扶持大学生创业政策，也鼓励大学生公益创业。这些措施都有助于增强新一代创业人员的社会领袖意识和能力，应该将其拓展到更多的社会群体中，让更多有志在社会企业领域发展的人士获益。最后，政府、企业和非营利组织要宣传社会企业提供的产品和服务中所附加的社会价值，通过各种平台展示社会企业的生产、销售和售后等各环节体现出的平等、公平和关注社会公益的精神，如为一定数量的弱势社群提供工作机会和社会福利，利润分配中有多少比例用于社会公益事业等，以此培养公众的“道德经济”理念，从而提高公众社会企业参与度。

推荐阅读

罗文恩，黄英. 构建社会企业身份：中国大陆、香港和台湾地区社企认证实践比较分析[J]. 中国非营利评论，2019，23（1）：86－109.

思考

（1）中国港台地区和内地社会企业认证制度的异同点有哪些？

（2）社会企业认证有哪些利弊？

第二部分

实践篇

4 社会企业社会影响力

4.1 社会影响力定义

2007 年，洛克菲勒基金会最先提出了影响力投资这一创新的投资概念，倡导资本通过有经济效益的投资来做公益。2010 年，摩根士丹利与洛克菲勒基金会联合发布了《影响力投资：新兴的资产类别》，把影响力投资界定为资产类别的一种，由此奠定了影响力投资在投资界和公益界的地位。

影响力投资依然追求财务回报，但和主流的风险投资相比，其对回报的方式和收益率的要求更为灵活，投资回收期也更长，所以也有“耐心资本”（Patient capital）一说（见表 4－1）。

表 4－1　一般投资与影响力投资的区别①

类别	投资周期	回报	投资者特征	政策类型
一般投资	短期、中期和长期	高回报	强调投资经营技巧，更具市场素质	一般商业政策，保证自由公平竞争即可
影响力投资	长期	低回报（美国 7% 左右）	更具人文关怀	积极的鼓励扶持政策

社会企业影响力是指社会企业对目标人群、行业、政府、企业乃至整个社会的推动作用，是其作为不同层次的“改变者（Change maker）”的力量，体现为三层影响：第一层是推动目标群体受益；第二层是推动社会环境转变；第三层是推动行业和社会变迁。

① 资料来源：卢德之．用资本精神推动社会影响力投资［J］．经济研究参考，2013（28）：45－47．

4.2 社会影响力测算工具

传统组织绩效的测量方法主要有两种：第一种是平衡记分卡测算方法，包含财务可持续性、利益相关者、内部过程、资源四个基础维度，逐渐演化为组织愿景、收益、学习型组织、顾客、内部活动 5 个维度 27 个具体指标的绩效评估指标体系。第二种是指数构建法，从理论驱动的角度构建能力、可持续性和影响力三个维度的社会企业绩效评价的综合指标体系等（周阳敏，2022）。

社会企业创造的价值不能简单地用财务上的分析来衡量，一个重要手段就是进行社会影响力评估。社会投资回报（Social Return on Investment，SROI）是目前测算社会企业影响力的重要方法，是罗伯茨企业发展基金（Roberts Enterprise Development Fund，REDF）在 20 世纪 90 年代末开发出的一个评估工具，主要用来对投资产生的社会投资回报率进行测量。SROI 测量社会、环境和经济成果，并用货币价值将成果呈现。SROI 的评估最终呈现为一种比例关系：分母部分为所有投入的总和，分子部分为所有回报的总和，因此 SROI 值为 3∶1 意味着 1 元的投入可以产生 3 元的社会价值（果佳、王海玥，2016）。

SROI 的计算需要以下几个步骤：

（1）清楚定义组织的社会目标及理念。组织要清楚列出预期目标，并在组织计划中具体列出实现目标的步骤，确立计划实施后的分析方向和要纳入绩效计算的内容。

（2）定义利益相关方并排序。组织要明确利益相关群体，并对利益相关群体进行排序。

（3）描述社会效益的产生过程。组织通过社会效益链清晰表达组织活动或计划带来的改变。组织可按五个范畴逐一说明组织活动所涉及的社会效益：投入（Inputs）：投放在组织的资源，通常以成本计算；活动（Activities）：能够创造经济及社会价值的主要活动；产出（Outputs）：活动产生的直接及实际效果，是社会企业可量度的指标，例如受助人数、售出的货品数量或带来的财政收入；结果（Outcomes）：活动为参加者及社会带来的改变，例如创造就业机会、收入增加等；社会效益（Social impact）：显示计划较长远的影响，当中不包括一些没有该活动也会发生的结果。

（4）基于某些假设，将社会效益货币化。组织找出活动项目涉及的投入以及衍生的财务收入等材料后，可以搜集统计数据计算出较为合理的价值。

（5）计算出社会投资回报。将组织产出的社会效益货币化，将货币化的社会效益与投入的资源比较，以衡量机构成功与否，这个过程中需要将量化与货币化过程中的很多假设一一列明，使得货币化计算过程有迹可循。

4.3 社会影响力测算具体案例

这部分内容以兰萱关爱计划（腾讯社会企业商业计划大赛中的获奖方案）为例，具体阐述社会影响力测算步骤。[①] 该计划针对我国老年人口剧增以及养老护理员市场缺口巨大的情况，为养老机构提供护理员培训和劳务输入等初期产品，并计划最终提供居家养老服务产品。其计划中有初步的 SROI 分析报告，令其商业计划案更具有专业性与可信度。

其 SROI 分析的步骤如下：

（1）定义机构的社会目的及理念。社会目的：解决老龄化社会大问题。理念：让更多的老年人和年轻人共同参与，鼓励大家为身边的老人提供力所能及的帮助，并享受助人与自助的快乐。

（2）定义利益相关方并排序（见表 4－2）。

表 4－2 利益相关方排序

利益相关方	目标	正/负（+/－）	重要性	影响力
被服务的老年人	得到更广泛、更方便、更持续的精神关怀和生活照料，生活得更加幸福和快乐	+	5	5
提供服务的老年人	增强低龄老人的自信心，实现自身价值，感受助人的快乐	+	5	5
年轻人	获得贡献社会的满足感、助人的快乐、社会实践的机会，同时使自己的父母（即使远在异地）得到更好的照顾	+	5	5

① 该案例分析参考来源：腾讯公益 https://gongyi.qq.com/sebc/aboutse_page02.htm.

（续上表）

利益相关方	目标	正/负（+/-）	重要性	影响力
从志愿者中产生的，经过认证与培训的有偿服务提供者	促进就业，得到工作机会和劳动收入，得到社会的广泛认同	+	4	4
合作商业企业	树立企业良好社会责任形象；宣传、促销产品和服务；以广告形式，向广大年轻人和老年人群体宣传；提升品牌知名度	+	4	4
高校、志愿者组织	共同稳定、发展、壮大志愿服务队伍，发扬志愿服务文化	+	3	3
居委会	协助线下管理，带动社区为老服务工作的开展，解决本社区的老龄化问题，为老龄化事业发展做出贡献	+	3	3
政府部门	增大全社会为老服务的供给，提高服务质量，降低全社会的为老服务成本，在全社会弘扬助人与自助的文化，使社会更和谐	+	3	3

（3）描述社会效益的产生过程（见表4-3）。

表4-3 社会效益产生过程

投入	低龄老年人，年轻志愿者，网络平台管理，公益性培训，居委会，高校，志愿者组织，商业机构、组织
活动	服务匹配，服务志愿者匹配，平台认证、评级、记录、监督、培训，服务管理，商业机构合作
产出	更多老人被服务；更多老人提供服务；更多年轻人提供服务；平台人员管理、服务管理、培训体系三大系统的有效运转，与政府、社区、商业机构、社会组织广泛合作，平台价值和吸引力日益增强

（续上表）

结果	更多老年人、年轻人参与服务与被服务的良性循环中，全社会为老服务的意识和供给都大大提高，“时间银行”平台系统可持续发展，降低了全社会为老服务成本
社会效益	更多老年人得到更好的精神关怀和生活照料，自助与助人成为一种快乐、一种时尚，社会更加和谐

（4）将社会效益量化（见表4－4）。

表4－4　量化社会效益

经济投入（人民币）					
初始投入	120 000				
每月费用	46 000				
量化社会化投入（人民币）					
志愿者	150 000				
政府部门、媒体宣传（广告宣传）	200 000				
商业机构投入（赠品、宣传活动）	200 000				
总计（初始投入＋五年费用＋社会化投入）	3 122 596.69				
产出（人民币）					
经济价值	第一年	第二年	第三年	第四年	第五年
会员费		40 000	100 000	400 000	1 000 000
有偿服务管理费	2 560	12 800	25 600	51 200	64 000
广告费			20 000	50 000	100 000
总计	2 560	52 800	145 600	501 200	1 164 000
社会价值（人民币）					
志愿服务人数（每周志愿服务2小时）	200	1 000	2 000	4 000	5 000
节省的服务人力成本	384 000	1 920 000	3 840 000	7 680 000	9 600 000
节省的服务交通、时间成本	192 000	960 000	1 920 000	3 840 000	4 800 000

（续上表）

社会价值（人民币）					
促进就业，免费培训	153 600	768 000	1 536 000	3 072 000	3 840 000
总计（社会价值+经济价值）	732 160	3 700 800	7 441 600	15 093 200	19 404 000
折旧（折旧率10%）	91%	83%	75%	68%	62%
净值	665 600	3 058 512	5 590 984	10 308 859	12 048 357

（5）兰萱关爱计划社会投资回报计算：社会投资回报率＝（经济价值＋社会价值）/投入＝10.14。

推荐阅读

1. 福克曼，托卡斯基，恩斯特，等. 社会创业与社会商业：理论与案例［M］. 黄琦，译. 北京：社会科学文献出版社，2016.

2. 果佳，王海玥. 社会投资回报：一种社会影响力评估的工具［J］. 中国行政管理，2016（6）：71－75.

3. 卢德之. 用资本精神推动社会影响力投资［J］. 经济研究参考，2013（28）：45－47.

4. 赵环，陈雯雯. 政府购买社会服务的社会投资回报率分析［J］. 浙江工商大学学报，2017（1）：114－121.

5. 周阳敏. 社会企业的社会绩效与经济绩效互斥研究［J］. 经济研究参考，2022（8）：21－37.

6. 金仁仙. 中国扶贫社会企业绩效的影响因素研究：基于模糊集定性比较分析［J］. 兰州学刊，2021（3）：63－80.

思考

（1）社会企业影响力的构成要素有哪些？

（2）社会企业绩效与哪些因素相关？

（3）社会企业的经济目标与社会目标的关系是怎样的？

5 社会企业认证对社会企业发展的影响

——基于2015—2018年中国慈展会社会企业认证的案例分析

5.1 研究背景

在我国的"十三五"规划以及党的十九大报告中均提出要加强和创新社会治理领域，建立共建共治共享的社会治理格局，提高社会化、法治化、智能化、专业化水平和加强四个体系建设，我国社会治理和公共服务社会化已成为一种发展趋势。与此同时，政府与市场已经不能完全满足社会需求，出现"政府失灵""市场失灵"的状况，政府迫切找寻一种新的社会治理创新方式。而社会组织作为第三部门也因为过于依赖外部资源而出现"供血不足"现象，难以避免出现"志愿失灵"的情形。如何破解三重失灵困境下的复杂社会问题，有效回应社会治理创新的需求以及社会组织发展的需求，成为亟须解决的关键问题。

多重因素的驱动催生出新的社会组织形式——社会企业。2005年"社会企业"一词首次刊登在《人民日报》上，2010年首次出现在北京市政府文件上，2013年顺德区开创社会企业认证，2015年我国首次创办社会企业与影响力投资论坛和社会价值投资论坛，同年，中国公益慈善项目交流展示会（以下简称"中国慈展会"）开始举办全国性的社会企业认证。

但是，关于社会企业认证制度的推行是否有利于社会企业发展的讨论还未有统一结论，而且目前已有研究多停留在观点表述阶段，未通过实证研究分析社会企业认证对其发展的影响。本书将在分析中国社会企业发展现状的基础上，通过多案例分析探讨社会企业认证对社会企业发展的影响。

5.2 文献综述

现有研究在探讨影响社会企业发展的因素时，多从制度因素（认证制度、政策支持、政策组合等）、公众支持和认可、社会企业家精神和经验、内部治理等几个维度进行分析。

第一，关于认证制度，2013 年《中国社会企业与社会影响力投资发展报告》指出："建设相关法律法规为社会企业确立合法性地位将是其发展的当务之急。"社会企业能否获得合法性，继而"施展拳脚"，其根本在于能否获得身份识别与法律认证。根据组织生命周期理论，不同阶段的社会组织所需要素具有差异性。我国的社会企业在近几年获得发展，越来越多的机构认为自己是社会企业，却又无法认清自身定位与目标，此时社会企业发展的初期阶段更加强调制度化的过程。制度关系能够提供社会支持、合法性和资源，使组织进入的条件更具吸引力。因此，在社会企业的成长阶段，对其进行制度化、合法化就显得尤为必要。社会企业通过认证身份，获得法律形式上的认可，夯实认知基础与公信力，才能继续思考下一步的发展。

王世强（2013）认为我国应该明确社会企业的概念，加强其对自身的认同感。罗文恩等（2019）根据中国大陆以及香港、台湾地区社会企业认证的实践情况，认为社会企业认证有助于社会企业构建独特的身份符号，社会企业认证对社会企业自身能力建设与知名度、对消费者购买的产品和服务质量、对行业的规范发展、对社会问题的回应和解决都有不可忽视的积极影响，从而帮助其获得更多的外部支持，但同时也应警惕认证可能带来的"围栏效应"，避免对社会企业生态环境造成破坏。樊云慧（2016）指出国内在法律上未给予社会企业统一的身份和地位，导致社会企业的法律形态呈现不确定、多样化的状态，不利于社会企业的发展。但是，李健等（2019）提出疑问：如果只是一味采取新的法律形式严格限制社会企业，忽略国内已有的"准社会企业"，如农村合作社、民办教育机构以及民办非企业等，容易导致社会企业过度依赖政策，妨碍其可持续发展，效果"事与愿违"。

第二，已有研究显示，社会企业所处的政策环境对于社会企业的发展有不可忽视的影响。组织生态学强调组织的生态环境要素对于组织发展的影响，并将组织发展理解为生态化过程和制度化过程，组织生态包括组织外部所有环境要素。罗杰·斯皮尔和梁鹤（2018）指出，外部支持生态系统包括组织的资源可持续、功能发挥、问责制的保障以及办事程序优化等与政府的良性互动。我国目前没有针对社会企业的支持政策，青年社会企业家基金会（For Youth Social Entrepreneurship，FYSE）发布的《2012 年中国社会企业报告》表明 47% 的社会创业者认为政府政策的缺失是对社会企业运作的重大挑战（青年社会企业家基金会，2012）。李健等（2019）通过28个国家社会企业政策的定性比较分析发现，国内有利的内部政策环境是社会企业发展的充分条件，政策工具的选择和组合相较于政策数量更为重要。同时他也提出应当设立专责的主管部门，促进社会企业沟通平台建设，以此推动社会企业发展（李健，2018）。

第三，公众的支持和认可对社会企业发展有重要影响。社会企业概念被公益领域人士所熟知，但公众对于社会企业的概念不熟悉，社会总体认知程度较低。近年来，慈善丑闻频频曝光，公众对于公益与谋利之间的关系存在疑虑。社会企业要想在社会上立足并得到发展，重要的是要获得公众的“通行绿卡”，即认可与理解。刘小霞（2012）提出合法性是社会企业生存和发展的重要前提。而首要应获得的合法性来自道德合法性，即公众的支持和认可。

第四，社会企业家精神和经验也被认为对社会企业的发展有一定的影响。社会企业家精神是指能够通过创新的手段有效缓解或解决社会问题的精神。赵萌与郭欣楠认为社会企业家精神是社会企业真正的核心特征。社会企业通过社会企业家精神以及基于坚定不移的社会目标与使命，持续不断创新，最大化地解决现有社会问题。刘志阳等（2018）认为社会创业本质上是由社会企业家精神所支配，探索开发继而创办社会企业的过程。时立荣等（2014）认为社会企业家精神是社会企业生产发展要素中最能够产生作用的要素。同时，社会企业家经验，即创业者先前的工作经验对于社会组织绩效有正向影响（汪忠等，2019）。

此外，内部治理也是影响社会企业发展的重要因素。对社会企业发展产生影响的内部治理因素包括人力资源、内部治理结构、资源动员能力等。有学者提出自我治理能力是支持社会企业发展的影响因素（高红、朴贞子，2015）。刘小元指出：财务资源、人力资源、物质资源以及社会网络等对社会企业发展具有一定影响（刘小元等，2019）。

目前对社会企业领域的研究主要集中在描述性研究，如社会企业的概念、特征、意义等上，仍处于理论构建阶段，缺少相应的验证性研究，对于目前中国社会企业发展的现实状况及其影响因素缺少实证数据的研究。

5.3 研究方法

5.3.1 数据来源

本研究数据来自中国慈展会所发布的中国社会企业认证名单。中国慈展会，由中华人民共和国民政部、国务院国有资产监督管理委员会、中华全国工商联合会、广东省人民政府、深圳市人民政府、中国慈善联合会共同主办。而中国社会企业认证由深圳市中国慈展会发展中心、国际公益学院、北京大学公民社会研究中心、北京师范大学中国公益研究院、亿方公益基金会、中国人民大学尤努斯社会事业与微型金融研究中心等6家权威机构联合发起，由深圳市社创星社会企业发展促进中心和成都共益社会企业认证中心具体执行。

中国慈展会的社会企业认证自2015年开办。截至2018年12月，四年间中国慈展会对1 400余家企业和机构展开社会企业认证，通过认证社会企业一共有239家（2015年7家、2016年16家、2017年106家以及2018年110家）。通过汇总四年的社会企业认证名单，以及中国社会组织信息查询平台，筛选登记性质为社会组织的79家社会企业，同时以79家社会企业为基础，根据地方社会组织信息平台以及社会企业官方网站公布的详细具体信息，最终一共收集到24家社会企业的年度报告。

5.3.2 数据分析方法

本书运用多值定性比较分析软件（Fully functional multi-value QCA，fm-QCA）进行模糊集定性分析：从21家社会企业认证信息以及2018年年度报告中选取以下信息加以分析：认证年份、创办年份（时长）、组织性质、公益项目数量、员工数量、志愿者数量、资金收入、捐赠收入、提供服务收入、政府补助、公益活动支出等；通过对单个变量以及变量组合的分析，获得数据结果；由于原始数据难以完全满足布尔逻辑的要求且概念并不是清晰可界定的，因此需要对模糊集在0~1区间内进行赋值。因为本书假设社会企业的发展并不是受到单一变量影响，而是受多重变量组合影响，所以本书使用模糊集分析方法是较为合适的。

5.3.3 变量设置与赋值

核心条件变量为认证年份，将资金收入规模作为衡量社会企业发展的结果变量，衡量社会企业认证对于社会企业的影响。本书将认证年份视为核心条件变量以衡量社会企业的认证变量，有以下三点理由：第一，由于本书数据的局限性，难以设置有无认证的指标；第二，认证年份作为认证的其中一项指标，在以往的相似研究中，可以衡量认证的效果，这与本书的研究目的相吻合；第三，认证年份越早，获得认证的社会企业的知名度与公信力提升越多，从而使社会企业的资金收入增加、社会企业的造血能力增强，促进社会企业的健康发展。而资金收入作为衡量社会企业发展的指标也有一定的依据：社会企业不同于以往的概念，与社会组织最大的区别在于具有“自我造血”功能，资金收入是社会组织的“血”，衡量社会企业发展的好坏在于其资金收入是否充足。因此，资金收入可被视为结果变量。

登记性质、创办时长、员工数量、志愿者数量、公益项目数量可被视为条件变量。社会组织的登记性质不同导致其发展的方向不同，所以研究社会组织性质的社会企业发展需要纳入登记性质这一变量。依据组织生命周期理论，社会组织的创办时间也会影响其发展，因此将创办时长作为条件变量。影响组织发展的因素还有人力资源，包括全职人员以及兼职人员。组织内部人力资源越完善，越能促进社会组织的运作效率与发展，因此将内部员工数量作为条件变量。志愿资源也被视作社会组织发展的重要条件之一，参与的志愿者数量越多，越能帮助社会组织进行日常项目的运作和维护，提升社会组织的服务质量，提高社会组织的知名度，因此本书选取志愿者数量作为条件变量。公益项目是社会组织发展的目的和结果，其通过公益项目实现社会目标，因此将公益项目数量作为条件变量纳入分析。根据变量的赋值标准对相关变量进行赋值，赋值表如表 5 - 1 所示。

表 5 - 1　变量赋值表

变量类型	变量名称	划分标准	赋值
核心条件变量	认证年份	2018 年获得认证	0
		2017 年获得认证	0. 33
		2016 年获得认证	0. 67
		2015 年获得认证	1

（续上表）

变量类型	变量名称	划分标准	赋值
条件变量	创办时长	0～3 年（包含 3 年）	0
		3～6 年（包含 6 年）	0. 25
		6～9 年（包含 9 年）	0. 5
		9～12 年（包含 12 年）	0. 75
		12 年以上	1
	登记性质	社会团体	0
		民办非企业	1
	员工数量	10 人以内（包含 10 人）	0
		10～20 人（包含 20 人）	0. 25
		20～50 人（包含 50 人）	0. 5
		50～100 人（包含 100 人）	0. 75
		100 人以上	1
	公益项目数量	10 项以内	0
		10～20 项	0. 33
		20～30 项	0. 67
		30 项以上	1
	志愿者数量	10 人以内（包含 10 人）	0
		10～20 人（包含 20 人）	0. 25
		20～50 人（包含 50 人）	0. 5
		50～100 人（包含 100 人）	0. 75
		100 人以上	1
结果变量	资金收入（包括提供服务收入、捐赠收入、政府补助）	0～10 万（包含 10 万）	0
		10 万～100 万（包含 100 万）	0. 33
		100 万～1 000 万（包含 1 000 万）	0. 67
		1 000 万以上	1

依据赋值表对21家社会企业原始数据进行处理，获得真值表如表5－2所示。

表5－2 真值表

社会企业名称	认证年份	创办时长	登记性质	员工数量	公益项目数量	志愿者数量	资金收入
深圳市信息无障碍研究会	1	1	0	0.25	0	0.75	0.67
深圳市宝安区爱心智慧特殊儿童康复中心	0.67	0.5	1	0.5	0.67	0	0.67
深圳市智家喜憨儿成长关爱中心	0.67	0	1	0.25	0	0	0.33
深圳市罗湖区晴晴言语康复服务中心	0.67	1	1	0.5	0	0.75	0.67
深圳市播瑞歌应用心理学研究所	0.33	0.5	1	0.25	0	0	0.67
深圳市心之海残友心理援助服务中心	0.33	1	1	0.5	0	0.5	0.67
深圳市龙岗区阳光天地特殊儿童康复中心	0.33	0.25	1	0.5	0	0	0.67
深圳市宝安区金娃娃儿童关爱中心	0.33	0.25	1	0.5	0	0	0.67
深圳市社创星社会企业发展促进中心	0.33	0	1	0	0	1	0.67
深圳市亮睛视觉研究所	0.33	0.25	1	0.25	0	1	0.33
深圳市古村之友古村落保护与发展促进中心	0.33	0	1	0	0	0	0.67
深圳市利民社会工作服务中心	0.33	0	1	0	0	0.75	0.33
深圳市升阳升社会工作服务社	0.33	0.75	1	1	1	1	0.67
深圳市蓝雨伞健康教育促进中心	0	0	1	0.5	0	1	0.33

(续上表)

社会企业名称	认证年份	创办时长	登记性质	员工数量	公益项目数量	志愿者数量	资金收入
深圳市途梦教育公益事业发展中心	0	0	1	0.25	0	1	0.67
深圳市温馨社工服务中心	0	0.5	1	1	1	0.5	1
广州市越秀区颗粒公益传播发展中心	0.33	0.25	1	0.25	0	0	0.67
广州市海珠区拜客绿色出行宣传活动中心(拜客绿色出行)	0.33	0.25	1	0	0	0	0.33
广州市越秀区捌零柒社会服务中心	0.33	0	1	0	0	0	0.33
湛江市悦好社会工作服务中心	0	0	1	0	0	0.5	0.33
苏州优孕智护服务中心	0.33	0.25	1	0	0.33	1	0.33

5.4 研究结果

5.4.1 79家通过认证的社会组织的发展状况

整合2015—2018年中国慈展会社会企业认证名单，并通过中国社会组织公共服务平台对所有认证社会企业进行查询，筛选出以社会组织性质登记注册的社会企业，共79家（其中有4家曾获得两个年度的社会企业认证），对79家社会企业的认证年份、登记性质、创办时长、所在地域以及所在领域进行描述性统计。

通过每年认证机构性质数据的分析，2015年共有7家社会企业通过认证，其中有3家是社会组织，占比42.9%。2016年16家社会企业中，有4家社会组织，占比25%。2017年共有106家社会企业通过认证，其中有42家是社会组织，占比39.6%。而2018年的110家社会企业中，共30家为社会组织性质注册，占比27.3%。从每年的数据来看，社会组织性质的企业占比有降低的趋势，其竞争力不及企业性质的社会企业。2015—2018年，中国慈展会共认证239家，其中有79家社会组织（见图5－1），社会组织来源比例约为33.1%，有近三分之一的社会企业是社会组织性质，其余社会企业性质为企业。

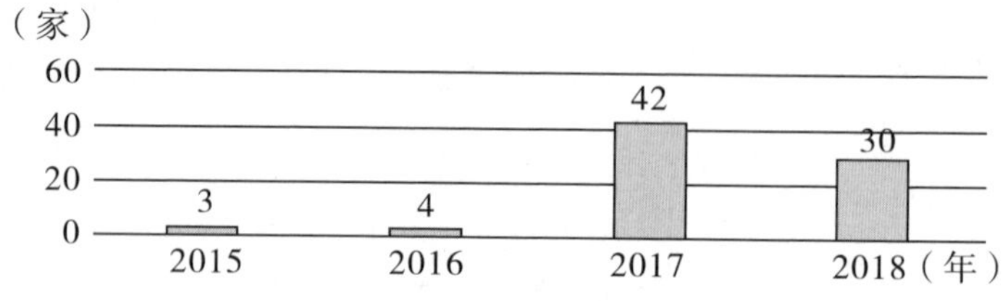

图5－1 2015—2018年社会组织性质社会企业数量

我国社会组织登记类型共分为社会团体、民办非企业组织、基金会三类。对79家社会组织性质的社会企业进行统计，共有6家社会团体、73家民办非企业组织（见图5－2）。通过社会企业认证的社会组织，其登记性质主要是民办非企业组织，全国社会组织总体特征相同，同时这些社会组织全部于地方民政局进行登记。

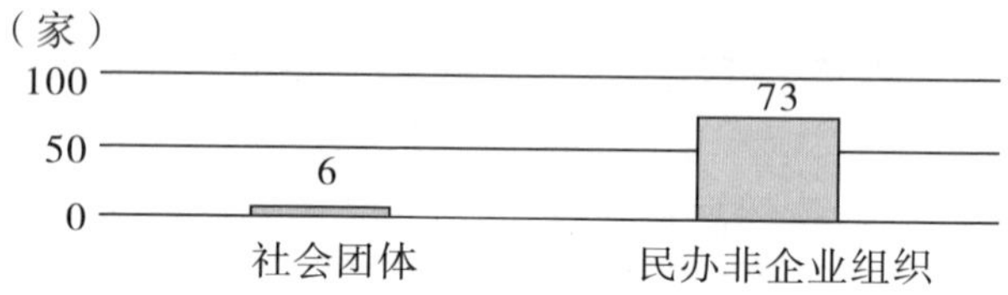

图5－2 社会组织性质社会企业登记性质

根据组织生命周期理论，每3年是社会组织的一个小周期。因此将社会组织创办时长设置为0～3年、3～6年、6～9年、9～12年以及12年以上五个等级。经过数据统计，发现有近一半的社会企业创办时长在3～6年，说明大部分社会企业处于发展的初期阶段；创办时长为0～3年的社会企业有18家，占比为22.8%；创办时长超过6年的有25家社会企业，占总数的31.6%，其中6～9年创办时长的社会企业有15家，有3家社会企业创办时长在12年以上（见图5－3）。

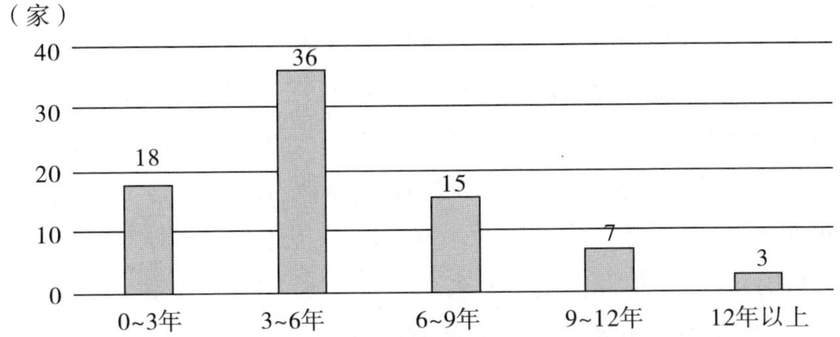

图 5－3　社会组织性质社会企业创办时长

对社会组织性质的社会企业所处地域进行分析，这 79 家社会企业覆盖了我国六大地区（华北、华东、华南、华中、西南、西北）、19 个省/直辖市。其中华南地区共有 31 家，占全部社会组织性质社会企业的 39.2%，广东省共有 29 家社会组织获得社会企业认证，占华南地区的 93.5%（见图 5－4）。社会组织性质的社会企业主要集中在一线城市，如深圳、广州、上海以及北京，在二线城市也较为活跃，如成都、苏州等。经过分析，社会组织性质的社会企业地域分布可能与城市综合发展水平相关，同时受到社会需求以及传播能力的影响。

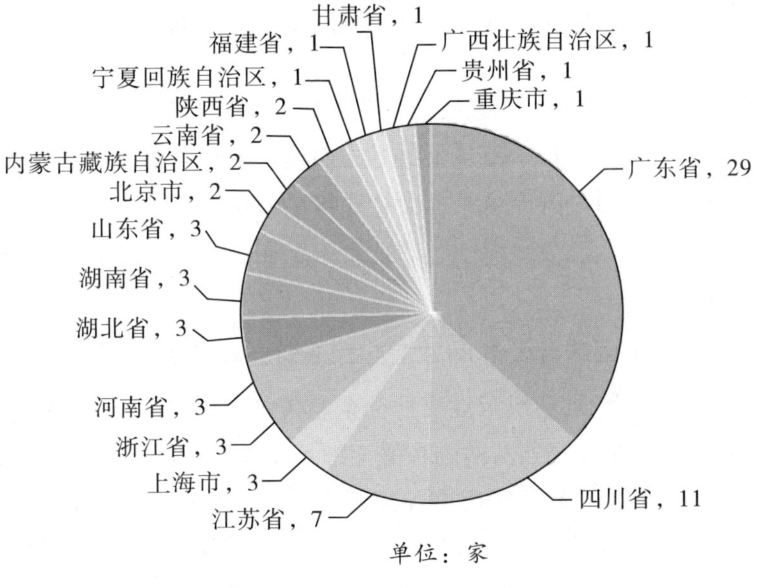

图 5－4　社会组织性质社会企业所在地域分布

针对社会企业服务所涉及领域进行梳理，共有以下领域：弱势群体（包括老年人、青少年、残疾人以及失业者）、无障碍服务、农村发展、社区发展、公益支持、生态环保、文化保育与艺术发展、医疗卫生、妇幼家庭以及其他领域。关注弱势群体的社会企业共有36家，占比近一半，同时也有16家社会企业提供无障碍服务。关注社区发展以及农村发展的社会企业占比均为19.0%，涉及公益支持领域的则有10家。而生态环保、文化保育与艺术发展、医疗卫生、妇幼家庭以及其他领域的社会企业数量分别是8家、6家、3家、3家、2家。可以看出，社会企业涉及的领域广泛，主要提供针对弱势群体的服务，同时满足大部分社会需求。

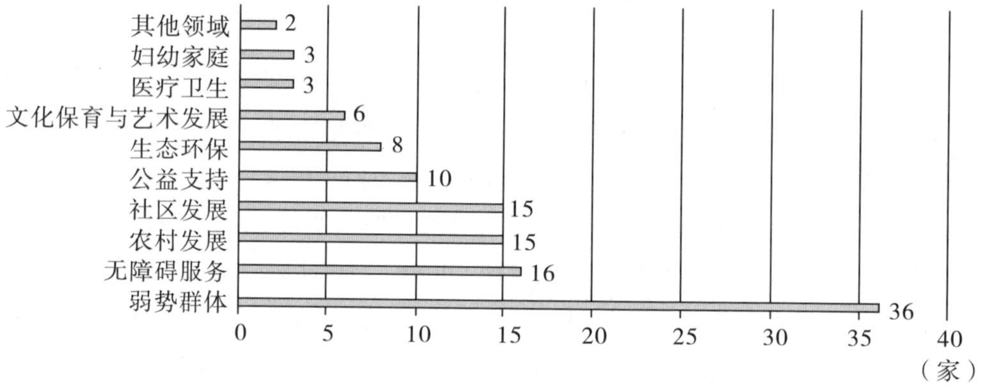

图5－5　社会组织性质社会企业所在领域

此外，在网络上搜索这79家社会企业的信息，只有32家社会企业开设了官方网站等媒体公开渠道。这些信息渠道一方面体现了社会企业的传播能力，是其与外界的沟通渠道，另一方面也是社会企业接受公众监督的有效方式。关于官网宣传的统计分析说明，社会组织性质的社会组织在运营方面的信息披露程度以及透明度还有所欠缺。

5.4.2　21家年度报告公开的社会企业统计分析结果

以79家通过认证的社会组织性质社会企业名单为基础，分别搜索地方社会组织信息平台以及社会企业官方网站公布的详细年度报告信息，最终只有24家社会企业通过媒体公开渠道公示了2018年年度报告，占比为30.4%。通过信息的整合，共筛选出有效信息共21家。这21家社会企业主要集中在广东省，大部分是深圳市的社会企业，覆盖了社会组织所涉及的领域，包括无障碍服务、弱势群体、社区发展、农村发展、公益支持、科学普及以及文化保育等领域。这些社会企业获得认证年份分布在2015—2018年，作为分析样本较为完整可靠（见表5－3）。

表 5－3　21 家社会企业数据信息

社会企业名称	创办年份	认证年份及等级	登记性质	所在领域	公益项目数量	员工数量	志愿者数量	资金收入（元）	创办人
深圳市信息无障碍研究会	2005 年	2015 年认证（无等级）	社会团体	无障碍服务	4	12	57	5 464 531	郑卫宁
深圳市宝安区爱心智慧特殊儿童康复中心	2009 年	2016 年中国好社企认证 2018 年中国好社企认证	民办非企业	无障碍服务，弱势群体	22	48	6	4 867 064	潘小洁
深圳市智家喜憨儿成长关爱中心	2015 年	2016 年中国好社企认证 2017 年金牌社企认证	民办非企业	弱势群体	0	19	0	957 457	曹军
深圳市罗湖区晴晴言语康复服务中心	2004 年	2016 年中国好社企认证 2017 年金牌社企认证	民办非企业	无障碍服务，弱势群体	6	27	55	3 510 670	伍雪玲
深圳市播瑞歌应用心理学研究所	2010 年	2017 年中国好社企认证	民办非企业	其他	2	11	0	1 959 094	严铁鹰
深圳市心之海残友心理援助服务中心	2005 年	2017 年中国好社企认证	民办非企业	弱势群体	9	21	30	2 149 935	苏丽平

（续上表）

社会企业名称	创办年份	认证年份及等级	登记性质	所在领域	公益项目数量	员工数量	志愿者数量	资金收入（元）	创办人
深圳市龙岗区阳光天地特殊儿童康复中心	2012 年	2017 年中国好社企认证	民办非企业	无障碍服务，弱势群体	0	22	5	1 726 377	徐维初
深圳市宝安区金娃娃儿童关爱中心	2014 年	2017 年中国好社企认证	民办非企业	无障碍服务，弱势群体	1	25	0	2 023 173	王朝晖
深圳市社创星社会企业发展促进中心	2017 年	2017 年中国好社企认证	民办非企业	公益支持	3	6	500	2 883 179	夏璇
深圳市亮睛视觉研究所	2012 年	2017 年中国好社企认证	民办非企业	科学普及，医疗卫生	3	16	131	925 824	贺极苍
深圳市古村之友古村落保护与发展促进中心	2016 年	2017 年中国好社企认证	民办非企业	生态保护，农村发展，公益支持	4	10	0	2 374 536	汤敏
深圳市利民社会工作服务中心	2015 年	2017 年中国社会企业认证	民办非企业	公益支持，社区发展	2	7	85	110 642	赵建荣

（续上表）

社会企业名称	创办年份	认证年份及等级	登记性质	所在领域	公益项目数量	员工数量	志愿者数量	资金收入（元）	创办人
深圳市升阳升社会工作服务社	2008 年	2017 年中国社会企业认证	民办非企业	社区发展	39	101	425	9 534 408	尚定刚
深圳市蓝雨伞健康教育促进中心	2017 年	2018 年中国好社企认证	民办非企业	医疗卫生	6	21	125	459 032	易武
深圳市途梦教育公益事业发展中心	2016 年	2018 年中国社会企业认证	民办非企业	弱势群体	3	12	840	1 080 679	杨雪芹
深圳市温馨社工服务中心	2009 年	2018 年中国社会企业认证	民办非企业	弱势群体，社区发展	36	359	38	35 707 996	房方
广州市越秀区颗粒公益传播发展中心	2014 年	2017 年中国好社企认证	民办非企业	公益支持	5	17	4	3 007 068. 14	顾源
广州市海珠区拜客绿色出行宣传活动中心（拜客绿色出行）	2012 年	2017 年中国好社企认证	民办非企业	生态保护	1	1	0	313 461. 37	陈嘉俊

（续上表）

社会企业名称	创办年份	认证年份及等级	登记性质	所在领域	公益项目数量	员工数量	志愿者数量	资金收入（元）	创办人
广州市越秀区捌零柒社会服务中心	2015年	2017年中国好社企认证	民办非企业	社区发展，公益支持	6	6	0	884 543.79	贾蔚
湛江市悦好社会工作服务中心	2016年	2018年中国社会企业认证	民办非企业	弱势群体	0	9	30	386 366.84	陈永玲
苏州优孕智护服务中心	2014年	2017年中国好社企认证	民办非企业	妇幼家庭	13	7	300	980 818	孙炯

定性比较分析法的第一步是一致性检测，首先，检测条件变量是否是结果变量的必要条件，其次，测量多个条件组合对结果变量的覆盖率，以解释条件组合对结果的解释力大小。

1. 必要条件分析

通过 QCA 软件对于 21 家社会企业进行模糊集定性分析，获得数据结果如表 5－4 所示：

表 5－4　必要条件分析结果

变量名称	一致性	覆盖率
认证年份	0.908 21	0.567 63
创办时长	0.841 48	0.486 3
登记性质	0.550 5	0.942 63
员工数量	0.923 07	0.513 69
志愿者数量	0.615 38	0.513 69
公益项目数量	0.89	0.942 63

一致性类似于回归分析中系数的显著程度，即 p 值，测量这一条件变量与结果变量之间的关联程度。一般将一致性数值达到 0.9 视为变量形成结果的必要条件标准。以资金收入作为结果变量，得出上表数据。从上表可知，认证年份以及员工数量的一致性达到 0.9 以上，即认证时间的长短以及组织内部员工数量会对社会企业的发展产生促进影响。认证年份越早，公众对于获得认证的社会企业更为熟悉、信任，社会企业获得的支持与认可越多，更有助于社会企业本身的发展。同时，组织内部人员充足，有利于社会企业处理更多的运营事务，开展更多活动，以实现社会目标，获得更好的发展。其他条件因素如创办时长、志愿者数量、公益项目数量等距离一致性标准存在一定差距，所以进行组合来分析对社会企业发展的影响。

2. 条件组合分析

条件组合是测量条件变量不同组合对结果变量的影响。本书着重考察认证年份这一条件变量对社会企业发展的影响，因此条件组合围绕认证年份进行选取，选取获得一致性为 0.9 以上的组合进行分析（见表 5－5）。

表 5-5 条件组合结果

条件组合	一致性	覆盖率
[认证年份] * ~ [创办时长]	0.932 67	0.403 25
[认证年份] * ~ [员工数量]	0.934 16	0.510 27
[认证年份] * ~ [公益项目数量] * ~ [员工数量]	0.932 36	0.495 71
[认证年份] * [登记性质] * ~ [公益项目数量] * ~ [员工数量]	0.937 72	0.438 35

由以上结果可以看出，虽然各个条件组合的一致性均达到 0.9 的标准值以上，但覆盖度不高，意味着这些条件组合虽是构成社会企业发展的必要条件，但无法覆盖所有案例，可能是本研究的研究因素难以全面覆盖社会企业发展所需的因素，如社会认知度与公信力、创办人社会企业家精神等。由于这些因素难以测量，参考其余类似的研究，这一分析结果是可取的。

从条件组合结果来看，认证年份是社会企业发展（以资金收入规模为结果变量）的必要条件，创办时长、员工数量、公益项目数量和登记性质不是必要条件。条件组合共产生四条发展路径：第一条，社会企业的资金收入规模受到认证年份的影响，但不会受到创办时长的影响；第二条，社会企业的资金收入受到认证年份的影响但不会因为员工数量而产生变化；第三条，虽在样本中加入了公益项目数量，但对于社会企业发展无明显作用。这三条条件组合意味着对于社会组织性质的社会企业来说，获得社会企业认证更能获得发展；第四条在第三条基础上加入了登记性质这一变量，说明登记为民办非企业且更早获得社会企业认证的社会企业的资金收入更多，这可能与不同社会组织登记相关规定制度有关。与此同时，社会企业并不会受到公益项目数量以及员工数量的影响。

5.5 讨论

在对上述登记注册成为社会组织的社会企业的案例进行资料搜索时，研究人员发现社会企业领域存在以下问题。

5.5.1 社会组织信息披露不完善

在收集社会企业信息的过程中有许多阻碍，如在政府官方网站虽能查询到已经获得社会企业认证的社会组织，并且知晓该组织的年报审核是否合格，但无法查看年报的具体内容。目前，只有深圳市社会组织信息网以及广州各行政区社会组织信息网可以查看社会组织 2018 年的年度报告，但也无法查看该组织其他年份的年度报告。同时，社会组织性质的社会企业设置官方网站，并在网站上公布年度报告的也只有极少数。2018 年 1 月 12 日，由民政部通过的《社会组织信用信息管理办法》（以下简称《办法》）要求，全国社会组织信用信息登记管理机关依据社会组织未依法履行义务或者存在违法违规行为的有关信用信息，建立社会组织活动异常名录和严重违法失信名单制度。《办法》的第四条和第六条指出：社会组织信用信息包括基础信息、年报信息、行政检查信息、行政处罚信息和其他信息，应当遵循依法公开、统一管理、分级负责、信息共享、动态更新的原则。

信息披露不完善、不透明的现状将会导致公众与投资企业难以信任社会企业，无法进行下一步的投资行为，造成社会企业获得投资较少，难以利用社会资本支持其自身发展。

5.5.2　社会组织性质的社会企业占比不高

从以上研究结果可以看出，许多社会企业是企业性质，社会组织性质的社会企业数量不多。相较于企业，社会组织的竞争力并不是很强。社会企业常被视为非营利组织扭转发展困境的一种有效途径，但依据现实的情况来看，许多非营利组织并没有意识到这一转变途径，仍旧依赖政府，容易导致“自我造血”不足、“志愿失灵”的情况。从另一角度来说，社会企业成功案例的推广力度还不够，大众包括第三部门对社会企业的经营模式还不熟悉。

5.5.3　社会企业发展存在地域不均衡

从统计结果来看，社会企业大多集中于我国三大经济带的东部沿海经济带，这可能与地域经济以及政策发展程度有关。我国各地由于发展进程的不同，所面临的主要社会问题虽大体相似，但各有不同，也催生了针对不同领域的社会企业。

5.6　结论

我国的社会企业认证对于社会企业的发展有一定的促进作用，而人力资源、志愿者资源、创办时长等并非社会企业资金收入与发展的必要条件。我国的全国性社会企业认证主要由民间机构中国慈展会负责，其有助于社会企业明确自身定位与目标，提升社会知名度与公信力，让更多的公众了解社会企业这一新型发展模式。

随着我国公民社会的逐渐兴起，非营利组织等第三部门在提供公共产品、促进社会公平等方面展现出优势，但我们也应看到第三部门发展过程中的局限。社会企业为此提供了一个转变路径，这一创新模式已经在世界各国得到发展，其带来的社会效益越发得到关注。借鉴国外发展社会企业的经验，结合我国的现状以及本书研究结果，推动社会企业发展可以从以下几方面着手：

5.6.1 政府应建立健全社会企业法律体系

社会企业在我国各地各有发展，目前佛山市顺德区、北京市、成都市已经出台地方性政策，对社会企业进行相应的定义与帮助。目前，国内缺少针对社会企业的统一的相关法律法规，对社会企业这一新型发展形式没有统一的界定，容易导致社会企业在地域上的发展不平衡，不利于社会企业领域后续的发展。

政府应出台全国性统一的法律政策，一方面对社会企业进行身份认证，帮助社会企业明确自身定位，监管社会企业的社会目标不产生偏移，另一方面通过给予社会企业合法性帮助，使其在社会上获得更多的社会资源，营造良好的外部环境，保障社会企业的良好发展。目前，各地虽各有政策，但政策不统一容易加剧社会企业发展的不均衡现象，因此政府在全国范围内应出台统一的整体性法律法规，使得全国各地的组织都能平等、积极地参与其中。同时，政府应根据社会企业现有困境，出台相关系统性制度政策，以帮助社会企业获得更多的外部支持，如在金融、税收、劳动人事等方面，通过便利的登记、评审认定、培育孵化等工作，建立社会企业培育发展的促进机制，释放培养社会企业的积极信号。但同时政府应该警惕避免因制度带来的“围栏效应”，避免因设置了过多的条条框框而约束了社会企业的多样性，阻碍其发展。

5.6.2 完善社会企业监管体系

针对社会企业年度报告等信息披露不完善的问题，政府和社会应加强对社会企业甚至是社会组织的监管管理。年报等重要的组织信息，要做到公开透明且有迹可循。一方面，政府营造良好的公益氛围，增强公众对于社会组织乃至社会企业的信任与支持；另一方面，政府督促社会企业重视和利用组织信息，为其未来的发展提供帮助。

5.6.3 增强公众认知度

我国的社会企业逐渐从萌芽阶段过渡到成长阶段，但社会企业在我国的普及认知度不高，公众对社会企业并不了解，容易造成对社会企业这一概念的误解。公众在认知之中，难以将公益与商业手段联系，对于社会企业的运作方式等情况不了解，容易产生不信任感。

我国在近年针对社会企业这一领域开设了中国社会企业与社会投资论坛，宣传社会企业的概念，投入资金和人力，精诚合作，汇聚力量，共同推动社会企业与社会投资的发展。政府和媒体也应多加宣传社会企业的典型事例，传播社会企业的社会目标，让公众共同参与到这一项事业中，参与并监督社会企业的发展，营造良好的社会企业外部环境。

5.6.4 培育社会企业家精神

社会企业家精神作为社会企业的重要组成要素之一，越发被社会所重视，各国纷纷引导越来越多的人参与到培育社会企业家精神中来。社会企业家精神包括强烈的社会责任感和创新创业能力，是社会企业走向成功的重要因素。政府应该开发利用社会资源，推广宣传成功案例，建立社会企业家网络，搭建沟通交流经验的平台，宣扬社会企业家精神，培育优秀社会企业家以促进社会企业的发展。

5.6.5 提升社会企业整体能力

多数社会组织受制于自身的能力发展，如内部治理能力、人力资源管理能力、财务能力等，因此，政府以及公益支持类的社会组织应加大社会企业组织能力的孵化和培育，提供相应的组织培训以及学习机会，系统性地提高社会组织创始人以及内部管理层员工的综合能力，进而帮助社会组织实现可持续发展与进步。

我国目前正处于社会发展的重要时期，着力发展社会企业对于我国转变政府职能、构建和谐创新性国家有着重大意义。我国社会企业的学术探讨以及实践研究仍处于初级阶段，因此我们应积极借鉴国外成功经验，加强与国外社会企业的交流，进一步发展并完善我国的社会企业。

5.7 研究局限性

本书研究存在以下不足：第一，数据来源较为单一，本研究共选取了 21 家社会组织性质的社会企业，数据较少，大多集中在华南地区。第二，本研究的数据来源主要依据社会组织2018年的年度报告，在收集数据的过程中，发现一些社会组织对于年报的态度不够认真严谨，年报的数据存在矛盾、错误等现象。因此将年报信息作为数据来源，其信息有多大程度真实反映现实情况，存在一定的讨论空间。第三，本研究注重于登记性质为社会组织的社会企业，未对企业性质的社会企业进行分析，研究结果只能部分代表社会企业，而不能概括社会企业的全面现状。此外，本研究虽对认证时长进行分析，但由于数据的局限性，没有进行有无社会企业认证的对比研究，因此存在一定的研究缺陷。针对有无社会企业认证的社会组织的对比性研究，是日后研究探索的重点。

推荐阅读

1. 尼森. 社会企业的岔路选择：市场、公共政策与市民社会［M］. 伍巧芳，译. 北京：法律出版社，2014.

2. 伯恩斯坦. 如何改变世界 社会企业家与新思想的威力［M］. 吴士宏，译. 北京：新星出版社，2006.

3. DEES J G. New definitions of social entrepreneurship：free eye exams and wheelchair drivers［J］. Knowledge at Wharton newsletter，2003，12（10）：3－16.

4. 陈雅丽. 社会企业的培育与发展：英国经验及其对中国的启示［J］. 社会工作，2014（3）：43－48，153.

5. 樊云慧. 论我国社会企业法律形态的改革［J］. 法学评论，2016，34（5）：105－114.

6. 高红，朴贞子. 三元整合的社会组织能力培育机制构建及其制度支持［J］. 学习与实践，2015（6）：97－104.

7. 王思斌. 中国社会工作（第一辑）［M］//经济合作与发展组织. 社会企业. 刘继同，译. 北京：社会科学文献出版社，2002：197.

8. 李健，卢永彬，王蕾. 组织法律形式、政策工具与社会企业发展：基于全球28个国家的模糊集定性比较分析［J］. 研究与发展管理，2019，31（1）：1－9，66.

9. 李健. 政策设计与社会企业发展：基于30个国家案例的定性比较分析［J］. 理论探索，2018（2）：32－38.

10. 刘小霞. 社会企业：合法性困境及出路［J］. 学习与实践，2012（10）：95－103.

11. 刘小元，蓝子淇，葛建新. 机会共创行为对社会企业成长的影响研究：企业资源的调节作用［J］. 研究与发展管理，2019，31（1）：21－32.

12. 刘志阳，李斌，陈和午. 企业家精神视角下的社会创业研究［J］. 管理世界，2018，

34 (11): 171－173.

13. 斯皮尔，梁鹤. 论社会企业的外部支持生态系统 [J]. 江海学刊，2018 (3): 32－37.

14. 罗文恩，黄英. 构建社会企业身份：中国大陆、香港和台湾地区社企认证实践比较分析 [J]. 中国非营利评论，2019，23 (1): 86－109.

15. 苗青，张晓燕. "义利并举"何以实现？——以社会企业"老爸评测科技有限公司"为例 [J]. 吉林大学社会科学学报，2018，58 (2): 104－112，206.

16. 青年社会企业家基金会. 2012 中国社会企业报告 [R/OL]. http://www.fyse.org/publication/,2012.

17. 时立荣，刘菁，徐美美. 社会性嵌入：从企业生产要素看社会企业模式的产生 [J]. 河南社会科学，2014 (4): 91－95，124.

18. 田蓉. 超越与共享：社会企业研究新进展及未来展望 [J]. 南京社会科学，2016 (12): 53－58，64.

19. 汪忠，詹旎萍，王爽爽. 社会创投、资源获取与社会企业绩效关系研究 [J]. 财经理论与实践，2019，40 (1): 84－89.

20. 王名，朱晓红. 社会企业论纲 [J]. 中国非营利评论，2010 (2): 1－31.

21. 王世强. 政府推动社会企业发展的政策措施：国际经验与中国路径 [J]. 天津行政学院学报，2013 (2): 101－107.

23. 谢家平，刘鲁浩，梁玲. 社会企业：发展异质性、现状定位及商业模式创新 [J]. 经济管理，2016 (4): 190－199.

24. 余晓敏，丁开杰. 社会企业发展路径：国际比较及中国经验 [J]. 中国行政管理，2011 (8): 61－65.

25. 赵萌，郭欣楠. 中国社会企业的界定框架——从二元分析视角到元素组合视角 [J]. 研究与发展管理，2018，30 (2): 136－147.

26. 尼森. 社会企业的岔路选择：市场、公共政策与市民社会 [M]. 伍巧芳，译. 北京：法律出版社，2014.

27. 深圳市中国慈善会发展中心. 中国慈展会社会企业认证报告 (2015—2017) [R]. 深圳：深圳市社创星社会企业发展促进中心，2018.

思考

(1) 如何定义社会企业的发展？

(2) 社会组织登记注册性质的社会企业与工商登记注册性质的社会企业进行社会企业认证后对组织的发展影响是否有差异？

6 顺德与香港地区社会企业认证办法比较

6.1 研究背景

社会企业被普遍界定为运用市场思维和商业模式，以社会责任为使命，来解决社会困境的组织（郭豪楠，2019）。它肩负着实现社会目标和财政可持续发展的双重使命。但是，由于历史背景和文化差异的影响，社会企业的内涵会出现地域性差异。从地域上看，不同地区对社会企业有着不同的了解。香港特区政府认为，社会企业是以经营策略经营的企业，对自己的盈亏负责，以达到特定的社会目的（香港社会企业官网，2020）。除了对社会企业的双重属性进行描述外，中国慈善项目交流展示会的社会企业认证方式也凸显了其“社会创新、爱心资本高效参与、可持续发展”的特点［《中国慈展会社会企业认证办法（试行）》，2016］。英国社会企业联盟（The Social Enterprise Coalition）将社会企业界定为“运用商业手段完成社会目标”的组织。其特征包括以业务为导向、以社会发展为目标、具有社会所有权（于魏华，2015）。

社会企业认证办法是引导社会企业规范发展的重要一环，因此建立一套完善的社会企业认证办法有助于推动社会企业的可持续发展。由于法律地位的缺失，社会企业在身份、性质等方面普遍受到社会大众的误解，亦造成了社会大众的不解，不利于社会企业承担服务社会、解决社会问题的责任，并阻碍了社会企业的发展。因此，需要通过实施社会企业认证办法，使社会企业拥有易于识别和有公信力的身份，给予社会企业“服务于社会”的标签，从而促进社会企业的长远发展。同时，身份的肯定也是对社会企业行业的一种鼓励与引导，让相关的社会企业团体能够获得具有针对性的配套。由此可见，发展一套完善和成熟的社会企业认证制度对于社会企业的发展有很大的帮助。

6.2 文献综述

社会企业近年在中国迅速发展，一些大城市的社会企业发展更为集中。然而社会企业作为较新兴的概念，在学术上并没有一个规范的定义，再加上大量社会企业的涌现增加了行业的复杂性，因此在这个趋势的影响下，社会企业认证成为社会企业发展的趋势之一。国内学者樊云慧认为制定《社会企业资格认定办法》才能让社会企业法律认证摆脱公众对其“社会公益性”与“经营性”双重身份的质疑（樊云慧，2016）。认证能够为社会企业与其他主体的合作提供便利，有利于提高合作效率，为社会企业营造良好、多方支持的发展环境，所以认证是建构整个社会企业生态体系至为重要的一环（韩文琰，2018）。国外在较早时期已开始推行社会企业认证办法，以发展较为发达的英国为例，目前在社会企业、社会投资和社会创新等领域处于全球领先地位。对于中国未来的社会企业认证办法应当如何发展的问题，英国实施的社会企业认证办法具有重大的参考意义。现时虽然英国尚未通过注册类别来辩证社会企业，但是社会企业行业内建立了其专属的认证办法，其中较为权威的是 2010 年建立的社会企业标志（SEM）和社会企业徽章（SEB）。这两种认证标准最大的特点是，都允许投资者对社会企业进行不超过百分之五十的分红（韩君，2013）。这样的标准有利于社会企业引入民间资本，以获取直接或间接的经济效益和社会效益，从而解决各种社会问题，以满足服务需求，促进经济和社会平衡发展，达到协调的目标，更有利于促进英国整个社会企业产业的发展。这一做法对于中国社会企业的未来发展具有参考价值。此外，一些亚洲地区国家在对社会企业的管理方式创新方面也逐步取得成果，例如韩国在社会企业方面的发展有一定的参考价值。韩国在经济发展的过程中出现了一些社会问题，为此韩国政府不得不寻求新的出路。政府在社会企业认证的发展上担任着主导的角色，然而韩国的社会企业一开始过度依靠政府的资金补贴，而且社会企业由于运营主体的改变，出现一些利益冲突。2007 年，《社会企业育成法》正式颁布，韩国政府同时引进了社会企业认证体系，列明社会企业必须符合有关标准，并获得劳动部的认证资格。根据《社会企业育成法》，韩国政府在国家层面上对认证的社会企业提供政策上的扶持和福利。这样的认证办法在实现社会企业工具化的同时，又可以避免对社会企业名称的滥用（金仁仙，2015）。由此提高了获得认证的社会企业在社会大众中的识别度，帮助社会企业提高其服务质量，使得社会企业更好地发挥其作用。尽管如此，社会企业认证只是推动社会企业发展的其中一环，通过韩国政府对社会企业的扶持，可见政府在社会企业的发展中起了主导作用。社会企业除了追求经济目标，以维持其可持续发展外，还要同时实现其社会性、公益性、伦理性等多种社会价值。在一定程度上，这需要政府制定体系化的社会企业促进政策，推进社会企业的向前发展，对认证的社会企业提供一定的扶持。

就国内而言，广东省佛山市顺德区率先推出《顺德社会企业孵化支持计划》，紧接着中国慈展会亦建立了一套《中国慈展会社会企业认证办法（试行)》。再者在近年社会企业发展越来越普遍的影响下，北京和成都也相继颁布了《北京市社会企业认证办法（试行)》和《成都市社会企业评审认可管理试行办法》。截至2018年，中国慈展会一共认证了239家社会企业，大城市对于社会企业的推动，使得“行业觉醒”成为近几年社会企业的一大趋势。如果越来越多的社会企业有了自我认同，那么“社会企业”的概念和价值就会被更多的人认识与理解，这有助于社会企业增加公共风险投资的机会，在融资时引入更多的投资。此外，沙勇（2014）指出“社会企业的可持续发展还面临着认识、角色和环境等方面的障碍，如政府、公众、非营利组织相关方在对社会企业认识上存在偏差，社会企业在公益与效益的双重角色目标下难以达到平衡，社会影响力和投资不足等”。纵使社会企业认证办法逐步在中国得到落实，但是其普及性比较低。《中国社会企业与社会投资行业扫描调研报告2019》就社会企业规模进行了高低两个方案的调研。根据低方案统计，“自觉”的社会企业为1 684家，即根据各类社会企业名单，具有自身身份并得到银行认可的社会企业；高方案统计中“无意识”的社会企业为1 750 420家，即没有社会企业身份的机构。就高方案而言，大量社会企业仍处于“深度睡眠”状态，这表明社会企业的观念倡导力度仍需加强，社会企业的认证工作也需及时落实，确保行业的可持续发展。对于起步阶段的中国社会企业来说，政府应大力推进社会企业分级认证，针对不同发展阶段的社会企业制定不同的认证标准，并且根据认证等级评定的结果，向不同等级的社会企业提供不同的后续服务和外部支持，以及进行不同程度的监管，实现认证、服务、监管无缝对接，力求真正达到推动社会企业行业规范化发展的效果（《关于推进社会体制综合改革加强社会建设的意见》，2010）。

6.3 研究框架和研究方法

社会企业认证办法的建立和实施，在该地区的有效落实，与当地地区的制度环境、文化背景、社会氛围等因素密切相关。顺德和香港在实施社会企业认证办法上，结合当地的各种环境因素，通过分析两地社会企业认证办法相同与不相同的地方，从而分析该地区在发展社会企业及社会企业认证办法上的挑战与机遇。社会企业认证办法的主要目的是提高社会各界对社会企业的认知程度与引导社会企业可持续发展。无可否认两地的认证办法可能在架构和大体内容上存在一定程度的相似性，但是在具体的细节上，由于不同制度环境等因素的影响，存在一定的差异。

在研究方法方面，对顺德和香港有关社会企业认证办法的文本进行阅读，并对相关办法要素作出比较和综合分析，分析不同参与主体的角色和作用（见表6-1）；随后，综合两地认证办法文本，对推行社会企业认证办法的相关机构工作人员进行访谈，了解认证办法在推行过程中的成功经验与局限，并找出关键因素。

表6-1　资料来源

资料类型	香港	顺德
政策/政府文件	1. 2015/2016年《施政报告》 2. 2018/2019年《施政报告》 3. 2019年《施政报告》 4. 2013年“社会创新及创业发展基金”	1. 顺德出台全国首个社会企业认定标准以探索商业模式解决社会问题新路径 2. 顺德区社会创新中心关于印发《顺德区社会企业培育孵化支援计划》的通知 3.《广东省社会工作委员会简报——顺德积极探索社会企业》 4.《顺德综合改革——社会企业发展的时代呼唤及顺德本土实践》
研究报告	香港社会企业的数量从2006年开始进入一个粗放的发展阶段。更多的人愿意加入社会部门，通过可持续的商业实践来改善社会问题。但是随着社会企业数目不断增长和消费者对消费权益的重视，社会企业的素质亦渐渐受到大众的关注，香港社会企业总会于2014年全面推行“社企认证”，鼓励社会企业通过评核“验明正身”。在短短一年间，成功获取认证的社会企业已达五十多家，约占全港社会企业的十分之一，反映出业界对“社企认证”的渴求	经过2015—2018年三届社会企业认证，顺德社会企业发展迅速，在2015年及2016年两届认证工作中共认定14家社会企业；2018年，认定的社会企业增至20家，其中“AA级社会企业”8家，“A级社会企业”12家，业务领域涵盖助残、公安、教育、文化、国际交流等多个方面

(续上表)

资料类型	香港	顺德
研究报告	首先，从政府的角度来看，香港特区政府一直以来成立了不同的基金及资助计划，以鼓励非营利组织和企业家以创新思维推动社区发展。在2020年的预算案中，香港特区政府亦拨出1.5亿港元，资助社会企业运作“自强伙伴关系”社区援助计划。现时政府对社会企业的资助计划，主要有3亿元的“伙伴倡自强”（ESR）计划、2013年成立的5亿元社创基金（SIE Fund）及前后注资1.54亿元的“创业展才能”（3E's）计划等 其次，从社会企业发展的角度来看，近年社会企业的项目发展趋势走向创新和科技融合。以成立超过十年的香港社会创投基金为例，该基金至今已参与和投资近二十个社会企业项目，是目前较具规模的营运团体之一。通过该基金旗下的项目可以看到社会企业不单是针对弱势社群，创新也同样重要。此外，社会企业多与科技创新结合，通过科技开拓服务层面，例如有社会企业通过手机应用程序为贫童补习。可见社会企业已不只是针对弱势对象，也可从科技开发提供更多新服务。近年也多了年轻人创立社会企业，业务更为多元化，由早年较多的餐厅和手作趋向提供服务，对象更有针对性	首先，从社会企业的类型来看，社会企业的类型越来越多样化。过去，顺德的社会企业主要集中在残疾人救助服务上，通过服务行业，例如饮食、汽车、产品零售等，帮助残疾人就业。然而，现在新增了更多的领域，不单单只有就业和养老项目，还有一些有制造业基础的企业也加入了进来 其次，从社会企业的数量增长来看，2012年后，社会企业的数量逐渐增多，2020年所有的社会企业中，42%成立于2014年。从认证的时间来看，2016年通过认证的社会企业有11家，同比增长37.5% 再者，从社会效益来看，其效益主要在以下两个方面体现：第一是残疾人培训和就业方面，提供了不同的机会和帮助，例如2016年有14家通过认证的社会企业带来接近两百人的就业机会，其中残疾人和特殊困难员工占了多数。第二是举办各种公益活动，例如“圆方中外”（顺德区AA级社会企业）自2013年起，每年参加不少于9场助残活动，如陈村慈善会的助残活动等

（续上表）

资料类型	香港	顺德
研究报告	最后，从社会企业监管制度来看，出现监察不足的问题恐造成“善意”滥用。现时尚有不少社会企业没有合格地被收录于《社企指南》（2018），也没有参与“香港社会企业总会”自愿认证，但自称“社会企业”，依靠“社会企业”的光环欺骗消费者以谋取利益。前任特首曾荫权先生在任期间大力推动社会企业发展，但2012年卸任前夕也承认，当初竞逐特首之位时承诺要设定合适的法律框架规管社会企业运作，结果未能推行，诚为缺失	最后，从社会企业发展和转型的角度来看，我国社会企业的发展不能简单照搬英美社会企业模式，而要结合自身社会企业的发展，建立中国社会企业的通用标准，挖掘社会企业的潜在资源
重要参考网站	1. 社会企业商务中心 2. 社企认证 SEE MARK 3. 社会企业 4. 社企民间高峰会 5. “伙伴倡自强”社区协助计划	1. 顺德社会创新中心 2. 顺德社会服务网
印刷材料	1.《社企指南》（2018） 2.《初创社企实用手册》 3.《香港社企认证手册》（第2版） 4.《社企民间高峰会2019》	1.《第三届顺德社会企业认证手册》（2018） 2.《第三届顺德社会企业认证工作报告》 3.《佛山日报》：顺德社会企业　如何突破“七年之痒”
社企评级/竞赛	1. SEE MARK 社企认证：此认证启动于2013年，截至2019年9月已获认证的社会企业项目达159个。社会企业认证分为四个层次，即创启层次、创建层次、创进层次和创越层次。水平高度在增加，符合规定的宽度和深度也在增加。评价标准包括八类：社会使命、创新与价值；企业战略与实施；人力资源；财务管理；良心消费与社会价值教学；公司治理与领导；顾客满意度；社区参与	

（续上表）

资料类型	香港	顺德
社企评级/竞赛	2. 香港社会企业挑战赛（HKSEC）：由香港中文大学创业研究中心举办。这是香港第一个团结各大高校一起参与的社会企业计划竞赛。该竞赛自2007年首创，由香港特别行政区民政事务局主办，通过一系列相关座谈会、创意技能研习班、提案写作培训等形式，把企业经营融入社会，开创社会和企业的新局面。每一年都吸引了不少高校的学生参加比赛，更累积了超过一千个社会企业理念，等待延续 3. “社企奖励计划”：主办机构为民政事务局及社会企业咨询委员会，于2011年、2013年及2017年开展，以表扬在香港经营并有杰出表现的社会企业。该计划由不同界别代表组成评审委员会，对入围社会企业进行面试，并按需要作实地考察。委员会根据社会企业的社会效益、财务表现、业务营运及发展、创意思维等项目予以评核。以2017年为例，奖励方案中有两类奖项：“杰出社企”奖表彰表现优秀或受公众欢迎的本地社会企业；“社企挚友”奖则表扬在社会企业有显著贡献的人士和机构，鼓励跨境合作，推动社会企业发展走向国际	顺德区“社会企业培育孵化支援计划”评审工作主要包括两个部分：实地考察和综合评核，分别围绕社会目标、社会效益、商业模式、经济效益、管理结构等方面展开，根据社会企业的民主参与和利润分配进行评价，并向社会企业颁发社会企业证书和社会企业标志。社会企业评级方面，评分达到60分及以上的认证为A级；评分达到75分及以上的认证为AA级；评分达到90分及以上的认证为AAA级

本研究分析两地区在结合当地的制度情景等因素下，建立社会企业认证办法的相同与不同之处，找出两地区成功发展社会企业认证办法的关键要素，以及对当中存在的部分困境提出建议。

6.4　顺德与香港地区社会企业认证办法发展现状

6.4.1　顺德地区

顺德是除香港外第一个鼓励社会企业发展以及颁行社会企业认证办法的地区。2012 年顺德区社会工作委员会为推进"社会企业"试点工作，调动社会参与，开拓公共服务创新的新模式，从政府、企业、社会等不同层面，鼓励和促进地区社会企业发展。顺德区更是建立了一套自身的社会企业发展政策体系。2010 年和 2013 年先后颁布了《关于推进社会体制综合改革加强社会建设的意见》指导文件、《顺德区深化综合改革规划纲要（2013—2015 年）》。两者都提出鼓励社会各界积极参与社会服务工作，发展多元化的合作模式，提高企业的社会责任感，后者更集中于社会企业规范化的指导思想和政策，重视培养发展社会企业人才，吸引社会资本参与其中，提高社会企业的服务质量。顺德区于 2014 年逐步开展社会企业培育孵化支援计划，其主要任务是通过对社会企业的身份认证和提供具有针对性的辅助措施来帮助社会企业顺利地开展社会服务项目。该计划建构了初阶的社会企业发展政策体系，给社会企业营造一个更完善、更优质的发展环境。从目前顺德区的情况来看，共有 12 家社会企业培育成功。虽然数量尚少，但社会企业的类型多样化，涉及的领域广泛，例如手工艺制作、餐饮服务等，能够针对不同类别的服务人群。

顺德区社会企业培育孵化支援计划主要包含以下几个方面：首先是对社会企业的认证准则、服务项目进行评价和监督，并从组织类型、业务类型、利润分配、公司章程、经营年期等方面对社会企业进行鉴定；其次是肯定顺德社会创新中心对社会企业培育孵化统筹规划的主导角色，向符合资格的企业颁发社会企业证书及允许其使用认证标志；最后是政策扶持方面，参考区经科局、区残联意见，从金融扶持、社会企业人才培训、创投资金、促进公共服务购买、荣誉表彰制度等方面促进社会企业发展。

此外，顺德在复制香港社会企业认证办法的基础上建设一套自身的认证办法，但是其发展仍然处于初步的探索阶段，有待进步。对于香港的社会企业认证办法的发展情况，顺德可以从以下两个方面进行参考：第一是社会创新生态链的完善。香港在社会企业领域有着长时间的发展，社会对社会企业的接受程度、社会企业类别的多样性和社会企业在解决社会问题中担当的重要角色等元素，为香港营造了一个优质的社会企业生态圈。这样的因素为香港推出社会企业认证办法提供了一个便利的环境。顺德可以先营造社会创新氛围，将社会企业认证办法作为辅助推动的工具，形成一个包容、多样化的社会企业生态圈。第二是政府作为外部动力支持社会企业和认证办法的前进。香港特区政府一直以来对推动社会企业的发展不遗余力，在不同的政策上惠及社会企业，更对社会企业认证办法的推出作积极的支持，以实际行动对社会企业认证办法表达认可，无疑为社会企业认证办法的实施注入能量。虽然该认证办法由民间机构推行，但是政府的影响力亦不容忽视。所以，顺德的社会企业认证办法如能得到当地政府大力支持或政府加入其中担任重要角色，无疑对社会企业认证办法的推行有莫大的帮助。

6.4.2 香港地区

社会企业在香港的发展已经有一定时间，并逐步达到优化和推广。而随着社会企业在社会目标、组织形态和股权结构上日益多样化，要推广一个既清晰又共通的社会企业形象，让公众能明了社会企业发展的趋势。2014 年，香港社会企业总会推出了“香港社会企业认证（SEE Mark）”。该认证由民间机构提供第三方平台，鼓励社会企业“验明身份”，以提高社会企业行业的公信力。刚开始时，有 38 家机构获得首批认证，紧接着 2015 年有 13 家社会企业得到认证，并都由政府官员颁发认证资格。截至 2018 年，获得香港社会企业认证的机构已有 139 家，约占香港社会企业总数的五分之一。再者，社会企业认证的机构涵盖多元化的服务范畴，例如残疾人就业。香港社会企业认证的标准十分稳定，其认证分为四个层次，即创启层次（Incubating member）、创建层次（Start-up）、创进层次（Intermediate）和创越层次（Advanced）。评价标准主要包括八大类，包括社会使命、创新与价值；企业战略与实施；人力资源；财务管理；良心消费与社会价值教学；公司治理与领导；顾客满意度；社区参与。

6.5 顺德与香港地区社会企业认证办法的比较分析

香港和顺德的社会企业认证措施已经出台了好几年，在实践中也取得一定的成果，提高了社会企业的知名度和公信力。虽然顺德的认证办法参考了香港的做法，但是由于两地政策环境的不同、对社会企业存在差异化的认识等，社会企业认证办法的制定存在一定的差异，详情可见表6－2。

表6－2 顺德与香港社会企业认证办法比较

比较内容	顺德	香港
认证主体	顺德社会创新中心	香港社会企业总会有限公司
认证起始年份	2015年	2014年
认证标准	1. 机构资历 2. 社会目标优先 3. 解决问题效能	八大范畴：社会使命、创新与价值；企业战略与实施；人力资源；财务管理；良心消费与社会价值教学；公司治理与领导；顾客满意度；社区参与
参评资格	1. 依法登记成立并独立运作半年以上、团队成员3人及以上的市场主体 2. 企业有明确的社会使命和社会目标 3. 企业有稳定的经营收入来源，并将不少于净利润50%比例的金额投向解决特定社会问题	1. 生产活动以产生社会和（或）环境效益为主 2. 指定经营年限、全职员工（或相当于全职员工）和财务 3. 创进级和创越级要求50%的收入由业务产生，其中不少于65%的利润用于社会公益
政府角色	低度支持者	强力支持者
申请方式	自行申请（免费）	自行申请（收费）
认证结果	1. 3个等级：AAA级（满分100分，认证得分为90分及以上）、AA级（认证得分为75分及以上）、A级（认证得分为60分及以上） 2. 有效期：AAA级和AA级为3年，A级为2年 3. 有限期届满前三个月再次提交认定申请，否则自动失去认证资格	1. 每年复检 2. 4个等级：创启级、创建级、创进级和创越级 3. 有限期：创启级限期为2年，创建级、创进级和创越级限期为3年

（续上表）

比较内容	顺德	香港
结果运用	1. 能力建设，如专项培训机会 2. 资金/资助，如优先推荐进入基金会孵化资助体系 3. 宣传推广，如线上宣传推广 4. 授予牌匾用于企业对外宣传 5. “1+6”服务	1. 社会企业认证标志可用于店铺宣传 2. 认证福利，例如安排媒体采访、免费推广和咨询、增加曝光率等

6.5.1 顺德与香港地区社会企业认证办法的相似之处

从表6-2可见，顺德与香港的社会企业认证办法存在着不少的相似之处。第一，两地的认证主体均为“第三方机构”，社会企业获得的认证资质并未得到政府认可。第二，对于参评资格，均将“以解决社会问题为企业目标”作为参评的最主要条件；此外，也要求社会企业在利润的投放上作出规定，以严格执行社会企业的根本性质。第三，对认证办法扶持力度的比较，两地政府都是持积极和主动的态度推动认证办法的实施，并对不同阶段的社会企业提供具有针对性的福利和扶持工作，例如针对初创的社会企业注重资金的辅助，让这类社会企业在提供服务时不会因资金不足而受到阻碍，而对发展时间较长的社会企业更多地是在运营上提供协助，激发社会企业的社会责任（顺德社会创新中心麦同事，2020年3月23日）。第四，两地的申请方式均采取自愿性质，由企业自行报名参加。第五，认证结果都以划分等级作为量化，并对各个等级规定相应的有效年份。第六，对结果的运用也是大同小异，例如政府资金资助、推广宣传、企业能力培训等福利。

6.5.2 顺德与香港地区社会企业认证办法的不同之处

然而，顺德和香港的认证办法也在很大程度上存在差异。第一，政府对认证办法的投入和影响程度有所不同。就香港而言，虽然社会企业认证办法在法律和官方上没有得到认可，但是香港特区政府一直积极推动社会企业的发展，以不同的方式支持认证办法的实施，例如调动多个部门分工合作，更在必要时设立专职部门（罗文恩、黄英，2018）。政府从横向到纵向对社会企业进行大力支持，例如政府高层官员为获得认证的社会企业颁发资质，为社会企业增加公信力出一份力。同时，政府也推出不少扶持资助项目，如2006年启动的“伙伴倡自强”计划、2020年推出的防疫基金对获得认证的社会企业划定资助范围，香港特区政府通过政策和行动对社会企业提供支援（香港社会企业总会吴会长，2020年4月22日）。可见，香港特区政府在该方面作出了一定的实际贡献，不只是纸上谈兵。反之，顺德区政府对推进顺德社会企业发展的力度和认证办法的支持程度相对薄弱，很大程度上只存在政策文件的下发，而很少在实际行动上辅助相关组织进行倡导与推广。这对于顺德发展较为成熟的社会企业来说是比较可惜的。

第二，在申请费用上，顺德地区的认证办法是免费的，而香港则需要收取少量费用，费用的多少还会随等级的不同而有差别。

第三，在认证标准上，顺德的社会认证办法每两年举行一次，每届可能会因当时的市场需求对其往年的认证标准作出相应的改变，从而符合行业的市场需求，例如，第三届顺德社会企业认证与中国慈善项目交流展的推广合作，与深圳、中国慈展会共同推出认证模式，达到双重认证的效果（顺德社会创新中心麦同事，2020年3月23日）。这种模式有利于社会企业在全国各地互相流通和开展合作。相反，香港的社会企业认证办法虽然发展多年，但是更多的是关注本土的发展。

第四，在认证结果上，两地后续的认证工作存在差异。顺德的认证办法是要求已经获得认证的社会企业在有限期满前3个月再提交认证申请，如果该社会企业仍然符合认证条件，便再次发放认证证书；如果在到期前没有再次提交申请，该社会企业的认证资质将会失效，此做法较为被动，取决于社会企业对社会企业认证的意识和重视程度。然而香港对申请认证的社会企业采取信诺制度的管理方式，通过企业提交的报告证明其属于社会企业的身份。在这种模式下，一方面对获认证的社会企业进行抽查并报告社会企业的运作内容；另一方面对获认证的社会企业进行每年复检（香港社会企业总会吴会长，2020年4月22日）。为确保认证工作有效执行，方式较为主动，对获得认证的社会企业有较高的约束力。

总的来说，由于香港社会企业认证办法已有多年的发展经验，其在社会企业认证办法的实施上较为完善，在等级的划分、认证标准等方面都比较仔细和具体，在执行上更加易于操作。而顺德的认证办法还在起步阶段，在一些细节的规定上较为模糊，而且政府也没有很好地发挥作用。虽然顺德对于获认证的社会企业有一定的扶持力度，与香港的结果运用旗鼓相当，但是其认证办法会因往届和当下的社会环境的变化而作出改变，导致其认证标准的可操作性和精确度存在一些浮动，容易使参评的企业无所适从。

6.6 顺德与香港地区社会企业发展的机遇与挑战

6.6.1 机遇方面

顺德及香港能够有效和顺利地推行社会企业认证办法在很大程度上与以下原因有关：首先，政府大力发挥主导作用。无论是顺德还是香港，在推行社会企业认证办法的过程中，政府都发挥着“促进者”的角色，为社会企业认证办法的实施提供很大的社会认知。例如香港特区政府对社会企业认证办法一直保持支持的态度，在“社会企业认证（SEE Mark）”颁发典礼上，香港特区政府一些高层重要官员会亲临现场作为颁奖嘉宾，如2014年时任香港财政司司长曾俊华为38家第一批获得认证的社会企业颁发认证证书、2015年时任香港劳工及福利局局长张建宗为认证的13家机构颁发社会企业认证资格。由此可见，香港特区政府对社会企业认证的重视。同时，顺德区政府亦积极参与社会企业的服务，政府立足本土丰富的企业家资源和浓厚的商业氛围，为探索以商业模式解决社会问题的企业形态，调动更多社会资本进入公益服务领域，先后颁布《关于推进社会体制综合改革加强社会建设的意见》《顺德区深化综合改革规划纲要（2013—2015年）》等重要改革文件，支持社会企业发展。其次，香港和顺德都在国外实践经验的基础下，援引社会企业认证办法的做法，使得该认证办法更容易实现。最后，社会企业的发展趋势顺应社会企业认证的潮流。社会企业的不断增加，社会大众对社会企业的认知和信任程度无疑是影响社会企业发展的因素之一。认证办法顺应了社会企业行业和社会大众对此的需求，这些需求为社会企业认证办法的提出提供了一个良好的机会。

6.6.2 挑战方面

虽然社会企业认证办法在两地于一定程度上取得不错的成绩，但是在实施的过程中仍然面临一些细节上的挑战。首先，社会企业认证标准如何结合自身环境进行改良。顺德虽然作为国内发展社会企业认证办法的领跑者，但是在目前的政策环境的影响下，社会创新生态链有待改善，社会企业和社会企业认证办法等相关的概念仍然处于初步探索时期。而顺德社会企业认证标准作为该领域的指导原则，在很大程度上将影响顺德社会企业发展的主动性和可持续性。由此可见，一个严谨、包容、可操作的认证体系的建立是非常重要的。对社会企业进行分级认证，可以由此对不同发展时期和规模的社会企业进行具有针对性的引导和培育，协助它们拓展业务，强化企业的公益性特点，再达成跨业务、跨地区的合作。扩宽行业的视野和提升行业地位，是认证体系建设的首要目标。

其次，社会企业认证办法的法律地位备受质疑。现时香港和顺德虽然推行了认证办法，但是在法律意义上并没有政府认可的认证制度。例如香港社会企业业界正探讨香港是否可效法英国采用的“社区利益公司”（CIC）注册方法，作为申请政府财务资助的资格之一。然而即使设立 CIC 认证，社会企业通过 CIC 认证也不代表获 CIC 认证的社会企业拥有法律地位。如何明确社会企业的法律地位是业界与政府需要探究的一大问题。

再者，认证办法为社会企业带来的效益或变化亦是值得关注的。在获得认证资格后，社会企业的愿景和使命能否有较好的改善，并在后续的服务过程中达到认证时的要求，使认证办法从真正的意义上达到其效果仍待关注。

最后，无论是顺德还是香港的社会企业认证办法都发展了一段时间，两地在社会企业认证办法的推广上无疑对行业发展作出了不少贡献，但是社会企业认证办法在社会上的认知程度还有待推进。就顺德目前情况而言，社会企业认证办法对社会大众的传播走到了瓶颈的位置。虽然社会企业认证办法在相关行业中开始慢慢流行，也逐渐提高了应用，但对于公众来说，社会企业认证办法仍然是一个较新的事物，少数人听过或认识这个概念，他们多是从事这类行业的人士，从事非相关行业的人士较少接触到有关信息，这样有可能令社会企业难以开拓工作领域，服务领域、范围、种类都有可能受到局限，限制了社会企业发挥其服务社会、解决社会问题的最大效果。

6.7 结论

社会企业认证办法正在逐步发展，内地不同地区也陆续推出地区性甚至全国性的社会企业认证办法，而香港更是先行一步，走到发展前端。本书通过比较顺德和香港的社会企业认证办法，分析两地在推行社会企业认证办法上的异同。两地在认证主体、参评资格、对获得认证的社会企业的扶持力度、申请方式上存在相似之处，但在其他方面，例如政府对认证办法的重视程度、申请费用、认证结果上有着显著的不同。

以上差异存在的主要原因是两地社会企业制度发展情景不同。香港于2001年便开始使用“社会企业”这个概念，而在“社会企业”之前，亦有相类似的由民间运营的庇护工场、合作社、二手店等。2003年，第一届扶贫委员会认同“社会企业”的概念，并扩大其应用范围。随后，“伙伴倡自强”社区协助计划更是为符合资格的企业提供基金，协助它们成立社会企业。香港的社会企业数量逐步上升，社创项目多元化，官商社民学的跨界互协助，制造出一个合适的生态系统，大大加速了香港社会企业的发展。顺德则在社会企业领域发展比较迟，“社会企业”这个概念仍然是新事物，社会企业运营的模式和近几年推行的社会企业认证办法等较多地学习香港和其他地方经验，如2012年首次推出以顺德社会创新中心作为代表，政府联动市场和社会，履行推进社会创新公共职能法定机构的职能。由此，“社会企业”这个概念才逐步被引入顺德。随后顺德通过社会企业认证办法来推进社会企业的发展。

社会企业认证自推行以来受到不少争议，顺德与香港的认证办法的构建过程也并非一帆风顺。通过以上比较分析，可见社会企业认证办法具有情境适应性。社会企业认证办法因不同地区的政策制度与相关社会文化背景的不同而存在差异，同时亦会有可能因各种发展阶段的需要而出现变化。一个完善的社会企业认证办法无疑能对社会企业自身能力建设和知名度、对公众的公信力和服务质量、行业的规范发展和可持续发展有着正面的影响。然而，社会企业认证办法在标准设置等细节上则需要操作得宜，设置不当有可能会让社会企业的参与欲望下降而对认证工作“敬而远之”。

7 社会企业治理能力结构维度探讨

——基于广东省行业协会11案例的扎根理论研究

7.1 问题的提出

21世纪以来，我国行业协会的发展速度日益加快，在人们的政治、经济、文化、生态、生活等方面都发挥了不可替代的重要作用，已经成为初具规模的一股社会力量。习近平同志在十九大报告中明确指出：中国特色社会主义进入了新时代。行业协会是解决我国新时代主要矛盾的有生力量，在新时代下应为社会发展发挥应有作用。当然，这也对我国行业协会的建设和发展提出了更高要求。然而，纵观我国行业协会的发展脉络，我国行业协会总体上尚处于初期阶段，在快速发展的同时暴露出了诸多问题，例如内部治理定位不清晰、自身发展策略不明确、工作人员专业性不足、服务质量公众不认可等内外部治理能力缺失或不足。上述问题产生的主要原因之一在于：行业协会治理能力结构维度模糊、治理能力专业性不足。因此，如何清晰界定行业协会治理能力的结构维度以及全方位提高行业协会的治理能力，已然成为我国社会组织发展路程中亟须解决的重要议题。

在组织管理学视角下，一个组织所具有的能力可以分为两类：一类是基于组织（职能）的界定，把能力视为通过组织机构的建立与变革，将组织活动中各个要素、环节从时间和空间上科学地组织起来，使组织成员接受领导与协调行动的能力，如某大型体育赛事的组织能力。另一类是以组织（实体）为载体，使组织作为一个集合体进行组织运作，实现组织所设定的目标所具备的能力（张冉，2013）。本书的行业协会治理能力主要指后者，即行业协会作为一类社会组织通过建构系统性、开放性的组织结构和流程，维持动态有效运作以及营造、适应与改善所处的系统环境，协调行为主体并最终履行职能和实现组织宗旨的综合性能力（张冉，2013）。21世纪初，随着“治理理论”的引入，社会管理方式从“统治”走向“治理”、从“善政”走向“善治”已成为新的趋向。行业协会治理能力，是行业协会作为社会团体所具有的以行业共同利益为导向、促进组织可持续发展以及实现有效社会治理的综合性体现。因此，清晰界定行业协会的治理能力，对进一步展开能力建设的相关研究，以及针对性地提高行业协会治理能力具有一定的理论意义和现实意义。

7.2 文献回顾

行业协会治理能力是行业协会进行组织运作、实现组织既定宗旨和目标所具有的特定能力的有机组合。与行业协会能力相关的理论基础主要有交易成本理论（Transaction cost theory），双重赋权理论（Dual weighting theory），政府、市场失灵（Government failure，Market failure），非营利组织失灵（Non-profit organizations failure）等，这些理论为行业协会能力的构建提供了一定的理论指导。根据本书的研究主题，以“行业协会能力维度”为主题词，“1950 年至今”为时间跨度在中国知网（CNKI）和社会科学引文索引（Social Science Citation Index，SSCI）中分别进行文献检索。根据检索数量初步来看，国内外针对该内容的学术研究仍然较少。

关于行业协会能力的界定，国内学者有以下几种较具代表性的定义和解释。康晓光（1997）从资源获取的角度研究社团能力，将社团能力界定为社团动员多种社会资源，例如社会资源、政治资源、国际资源、志愿者资源等，实现自己宗旨的能力。沈亚平、陆明远（2000）从核心能力的角度研究非营利组织能力，认为非营利组织核心能力的本质就是推动非营利组织发展独特技术、服务项目以及创造独特营销手段的能力，是组织得以持久发展的源泉。卫祥云（2004）从核心竞争力角度研究行业协会能力，认为行业协会核心竞争力主要表现在三个方面：第一，所在行业的影响力，即行业协会在民政部门注册的业务范围内从事本行业工作和开展本行业活动影响的广度和深度；第二，协会地位的话语权，即行业协会在本行业或相关行业、相近行业的有关行业工作和业务活动中的发言权和形成的知名度；第三，从业人员的出场费，即行业协会从业人员出席或参加行业活动和为企业服务应该获得的劳动报酬。出场费的高低反映该协会影响力和话语权的大小，甚至说明了协会对行业和社会的贡献大小。任浩、李峰（2006）从影响力角度对行业协会能力进行界定，认为行业协会影响力是行业协会作为经济类社会团体在市场经济和政府体制改革环境中，为实现维护行业秩序、促进行业发展的目的，通过开展行业内部协调、信息服务等具体活动，在行业中建立的能够影响会员企业经营、决策活动的能力。

可以看到在现有研究中，学者们基于竞争力、资源获取力、核心能力、影响力等多个视角，已经对行业协会能力作出了较为全面的界定与解释。

通过梳理目前的文献，暂无发现有专门关于行业协会能力维度的研究，因此以下的文献回顾主要是梳理与总结“行业协会能力建设的内容”“行业协会能力分类”等相关方面的学术研究。因各国文化、语言的差异，西方通常将“行业协会”称为“非营利组织”。因此本部分在分析国外文献时，把“行业协会能力”称为“非营利组织能力”。在国外，对非营利组织能力建设的研究已相对成熟，研究内容广泛，不仅涉及能力建设的含义、发展路径，还包括构建能力体系、模式等，非营利组织能力建设已成为一种成熟的活动。Domiter 和 Marciszewska（2018）针对当代非营利组织所面临的挑战与管理问题，提出非营利组织能力建设的关注点应放在组织的决策和实务能力方面，并且强调组织管理者的重要作用，管理者在进行组织内部决策和管理时，应当具备随机应变和适时调整的能力。“现代管理学之父”德鲁克认为，在非营利组织能力建设的过程中，最为关键以及最为重要的能力是“筹集资金能力”，即筹集资金以确保资金来源的能力。

在国内研究方面，张冉（2013）认为行业协会能力有多种分类：根据能力的表现形态，可被分为硬能力和软能力；根据能力的呈现层面，可被分为外显能力与内隐能力；根据能力的活动范围，可被分为固有能力与外延能力；根据能力利益指向，可被分为互益性能力与公益性能力；根据能力的重要性，可被分为核心能力与通用能力。林闽钢（2007）从社会资本视角研究了非营利组织能力，认为非营利组织拥有丰富的社会资本，并体现在社会资本的占有和社会资本的再生产上，因此，非营利组织的核心能力主要包括：合作能力，即与政府的合作、与企业的联盟和与公众的互动能力；筹资能力，即对社会资源的汲取能力；公信能力，表现为对利益相关者的责任。张冉等（2011）则将信息服务能力、资源获取能力、法人治理能力、自主办会能力和产业促进能力五类能力视为行业协会的核心能力。马庆钰（2010）将社会组织能力建设划分为四个层面，并在此基础上概括为内部治理、战略管理、募集资源、财务管理、人力资源管理、公益营销与公关、项目管理和公信力等八个维度的能力。吴凤彬（2012）从制度环境和技术环境两方面研究制约社会组织发展的因素，提出要从治理能力、人力资源发展、机构管理制度建设、自我评估机制建设和品牌文化建设等方面着手，提升社会组织能力建设的水平。高成运（2006）把民间组织能力建设的着力点认定为可持续发展的能力，民间组织的可持续发展能力是组织长期存在的保障；除此之外，还包括自我管理的能力、开展活动的能力、社会竞争的能力三方面的能力建设。赵颖（2016）提出全面提高非营利组织的资源动员能力、服务输出能力和可持续发展能力。胡辉华、彭彦霏（2015）则从组织的设备、人员、财力和外部环境四个方面对广东省行业协会能力①建设的特点进行了细化分析，探索出四个抓手，并提出行业协会能力建设需要克服偏差观念的重要观点。从已有研究来看，学者们对行业协会能力建设的构成要素、发展路径等方面作出了深刻的研讨。

通过梳理现有研究，发现目前关于行业协会能力的探讨多是从能力的定义、能力的基本分类、能力的建设内容等角度进行研究的，旨在能从实际中更好地促进行业协会能力建设水平的提升。然而，似尚未发现有针对行业协会治理能力的结构维度进行系统、全面探讨分析的文献内容，仍然缺少从行业协会的整体视角出发，以综合探讨治理能力的构成要素与构成体系。虽然部分研究有涉及行业协会能力的分类，但总体而言分类相对粗糙简单，不够细致，难以形成综合体系。因此，基于已有学者的研究成果，本书拟采用扎根理论研究方法，结合广东省4家5A级行业协会的会长或秘书长的访谈资料，对行业协会治理能力的结构维度进行全面、系统的理论分析，以期对该主题作更为全面系统的研究。

7.3 研究设计

7.3.1 扎根理论研究

本书以发现问题、提出概念和理论为基本目标，以扎根理论为研究方法，为清晰界定行业协会治理能力的结构维度、全方位提高行业协会的治理能力提供研究支持。由Glaser和Strauss两位学者于1967年提出的扎根理论，是一种基于问题导向，通过实际调研，对原始资料进行全面系统的分析归纳，以最终上升到理

① 脱钩后的广东省行业协会通过自主经营性活动获取资源以解决自身发展问题，同时也为本行业谋取更多发展空间，承担相应的社会责任，可认为是非营利组织向社会企业转型的典型代表。

论构建的质性研究方法。Glaser 和 Strauss 推崇的扎根理论抽样方式为理论性抽样，研究对象的选择以为研究问题提供最大信息量为标准，以达到分析和解决研究问题的目的。研究逻辑首先是通过剖析案例获取相关数据和资料；其次是对数据和资料进行抽象化、概念化的分析，从中归纳总结出概念和范畴；最后是构建理论模型（何铨等，2018）。扎根理论提供了一套操作性强且完整有效的数据分析程序，其优势在于可以将大量的文字资料进行不断缩编，逐步归纳出各个范畴，进一步提炼出主范畴，以构建本研究的分析框架，进而建立起扎根理论。

目前，扎根理论是学界较权威、较规范的质性研究方法，被广泛运用于管理学和教育学等多个学科领域。当前学界有关行业协会治理能力结构维度的研究仍处于探索阶段，尚无成熟的理论研究和假设依据，因此开展定量研究的可行性不大。而扎根理论则可通过对原始资料的系统性分析来实现理论构建，是本书进行治理能力结构探讨的有效工具。本次研究没有预定研究假设，所有的文献回顾和理论梳理是为了给本研究提供背景框架，有助于研究者扎根实践，获得更有说服力的研究成果。

7.3.2 研究数据

1. 访谈对象

本次研究主要选择了对广东省 4 家 5A 级行业协会的会长或秘书长进行访谈调研，包括广东省服装服饰行业协会的刘岳屏会长和周仑副会长，广东省电力行业协会的汪文兵秘书长，广东省物流行业协会的马仁洪秘书长和广东省证券期货行业协会的金国燕秘书长，共五名访谈对象。

2. 数据收集

访谈主要是在被访谈者的办公室进行的。在取得被访谈者同意后，对访谈对话进行全程录音，每一次访谈由一到两位被访谈者、一位访谈者、两位访谈者助手参加，持续时间为 50 ~60 分钟。访谈者需要准备的材料有：研究项目介绍书、访谈提纲、笔、笔记本、手表、录音笔等。访谈者围绕访谈提纲对被访谈者进行访谈，访谈者助手负责录音和记录，所有访谈对象均经提前预约。同时，研究者针对每个协会会长或秘书长进行多轮访谈，以获取较充分的信息。此外，研究人员还搜集了相关二手资料，如内部刊物等，用以对访谈内容作相关补充和确认。

3. 数据整理

研究者将访谈的全程录音转化为书面文本进行分析。为避免时间过长带来的理解和记忆偏差，文字整理在访谈当天完成。最终，研究人员共整理了92 000余字的有效访谈文字记录用于扎根理论分析。数据以文本的形式导入质性分析软件中。本研究采用计算机辅助的分析方法，采用的是 QSR 公司的 Nvivo 11 质性分析软件①。

7.4 研究发现

本研究采用扎根理论的研究方法，严格按照其思路逐级缩编原始资料，并结合内容分析法进行数据编码。首先本研究按照案例样本进行编码，将数据资料分别编码为 A ~ D（广东省服装服饰行业协会——A，广东省电力行业协会——B，广东省物流行业协会——C，广东省证券期货行业协会——D）。其次本研究将大量的文字资料不断缩编，逐步归纳出各个范畴，进一步提炼出主范畴以构建本研究的分析框架。

7.4.1 开放性编码

开放性编码是研究者通过调研或访谈获得原始资料进行概念化和范畴化的过程。本书对 5 名受访者的访谈资料进行逐字逐句的整理，同时对无效信息或信息量较少文本进行了剔除，对剩下的有效信息文本进行开放性编码并贴标签，经归类、整理，共得到一级条目库 378 条、概念 22 个。限于篇幅，本书仅摘取能代表 22 个概念的描述性文本 65 条（见表 7 – 1）。

表 7 – 1 访谈记录举例与开放性编码

访谈记录举例	概念
（A）每个协会的不同跟这些秘书长会长、秘书处人员结构的不同有关 （D）我们理事会 35 个人，里面包括了正副会长，然后就是一般的理事单位了，我们的会长单位一定是我们辖区内的法人机构。比如说我们辖区内的五家证券公司、几家期货公司是副会长单位，理事就是我们证券的分公司、营业部和一些期货的营业部、分公司，这些进来的公司都是行业内办得比较好的，或者是一些大公司的营业部，都是相当有代表性的	A1 理事会建构

① Nvivo 11 软件拥有强大的储存、编码、汇总以及可视化等功能，能系统地辅助研究者分析访谈资料，有助于研究过程的方便快捷以及研究结果的客观真实。

（续上表）

访谈记录举例	概念
（C）理事会不定期召开，不止两次。没事不开会，有事马上开。如果事务都放在秋天，不就坏事了嘛，这是不可以的。有一些事情凑在一起了就开，没有事就不开 （D）监事会和理事会是同时召开的，开完理事会，中间休息15分钟，监事会对理事会通过的东西进行表决，会长就公布，这次理事会开得怎么样，大局怎么定，监事会认为这是符合成文的。每次都会这样开，所有东西都记录在案，我敢说我们这个协会是比较规范的	A1 理事会建构
（C）我的中层干部，一年365天，只有春节休息，没有双休日。你去跟别的协会比，我的高层每天不到十点半或十一点都不下班的，你说我还有什么诀窍，就是慢鸟先飞，多吃苦。别人工作八个小时我们工作十五个小时，梁秘书长就是这样。今天胡梅秘书长也来了，她是负责教育这块的。你问他们可以知道，梁秘书长最早是十一点下班，除了春节，天天如此 （C）当然内在的因素是我们自身的努力，不然你看评估的时候也不是说写个东西报上去，都是按分数打的。开过多少会、办过多少培训班、培训班规模有多大、推动多少企业走出去，我记得2分一个结果，最后获得了980多分 （C）通过策划，跨步进入国际市场赚取外汇来发展，解决吃饭问题，有了饭吃后开始稳固团队，给大家发展空间，给每个人一个平台，让他们尽情地发展，每个人乐不思蜀，赶他们回家都不回，他们把这里当家。我们办物流企业，同时协会的宗旨是把协会当成家，家里可以破烂，但这里不可以，别人可以损害到家庭，但他们用命来保护协会	A2 工作胜任力
（B）我召开一场秘书长办公会议，以研究秘书处的一些重大事件，对于秘书长、副秘书长、各个部门的主任，这还是一个激励制度，实际上这个你可以做到，就是说要在会议上有记录可以查，对大家也是一种尊重，工作也好做	A3 团队建设

（续上表）

访谈记录举例	概念
（C）研究院有六十多人、十多个专业委员会，一个专业委员会有 3 到 5 个人，加起来专业委员会有五十多人。我们秘书处这边有四十多人，这就一百五十多人了，还有几个中心 （B）但是就是说，每一个人都不要去发牢骚，不要整天在牢骚里面打转，在自己的岗位尽力地做出一点东西来。如果社会不认可你，你也可以想办法得到人家认可。我就是这样的，“有为”才“有位”	A3 团队建设
（A）我们就实行委托、委托治理、聘任合作制 （B）建立人才库把他们集中起来办一件事，光靠我们能办什么？如果真是政府转移很多职权过来，我压力很大，只能靠会员单位的这些专家，我现在抓紧时间建立一个专家队伍，因为我经常给专家们提供有偿服务，专家的费用都是偏高的，他们值这个价，应该承认他们的这个价值，我们自己也参与了很多电力工程的优质评比，电力科技创新成果评比，这些都要靠专家，现在专家的面子很大呀！ （B）我来了以后，社会聘任的方式大幅度增加，为什么大幅度增加？以往的方式没有调动大家的积极性。我后来要招些新人，包括跟你们联系的小董，他现在是秘书，是我从社会招聘的素质比较高的，但是当时文员的工资很低，两三千块钱。小董在广东其他的社会组织也干过，有笔头也干过记者，我觉得值得面试一下，但是在广州一个月没有五六千块钱无法生存。将心比心，我就要把他们的收入大幅增加，我要招人，我要招一两个能干的人，并增加他们的工资	A4 人员配备

（续上表）

访谈记录举例	概念
（A）其实现在讲的生存的钱大部分来自商业机构，比如说有些商家看重我们的资源，那我们可能会给他们开个比较高的价格，主要是这一块在支撑我们的一些服务 （A）如果不是政府委托我们做一些事情，我们可能只会得到一些零星的资金。或者是我们把一个活动做好了，它给予了一些补贴，或者以平台为企业、行业做了一些服务，它补贴了一些资金 （C）三块，社会服务、政府购买、会员会费。比如说我先谈国际这块，我搞战略策划，现在正在做伊朗经济走廊的策划、做中巴经济走廊的布局和运营、做牙买加自贸区的规划、做非洲蒙巴萨和埃塞俄比亚的海上丝绸之路和空中丝绸之路，这些国家的政府给我美元作报酬	A5 资金筹集
（A）跟地方政府合作，也是我们工作的范畴，像大学生时装周是公益性的活动，并不收一分钱 （C）那三年之所以拿了这么多的荣誉，可以说民政部门给我们的指导是一个关键，当时刘宏厅长在我们这里设了一个工作联络点，给过我们很多指导。民间组织管理局也给我们很多指导，那时我们是黎局管的，虽然没给我们一分钱，但是指导我们的发展、方向、怎么样规范自己，总结为三件事六个字：服务、诉求、自律。对我们来说，这个指导起了关键作用，业务指导上没什么大问题，因为做物流的本身就是一个发展，我们第三年能获得省的、国家的这些荣誉，离不开他的指导	A6 社会关系建构
（C）我们四年一个规划，而且非常准时。明年的规划还没做，明年是第三届了。我们一般四年一届，四年一个规划，确定大目标、年计划，不会年年做规划。明年我们做第三届的规划，现在还没有启动，十月以后才会启动。协会目前基本上就是这个样子，协会的机构、体系、服务、功能、概况网上都有	A7 制度建设

（续上表）

访谈记录举例	概念
（B）去年我就为我们的高工（高级工程师）建立了人事档案，我们的这些人员有企业派来的，有自己招聘来的，什么东西都要建立一个规矩。假设一个人是行业协会的，如果公安局来了解什么事情，你能讲出这个人的基本情况吗？你可能连他的身份证复印件都没有，家庭住址在哪里、有什么亲人都不知道。对于原先签的合同，我都要记录单位情况、工资情况，包括财务这些，全部都要规范起来 （C）我们在最艰苦的时候都没有卖一块牌子，自己饿着肚子不发工资，把这个协会做强，做成创新型协会，做成一面旗帜，我离开这个协会的时候，要留一个很好的机制给大家	A7 制度建设
（C）我们还有几个品牌，比如说有一本《物流快讯》杂志，现在改成电子刊了，一年 96 本杂志出刊，没有一个协会能跟我们比，逢周二、周五，一周两本，风雨不误，现在出了将近八百期了 （A）我们做别人不做的事情，这是我们的定位	A8 品牌运作
（B）第一，行业协会要自己摸清自己目前的地位，就是说要有自知之明。而且我觉得行业协会是大有作为的，但在中国，它是个新生事物，步伐还是要往前走的 （A）我们不可以养那么多人，擅长的事情就自己做，不擅长的东西就外包给别人去做 （C）就是创新发展，没有别的，大胆地去突破 （C）通过创新发展，一心一意地提供服务，我们逐步形成自己的发展模式，这种模式让我们凝聚了一个团队，这个团队同时推动我们创新，这两者合一使我们滚动发展，截至今天我们已经有一百九十多名工作人员。估计在全省我们是一个人员规模极大的物流协会	A9 专业化定位

（续上表）

访谈记录举例	概念
（B）所以你要针对不同层次的东西，我这个是免费的，很多领导就讲可以啊，我就看到这个信息，如行业信息什么的，这是一个可以让他们看到的窗口，他们就说不错不错，通过这些东西得到人家一点一滴的认可 （B）对于能为行业、会员服务的事，即使我们能力做不到，我们也帮他们去寻求跟别人合作，合力而为。这个合力而为包括企业要的一些培训，包含电力专业方面。大企业都很强，它往往在安全生产方面、造价管理方面连接到别的行业，但是在人才急需又很少的情况下，我们就找这个行业强的企业来合作进行这个培训，针对它们的一些困难、自身解决不了的需求，我们就要合力来做	A10 信息咨询
（A）比如说我们该收钱的时候收钱，不该收钱的时候也提供服务，我们受到别人的邀请组团出国，不管对方有没有资助，如大学生时装周，我们没跟学校收一分钱，做了九年了，也是公信力 （A）我们都在国际轻纺城办，还搭建了一个平台，叫实现梦想的天桥。它其实就是一个毕业生的毕业作品发布会，等于我们做了一个交流的平台，让学生与社会交流、学校与社会交流 （A）我们主要搭建一个网络，因为广东的服装企业太多了，有几万家，所以我们通过这样的网络去为全城的服装企业服务 （C）花这么大精力办刊物确实是真心实意地为会员服务 （C）我们协会在会员服务上创造环境，无论是否是会员都能享受到一个发展空间。我们整合资源，通过整合资源让一批会员受益。我们这种创新服务，从过去单一为企业服务，现在上升到为一批企业服务，这个服务以前是我为一个企业服务导致其他的不受益，现在在整合资源过程中会有一批会员获得服务 （B）我当时就说，那交给我们行业协会处理，为此我们行业协会专门开展了调研，写了份材料，调查各家企业的情况，查找了很多政策法规。我到北京找一些专门研究这个的专家，找到依据说明了一些不合理的、重复收费的情况。找到后我们行业协会写了一份材料给省政府	A11 服务提供

（续上表）

访谈记录举例	概念
（C）诉求也是协会很重视的方面，诉求不是说有了问题就反映给政府，很多协会是这样。我们现在的诉求都是给政府提建议，要拿出可行的办法来。我们一年向国家级、省级层面提出的诉求，都不低于二三十个，差不多平均每个月或多或少都有一到两个诉求。这个诉求是方方面面的，包括发展问题、人才问题、环境问题、收费问题等。我们每年都提出大量的诉求，这些都得到了国家、省各方面的高度重视，省领导都作了认真的批示。但我们诉求的主要内容不是反映问题，也不是向政府要什么，很多企业的诉求是向政府要政策等，而我们都是给政府提出未来发展的建议，在发展中解决问题，而不是就这个问题向政府要什么，这也是我们的一个创新 （D）一般是这样，违法违规的就投诉到证监局，如果他们是通过我们这边进行投诉，我们可以提供证监局对外的一个投诉电话给他们。投诉这个人是委托，当初承诺怎么怎么样？现在怎么怎么样？那我们就告诉他，你这个代客理财的情况属于违规行为，你们到证监局去投诉。同样许多涉及纠纷的投诉被投诉到证监局，证监局就告诉他们转到我们这里来投诉，告诉他们一个投诉的热线电话，就这样沟通起来，然后我们和证监局的法制处每个月都有日常工作沟通、交流，我们把每个月的通报、日报总结起来，搞个月报报给证监局 （D）目前我们调解纠纷，从根本上来讲，是维护会员企业的，虽然表面上这个纠纷中也涉及投资者，但是只有把投资者培育起来，形成一群明智、理智、对市场有很深认识的投资者，市场才能发展，这个是相辅相成的，那么从这个方面讲，我们更多维护的是会员企业权益。只有投资者更理性、强大，这个社会市场才会更好地发展。你像西方世界，投资者都是一个很强大的群体，他们的市场认知很好，没有投资者进行投资，资本市场何来发展，这就是一个辩证统一的观念了。我觉得这也是我们从新抓手转移，去做证券纠纷调解工作的根本目的，为了资本市场，也是为了会员	A12 诉求管理

（续上表）

访谈记录举例	概念
（C）做物流实名制，全省使用物流发货、收货要用真的身份证，这是非常艰难的事，本来这都是政府做的，我们协会现在做了 （B）我说我来定这个规矩，我就制定了带电作业收费标准，我也没经验，就签发了这个行业标准，当时我问了物价局，希望物价局帮忙统一，物价局回复我们，让我们发布就行了，口头上也答应了，说行业协会制定行业标准没有什么错，这是章程授予我的，我从来不怕 （B）广东电力的很多工程拿不到省优工程奖，电力施工单位对评奖的意见很大。因为电力是一个比较专业的工程，原来电力优质工程评比，给你多少个地级市名额，然后由专业人才报省建设厅，但是地方的电力部门没有这个专业人才，对你这个部门不了解，而我的公关能力还是比较强的，因为我知道现在行业协会不能评比，我就去找省建设厅，一直讲这件事情，也用了很多办法。经过了几个月的努力，建设厅给了我一纸文件，同意在广东省电力行业组织电力工程评优，而我就制定评优的一些办法呀、指标啊！一直到现在。这个很好啊！他们也会感激我，多了一个评价渠道	A13 行业协调
（B）他们房地产业协会就弄起了会员走访活动，原先他们没有弄这一块，这还是比较早的时候。所以我觉得我们可以互相学习，共同提高。我就希望通过我，能够把大家串联起来 （B）对于现在的 9E 机组的电价问题，我开了个座谈会，那些厂长都来了。大家抱团取暖 （D）我们这个行业的会员素质都很高，因为这些行业都是特许进来的，证券期货行业的企业除了工商登记以外，都是监管部门批准进来的，门槛比较高，素质也比较高。此外，因为现在行业里面很多事都要通过行业协会发布出去，知道哪些是要做的。他们来参加理事会，给予他们决策权，令他们满足，他们参与进来也就知道行业协会是怎么运作的	A14 会员动员合作

（续上表）

访谈记录举例	概念
（A）广东主张支柱产业，那么主张支柱产业的行业协会，你要去监控它的一些变化，包括国际贸易摩擦。这有很多的事情是可以去做的，确实是可以做的。我们行业协会也在做，我们在做的是我们自己投进去的，这个是可操作性很强的	A15 应急管理
（C）我们一年六七十场活动，大活动几千人，小活动几十人，我们从没收过一次费，无论是培训、讲座、战略，还是搞对接，我们都管吃，甚至管住。我们通过对社会服务、为国际服务，赚取生活的费用，靠劳动去赚钱，不打自己会员的主意	A16 组织透明
（C）我们引导他们由低端服务向高端服务发展，由不好好做向好好做发展，为什么？因为我们讲战略，让他们懂得企业的责任。这块我们做得很好，没有问题。这是行业自律 （C）我这个行业是低素质、低端劳动密集型行业。为了让它健康发展，我们协会做了大量的监督工作。所以现在整个行业，一个国家方面的力量，一个我们协会方面的力量，这种合力使我们广东物流发展越来越健康 （C）建立行业的诚信，打造诚信职业 （A）现在我们服装研究中心正在公布的就是协会在做的服务外包设计师评价体系标准，将其作为一个行业标准来公示。公示完以后，服装研究中心让这些服装设计师去做后勤服务，相当于做经纪公司，去积聚这些设计师，因为很多设计师没有注册公司。服装研究中心也做接单、开发票等后勤服务。各方面的如场地支持的东西，由我们来统一解决，认证完就可以做了	A17 行业规范
（C）我们知道现在还有一些投诉之后，也设立了内部的黑名单。关于自律，我们还是做得蛮不错的，不是通过亲他们（指会员）、打他们，更主要的是，从正面做，建立诚信、鼓励诚信、学习诚信。第二个是通过实名，实名制是一个技术保障，逼着它诚信。最后我们协会才会对其进行打击，由于我们在对会员的服务上，采取的是让企业赚钱、让社会受益的思路，很多企业按照我们协会的指导去发展，所以他们不会去做这些坏事	A18 会员规制

（续上表）

访谈记录举例	概念
（C）我们现在是入会困难。我每年确定五十个会员名额，现在有将近一千七百多个会员，现在想把它压缩，每年我限入会名额，在我这儿入会没那么简单。……我们协会现在有很高的门槛，有“五个代表”的门槛，不具备五个条件就别想入会。我们不分大小，这五个条件网上都有 （D）我们是自愿入会。但是一般会员它都会主动加入，为什么？这里涉及一个行业自律要求很高的问题，它如果不进来，行业自律这方面就缺了个口，万一它因此达不成什么东西，它要承担一些相应的责任，所以一般条件下，它都会入会	A18 会员规制
（C）这些年发生的所有事情，我们物流基本没有违背过政府，没去闹过事，事情都在我们协会解决了 （C）比如说我们现在做了两个大的项目，一个是配合公安部门，在全省禁毒，打击毒贩子、打击毒品。去年我们举行了全国最大规模的禁毒誓师大会，建立了四位一体的禁毒体系，这些都属于行业自律。在全省建立诚信体系，自己管好自己 （C）我们协会始终坚持定期举办产学研业务对接会，至今已举办一百多届了。我们让产供销见面，解决中间的流通环节，这些都是我们的一些创新服务。我们协会从开始到现在没办过一个培训班，不跟人家竞争搞培训，来收取费用。为了提升管理层的战略思维，我们免费办班，让他们站得更高，看得更远，教他们如何创新发展，这个就是我们的服务。除了创新、整合资源这两块服务以外，常规服务跟其他协会一样	A19 影响深度
（B）我们树立了很多行业的标杆。然后又把这些标杆放在《中国电力企业管理》——全国最有权威的电力系统杂志中进行宣传，把广东的标杆企业推向了全国……然后很多外省的电力行业就跟我们联系，跟我们学习	A20 影响广度

（续上表）

访谈记录举例	概念
(C) 广东省物流协会这块牌子现在不仅在国内，在国际上名声也是响当当的 (C) 发展到今天，我们可以斗胆地说一句，我们目前发展的这条路往下走是比较敞亮的，越走越宽阔。到今天我们广东省物流协会这块牌子在我们国家，甚至在国际上，都是响当当的。我们不跟别人比，只说我们自己，协会之间这个东西不可比，但是在我们物流这个领域里，我们已经是一个响当当的品牌，这个是没有什么疑义的	A20 影响广度
(C) 全世界第一本《物流装备报》，这里都是免费给会员的。我们协会还有品牌，每年有一期物流装备展览会 (A) 我们协会是赚不了多少钱的，但是在这个过程中，我们可以提高协会的形象、凝聚力和知名度。我们协会现在已经做了十几年，虽说没有赚到什么钱，但这个平台其实就是让我们能够在这个行业当中站起来 (C) 我们发展到今天，在知名度、公信力各方面都做得不错，我们协会严格要求自己，这么多年始终保持创新、艰苦奋斗、管好自己，做好物流企业之家	A21 知名度
(C) 会员跟我们之间的凝聚力极强，协会的号召力极强 (A) 在这里我们得到了一个生存的空间，也得到了一定的行业认可的地位 (B) 我现在强调的是，在我们电力行业协会，把自己的能力锻炼起来，逐渐得到他们的认可，能够去干一些事情，是不是啊？你说要把他们的智慧集中起来，众人拾柴才能火焰高，电力行业需要高技术和高资金投入	A22 话语权

7.4.2 关联编码

关联编码又被称为主轴编码，其核心任务是对开放性编码所获得的概念发现和建立联系，以更好地描述因素间逻辑关系。本研究中 22 个概念最终被整合到 8

个范畴（见表7－2）。

表7－2 概念的关联编码

主范畴	范 畴	概 念
组织运作能力	内部治理能力	理事会建构 A1、工作胜任力 A2、团队建设 A3
	资源筹集能力	人员配备 A4、资金筹集 A5、社会关系建构 A6
	品牌建设能力	制度建设 A7、品牌运作 A8、专业化定位 A9
社会促进能力	服务供给能力	信息咨询 A10、服务提供 A11、诉求管理 A12
	产业促进能力	行业协调 A13、会员动员合作 A14、应急管理 A15
	行业自律能力	组织透明 A16、行业规范 A17、会员规制 A18
综合发展能力	行业影响能力	影响深度 A19、影响广度 A20
	核心竞争能力	知名度 A21、话语权 A22

7.4.3 选择性编码

选择性编码主要是指对关联编码的内容进行提炼，即从范畴中挖掘出“核心范畴”的过程，并通过描述现象的“故事线”来分析核心范畴与主范畴的联结，从而形成理论框架。通过对8个范畴和3个主范畴的进一步分析，本研究提炼出“行业协会治理能力结构维度”这一核心范畴，并构建了相关的理论框架。

7.5 讨论

7.5.1 行业协会治理能力结构维度

通过扎根理论研究，本研究确定了构成行业协会治理能力的三个维度，并尝试从能力的形成基础、实现途径与运作结果三个角度来理解，具体如下：

1. 能力的形成基础：组织运作能力

组织运作能力主要指构建组织结构与流程的能力。组织运作体系下行业协会的治理能力内容，是指行业协会作为一个独立的法人实体和一类非营利组织和民间组织，为开展当前工作、实现组织宗旨所具备的组织内部系统性的管理和建构能力（张冉，2013）。本研究发现，组织运作能力主要表现在内部治理能力、资源筹集能力、品牌建设能力等方面。

第一，内部治理能力是行业协会各利益主体激励和约束兼容的自发机制，主要通过改善行业协会委托—代理问题，从而使组织能够良好运作，并界定和规范行业协会内部各权益主体行为的权力（张冉，2013）。不断完善行业协会的内部治理结构和运作机制，有利于促进协会的良好运作，保证协会围绕自身宗旨和目标开展有效活动。内部治理主要包括理事会的建构，员工的选聘机制、培训发展机制，团队的建设，民主的选举机制和决策机制，监督约束机制等方面。

物流行业协会（C）：因为我们这个协会是真正地通过选举产生的，我们协会的会长，包括我的秘书长，都是大家当场投票选出来的，以前很少用这种方式，都是政府任命的。我们都是被推荐以后由大家不记名民主选举产生的协会帮子，是民主选举出来的一个协会，协会有民主选举，那肯定也有民主决策……一个会长执政一年。比如现在选出四个会长，四个人抓阄，按顺序轮一年。如果今年执政的人是我，其余三人仍然是会长，但是协会很多的批文和请示是我批的，他们三人不批，明年他批，后年换一个人批。

第二，资源筹集能力是行业协会组织能力的生存基础，包括有形资源（如人力资源、金融资源等）和无形资源（社会关系资源等）。但现实中，行业协会资源筹集能力强并不等于组织运作能力就一定强。由于缺乏资源运作的能力，即使行业协会具有资源优势，例如人力资源充足、办公技术先进、财务资金宽松、与政府保持着良好的关系等，行业协会也有可能处于管理不善、服务质量低下的尴尬处境。因此，在强调行业协会资源筹集能力的同时，也要注重行业协会其他动态发展能力，例如服务创新能力，从而更好地优化行业协会与政府的关系，提高行业协会的自治能力，推动行业协会的健康发展（张冉，2009）。

第三，广义的品牌建设囊括品牌运作、制度建设、专业化管理等方面，主要是指行业协会以提高组织社会公信力和认可度为核心，为塑造良好的协会形象、提升协会会员价值，并最终实现组织宗旨而实施的一系列活动组合（张冉，2013），品牌建构即品牌化过程。行业协会在发展过程中面临的最主要问题在于，行业协会能否为公众所接受以及获得行业内会员企业的认可，而公众接受与会员企业认可的最直接方式就是打造一个良好的品牌形象。实施品牌运作，是行业协会能力建设的重要手段。良好的品牌建设有利于促进专业化管理能力的提升，实现组织管理的精细化、现代化和高效化，最终提高管理效能；还有助于推动行业协会制度建设能力的提高，督促行业协会制定协会章程，结合组织需要进行制度化管理，依法依章规范组织管理。

服装服饰行业（A）：我们这个协会的精神就是创新精神。八年了，这种精神始终坚持着。不去走老路，不去学别人的模式，不去仿照别的协会的模式，完全走一种适合自己协会发展的模式。在整个八年的过程中，很多泪水咽在肚子里。因为你没有选择，我们不像国企那样衣食无忧，服务不好，会员没了，你的基础就垮了，待遇不好，员工就会走，但是我们又不能通过经营来谋生存，那你叫我怎么办？大家要吃饭，员工有比较，在你这工资一千多块，在人家那三五千，怎么留得住队伍，没有队伍怎么发展行业组织呢？但是我们这种创新精神始终延续到今天，试图突破一些条条框框，创新一些以往没人创的东西，摸着石头过河去走一条自我发展的道路。八年下来，这种精神一直延续到今天。

物流行业协会（C）：我们协会打造创新型行业协会主要还是立足在三件事上：服务、诉求、自律。我们在这三项工作上去创新发展，不计一切代价围绕着自己的宗旨去发展。

2. 能力的实现途径：社会促进能力

社会促进体系下的行业协会治理能力内容，主要是指行业协会面向社会、行业、会员企业等主体进行的服务与管理，以促进社会公益与行业增益。社会促进能力建设是行业协会组织宗旨的根本体现，同时也是行业协会能力建设之根本。与政府的目的是促进公共利益，企业的目的是促进个体利益最大化不同，行业协会的主要目的在于促进本行业内的集体性利益（张冉，2013）。因此，行业协会社会促进能力建设的首要目的在于促进产业中的企业提高产品的价值，维护产业发展的良好秩序，最终提高行业产业的竞争力。与此同时，行业协会作为非营利组织的一部分，具有普遍的公共性。因此，社会促进能力的建设不仅旨在促进本行业的发展，还在于通过贯彻政府意志，配合政府的经济、行政、法律等手段，体现与满足社会、企业和公众的要求，从而促进整个社会的发展（张冉，2013）。

本研究发现，社会促进能力主要表现在三个方面。一是行业协会的服务供给能力。行业服务能力首先是指行业内为会员有效提供专业服务的能力，包括信息服务（例如掌握国内外行业发展动态，收集和发布行业信息，包括创办报刊、网站等进行宣传）、咨询服务（例如为会员开展法律、政策、技术、管理、市场等咨询服务）、人才服务（例如组织人才、技术、管理、法规、就业等培训，帮助会员企业提高素质，增强创新能力，授权行业协会对其从业人员进行职业资格鉴定及发证）以及诉求管理等。会员投入会费，行业协会就应当具备较好的能力，为会员和企业提供优质的信息、咨询、管理、技术等服务。

电力行业协会（B）“12345 工作思路”中的“4”：四个服务是根本，我们的服务就是以行业协会目前的情况去开展，你吹嘘你怎样自律，结果你连自己都做不到，就不要去要求人家，没人听你的，你要有这个自知之明。目前来讲，得到人家的信任，人家才愿意给你交会费，还看你的眼色，你就是把自己的身段放下来做好服务。我跟我们员工讲，会员就是我们的衣食父母，没有它们交会费给我们，你连生存都困难，你就是要做好服务，哪怕会员单位有什么问题，你从接个电话开始就要把它们当上帝看待了，人家提出的，你行业协会不管做不做得到，都要尽力去做，做不到则要提前跟人家解释。四个服务，第一服务会员，第二服务行业，第三服务政府，第四服务社会，包括社会上对电力有什么需求，政府对电力有什么要求，以此得到人家的认可，建立一个外部良好的环境，你才可以生存下去。

二是产业促进能力，主要是指行业协会在为企业提升产品价值链、拓展国内外市场、促进产业转型升级等方面提供有效服务所具备的知识、经验和技能等，以增强企业核心竞争力、促进产业的发展（张冉，2013）。本研究认为，产业促进能力体现着行业协会与所处系统环境的动态性嵌入，是协会实施动态有效的运作以及营造、适应与改善所处系统环境的重要体现。行业协会通过培育产业发展规划、产业研发、产业生产管理等方面的促进能力，动员会员企业合作，有利于实现协会会员利益的最大化；有利于推动产业转型升级，促进社会经济发展，促进行业协调。行业协会通过组织协调，在合适的时机推动行业内多元主体间的合作，实现多元主体资源共享、降低资产经营费用；统一代表会员企业对其他行业外部关系进行协调，获得更有利于行业发展的政策，进一步提升行业整体利益，促进成员关系的有序化。但目前，我国不少行业协会仍面临着会员会费收缴困难、协会经费不足、会员缺乏互动、积极性严重不足等问题，极大地影响了协会的正常运作与功能发挥。因此，如何提高会员凝聚力、广泛动员会员合作仍是行业协会管理者需要思考与实际处理的重要问题之一。

三是行业自律能力。行业自律是行业协会对行业内会员单位生产与经营行为进行规范管理的行为，包括相关法律法规的执行、行规行约的制定与执行、行业的健康发展、恶性竞争的规避等。行业协会要对本行业产品的服务质量、竞争手段、经营作风等方面进行严格监督，规范好会员行为，协调好会员关系，维护公平竞争环境。完善行业管理之余，促进行业发展。行业自律的重要表现是组织透明、行业规范、会员规制等。组织透明主要指行业协会对组织信息进行全面性、持续性的披露，接受政府、会员、公众等多元主体的监督。行业规范是以会员自律能力强化为基础，对违反行规行约、损害行业利益的会员采取相应的行业自律措施，以规范市场秩序，提高行业整体素质，维护行业整体利益（张冉，2013）。

电力行业协会（B）：两个规范，是保证，我认为无论如何，行业协会都要守规范，一个组织规范，一个制度规范。还有一个，电网公司做不到的，我帮他做，行业标准。然后我们协会就制定了“用户工程三项规范”。就是说，对于设计，要用设计规范；对于社会选题，要有社会选题规范；设计时不能考虑采用那些没有经过鉴定的产品，还要有验收规范。

提及行业自律能力，应当从失灵这个源头说起。随着行业协会承担起越来越重要的社会责任，行业协会弥补政府失灵和市场失灵这一职能的重要性日益凸显。行业协会应发挥出作为公共事务管理主体所具备的市场和政府均不具有的优势的功能，在市场这只“看不见的手”和政府这只“看得见的手”之间起到“第三只手”的作用（张冉，2013）。

3. 能力的运作结果：综合发展能力

行业协会为实现持续性的健康发展，除具备基础性的运作能力和关键性的社会促进能力外，还需要具备相关的综合性发展能力，以完善行业协会的能力建设体系。综合发展能力是行业协会职能履行和组织使命实现的综合性能力，是判别行业协会能力的重要标志。本研究认为，综合发展能力主要包括行业影响能力和核心竞争能力。

行业协会影响力是指行业协会作为一个行为影响主体，影响其他相关行为主体，如政府和会员的能力，表现为行业协会在民政部门注册的业务范围内从事本行业工作和开展本行业活动的影响广度和深度（张冉，2013）。从行业协会与会员的关系角度来看，通俗地说，行业协会影响力是行业协会通过开展行业内部协调、信息服务等具体活动，在行业中建立的能够影响会员企业经营、决策活动的能力。行业协会影响力的有无或大小，是行业协会能否存在、有没有必要存在的一个重要标志。从行业协会与政府的关系角度来看，行业协会影响力，一是表现在行业协会提出的政策建议能否被有关政府部门予以采纳。例如物流行业协会

(C)：做物流实名制，全省要使用物流发货、收货要用真的身份证，这是非常艰难的事，本来这都是政府做的，我们协会现在做了。二是看行业协会能否把会员企业在生产经营中遇到的问题和合理的要求等，通过一定的工作程序转化为政府意志。例如电力行业协会（B）：群众路线你得听群众的声音，企业不敢对政府提意见，协会就可以，协会代表企业来反映意见，敦促政府去做一些事情，企业不好说的，协会好说。借着群众路线，协会可以做些事情。

行业协会竞争能力，主要是指行业协会在对外与同类型行业协会竞争时所表现出来的能力，体现在组织的生存能力和持续发展能力上。主要表现为协会地位的话语权，即行业协会在本行业或相关行业、相近行业的有关行业工作和业务活动中的发言权和形成的知名度（张冉，2013）。组织竞争力是组织在长期竞争与发展过程中逐渐积累而产生的，是协会综合发展能力的最终体现之一。作为一个比较性的概念，竞争力更多是相对于竞争对手而言的。但需要明确的是，目前我国行业协会的管理体制是建立在“一地一业一会”基础上的，强调竞争力主要是强调行业协会之间的借鉴、交流与学习，增强行业协会的压力，从而促进行业协会管理体制的完善。

7.5.2 行业协会治理能力的理论框架

围绕着“行业协会治理能力结构维度”这一核心范畴，本研究用“故事线”梳理出行业协会治理能力的理论框架，具体如下：

1. 组织运作能力是社会促进能力的前置和基础

诸如内部治理能力、资源筹集能力、品牌建设能力等组织运作能力是行业协会治理能力的内部基础。组织发展体系主要为社会促进体系提供组织管理支持，是支持社会促进体系创造价值的“基础设施”或“管理平台”。基础性的组织运作能力是决定行业协会生存和发展的最为必要的能力，换言之，该类能力是行业协会取得持续性生存和发展所必须具备的。行业协会要生产和发展，就必须具备这些基础性的组织运作能力，例如协会内部完善的制度安排、合理的组织结构、丰富的资源组合、健康的组织文化等。作为组织的系统性、开放性的综合能力组合，行业协会不仅要强调协会外部的社会促进能力，还要重视协会内部的组织运作能力。由于行业协会职能界定的要求，学界和实务界更多注重社会促进能力，而忽视了组织运作能力，从而导致行业协会缺乏现代组织管理体系（张冉，2009）。缺乏高效、强有力的组织运作能力，行业协会便难以对外呈现出良好的社会促进能力、社会影响力以及竞争力。

2. 社会促进能力是影响综合发展能力的关键因素，是核心能力

社会促进能力是实现行业协会价值和增值的基础，决定着组织的生命力。行业协会能力的组织发展体系、社会促进体系和综合发展体系共同构筑了行业协会的主要能力体系，并且各个能力子系统都会对其他子系统产生影响，从而影响着整个行业协会实现目标的能力，影响着行业协会最终的综合发展水平。其中，关键性的社会促进能力如服务供给能力、产业促进能力、行业自律能力等，是影响综合发展能力的关键因素，是核心能力，这是由行业协会的宗旨和使命决定的。

核心能力概念是由 Prahalad 和 Hamel（1990）提出的，他们将核心能力定义为能够使企业提供附加价值给客户的独特技能和技术。从行业协会能力的分类来看，核心能力是行业协会在长期发展中所积累的特殊知识、技能和资源，是其他协会不具有的、难以模拟的、能给协会带来竞争优势的能力。关键性的社会促进能力表现为一个行业协会与其他同类或相似行业协会相比所具有的优势能力，体现着行业协会治理能力较高的建设水平。所以说，行业协会治理能力中的社会促进体系是核心，社会促进能力是影响综合发展能力的关键因素，是核心能力。但由于所处行业的不同，行业协会关键性的社会促进能力的具体内容与范围也有所不同。

另外，从组织可持续发展角度来看，行业协会不仅需要能够带来竞争优势的核心能力，还需要具有一个动态性、结构性的综合能力，以不断实现行业协会生存与发展生命周期的有效循环与更替（张冉，2009）。因此，行业协会如果想要得到持续性的生存和发展，就必须具备各方面的核心能力。当行业协会具备一定程度的核心能力后，仍然需要不断地革新进步。

3. 行业协会治理能力全模型构建

综合来看，行业协会治理能力的内容由三大体系构成：组织运作能力、社会促进能力以及综合发展能力。基于前文的分析，本研究认为，行业协会治理能力是一个“基础（组织运作能力）—核心（社会促进能力）—结果（综合发展能力）”的结构性体系（见图 7－1）。由里到外分为三个层次，这不仅与每种能力在行业协会能力建设中的重要性有关，还与组织生命周期相关。在成立初期，行业协会往往需要将基础性运作能力的明确和构建作为协会能力建设的重点；而发展较为成熟的行业协会，则应更多注重核心的社会促进能力和综合发展能力的构建。

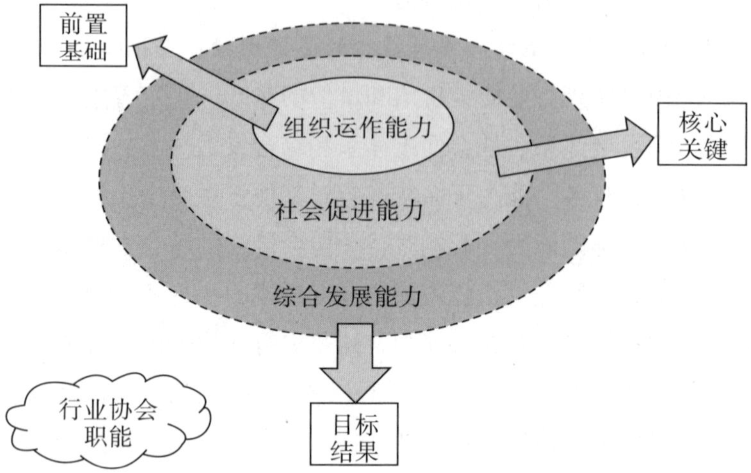

图 7-1　行业协会治理能力结构维度的全模型

行业协会职能，是指行业协会根据组织宗旨和使命应具有的功能或承担的工作内容。党的十六届四中全会将行业协会的基本职能定义为：提供服务、反映诉求和规范行为。行业协会存在的主要目的便是承担和实施其所应具有的职能。为此，行业协会一方面要求行业协会能力具有以会员为核心的外部导向，能够从表现形式上面向社会、行业和会员，例如向会员单位提供信息与咨询服务，向政府部门反映会员诉求，即具有社会促进能力；另一方面社会能力的发挥水平，又与行业协会组织自身所具有的人、财、物及管理、文化、制度等方面的能力水平，即组织运作的能力水平相关。同时，组织运作能力和社会促进能力反映在行业协会的影响能力和竞争能力上，决定着行业协会的影响深度、影响广度、知名度和话语权等方面。反过来，体现着协会核心影响力和竞争优势的综合发展能力，有助于进一步强化和推进基础性运作能力和关键性社会促进能力的优化与提升。从行业协会职能的角度，本研究也印证了行业协会治理能力实际上是一种“基础性的运作能力—关键性的促进能力—综合性的发展能力”的多层次能力维度。

7.6　研究结论与展望

通过扎根理论分析，本研究构建了行业协会治理能力结构维度的全理论模型，即行业协会治理能力是由“能力的形成基础：组织运作能力；能力的实现途径：社会促进能力；能力的运作结果：综合发展能力”三层次体系构成，并呈现出“基础（组织运作能力）—核心（社会促进能力）—结果（综合发展能力）”的理论分析框架。一方面，从构成内容角度来看，组织运作能力包括法人治理能力、资源筹集能力和品牌建设能力；社会促进能力包括服务供给能力、产业促进能力和行业自律能力；综合发展能力包括行业影响能力和核心竞争能力。另一方面，从逻辑关系角度来看，组织运作能力是社会促进能力的前置和基础；社会促进能力是影响综合发展能力的关键因素，是核心能力。组织运作能力和社会促进能力的高低反映在行业协会的影响能力和竞争能力上，反过来，体现着协会核心影响力和竞争优势的综合发展能力，有助于进一步强化和推进基础性组织运作能力和关键性社会促进能力的优化与提升。

本研究的理论贡献主要是深化了行业协会治理能力结构维度的探讨，构建了“基础性的运作能力—关键性的促进能力—综合性的发展能力”的多层次治理能力结构体系。实践上，本研究探讨的治理能力结构维度能为我国清晰界定行业协会的治理能力以及全方位提高行业协会的治理能力提供借鉴意义。目前，学术界关于质性研究的信效度和推广度等有效性争议仍然较多。因此，未来可进行问卷调查，通过定量分析来进一步验证本研究结果，并开发出更具操作性的治理能力结构体系。此外，由于行业协会种类的丰富多样，不同类型的行业协会治理能力的侧重点略有不同，未来研究者亦可针对不同类型的行业协会进行分类以具体研究。

8 公益基金会市场化运作对组织发展影响的实证分析
——以广东省基金会为例

8.1 绪论

8.1.1 研究背景

本书探究基金会组织集资市场化对自身组织发展的影响。根据2004年颁布实施的《基金会管理条例》，基金会被定义为利用自然人、法人或者其他组织捐赠的财产，以从事公益事业为目的，按照本条例的规定成立的非营利性法人组织。从组织属性上看，基金会兼具了公益属性与经济属性。

基金会作为第三部门的非营利组织在社会各个方面有着越来越重要的作用，尤其是在解决贫富分化的社会问题，实现社会财富再分配方面。但是非营利组织不像第一部门政府那样拥有固定的经济来源支撑其完成职能，也不像第二部门企业那样通过整合资源进行市场化行为赚取利润。罗文恩和周延风提出，与西方非营利组织不同，中国的非营利组织发展过程具有明显的政府主导色彩。① 弗斯顿伯格在《非营利机构的生财之道》中提道："现代非营利机构必须是一个混合体：就其宗旨而言，它是一个传统的慈善机构；而在开辟财源方面，它是一个成功的商业组织。"过去几十年的发展中，我国非营利组织在资金筹集方面有着极强的对外依赖性，自主筹资能力不强，而基金会作为非营利组织的一种也具备这一特征。基金会顾名思义就是一个资金供应组织，无论是自身发起的公益项目还是资助其他组织的公益项目，资金筹集都是基金会发挥其职能的关键步骤。这也从另一方面说明了我国基金会在现有环境下自主生存能力十分有限，无论是公募

① 罗文恩，周延风. 中国慈善组织市场化研究——背景、模式与路径［J］. 管理世界，2010（12）：65－73，89.

或者私募基金，一旦关联方出现资金问题，基金会极有可能无法维持运作。

基金会因为其自身公益性和非营利性，一般而言较为依靠外部捐赠与关联方资金支持。自 2020 年以来，新冠肺炎疫情的出现使中国的经济发展承受了巨大的打击，各行各业或多或少都受到了一定程度的影响，无论是商品市场还是金融市场都持续低迷。这也意味着第三部门的资金来源或多或少都会受到负面影响，基金会的生存形势越来越严峻。而我国许多基金会已经开始尝试寻找市场化运营模式，比如近年来中国扶贫基金会、中国红十字基金会开始积极引进市场理念，尝试将市场机制与自身组织运作相结合，激发组织活力，提升组织竞争力与效率。但是我国对于基金会市场化集资的研究还相对较少，因此探究基金会集资市场化对组织发展的影响具有现实意义，能够为当前基金会发展转型提出切实可行的建议。

众所周知，市场化手段的作用是优化资源合理配置，但在市场发展的过程中容易发生资金集中化，出现垄断势力，最后导致手握越多资本的竞争者越有能力生产或者盈利，而资金也因为市场的自运转流转到这些少部分竞争者手中。也就是说，市场有利有弊，在实现整体效益最大化的同时，也容易造成分配不均的结果，伴随而来的是财富两极分化的社会问题。而作为第三部门的基金会就是对财富进行再分配的有效平台，以抵消部分市场运行中分配不均的弊端。而本书提及的基金会集资市场化是指基金会获取资金资源采取市场化的方式，尽可能提升自己的集资能力，脱离原本对外部有极强依赖性的状况。公益基金会作为非营利组织，服务于社会特定群体，通过自己运营公益项目或者提供资金给其他组织的公益项目来为该群体提供服务，从而提高这部分群体的福利，促进社会公平。集资方面与服务职能方面是两个独立的部分，公益服务或者资金支持是集资的目标，集资能力是基金会实现组织职能的支撑，两者在服务职能与市场化集资手段上是不存在冲突的。实现基金会职能的过程中，资金是十分重要的资源，本书希望探寻基金会在集资方面采用市场化的形式能否更好地促进其公益使命的实现，推动组织发展。

8.1.2　文献综述

1. 基金会对社会发展的作用

非营利组织存在于教育、医疗、文化、体育、环境保护、福利事业、城市建设、社区管理、国际交流等各个社会领域，在稳定民生、解决社会问题上起着举足轻重的作用。近年来，我国公益慈善事业在经济发展与社会进步中扮演着愈来愈重要的角色，在解决我国重大问题，如脱贫攻坚、促进区域教育公平和抗击新冠肺炎疫情的过程中充分展现了其社会、经济和文化价值。基金会作为我国慈善事业的中坚力量，其发展规模也在不断扩大，根据基金会中心网统计，近年来中国基金会的数量呈现不断增多的趋势，截至 2020 年末，中国基金会的数量已经上涨至 8 417 家（见图 8 - 1）。基金会在我国公益事业和民生事业上发挥着独特的作用，是弥补“市场失灵”和“政府失灵”的重要机制。

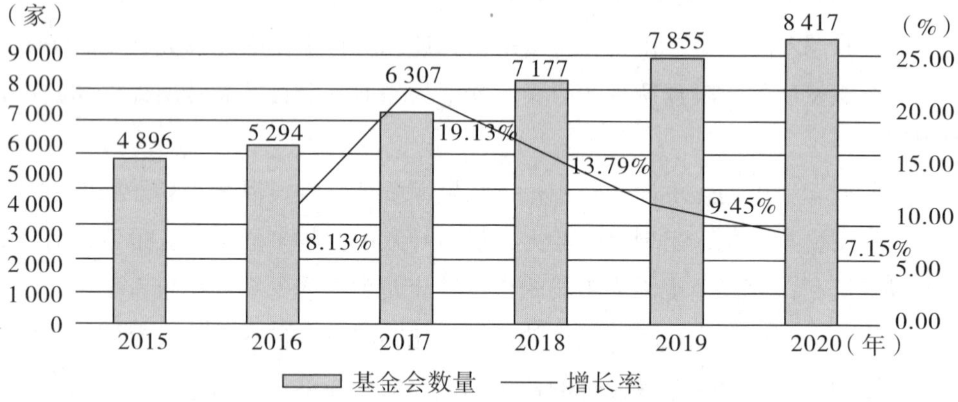

图 8 - 1　2015—2020 年中国基金会数量及增速增长率

针对基金会对社会发展过程中的必要性，许多学者在研究问题的同时也提出许多观点。袁曼认为民间公益基金会实现职能的价值有三点：一是支持公益领域慈善事业的发展；二是能够弥补政府公共服务的“短板”；三是能够推进社会机制的创新。① 而丁波在对中国公益基金会的发展问题的研究中提出“慈善文化已经成为社会第三次分配的灵魂”，作为第三部门一份子的民间慈善基金会已日益成为“和谐社会第三次财富分配的调节器”。② 廖建军则看重在本次新冠肺炎疫情期间基金会所发挥的资源救助作用，他首先提出在本次抗击新冠肺炎疫情的战争中，慈善基金会第一时间采取行动，许多基金会的及时行动可圈可点，不仅在当时湖北疫区协助解决了很多实际问题，而且在社会上安抚了群众对疫情紧绷的

① 袁曼. 我国民间公益基金会治理问题研究：以壹基金为例［D］. 上海：华东理工大学，2012.

② 丁波. 当代中国基金会发展问题研究［J］. 经济纵横，2008，268（3）：59 - 61.

神经，为全面打赢抗疫战发挥了极大的作用。其次，在提及基金会在中国出现至今，廖建军还总结了其对我国社会发展发挥重要作用的几个方面，包括大力参与重大突发公共事件救援，弥补行政求助的短缺；深度参与脱贫攻坚，消弭社会贫富矛盾；主动参与大病救助，缓解因贫“看医难”困境；积极参与社会创新，促进社会文明进步。可以说，基金会构建了一个大平台，让公益事业在中国发展道路上熠熠闪光，也让许多人民企业家充分履行了应有的社会责任。① 王俊和范赟以高校教育基金会为研究对象，首先提出了高校基金会所依托的非营利组织与公共事业单位的双重身份，在这一前提下，提出了高校基金会社会功能实现途径可以总括为对外筹集资金，外联合作并作为捐赠方服务社会；而对内则进行统筹管理，资金规划并服务于学校内部的受益方。此外，高校基金会还能通过与社会、高校的交流，实现三方互动，发挥传播慈善文化、拓展公益教育的作用。②

2. 国内基金会发展现状

中共十八届三中全会公报中规定，要激发社会组织的活力，中国基金会开始进入快速发展的阶段，但基金会对外部依赖性过大等问题开始凸显出来，基金会的转型探索愈来愈迫在眉睫。袁曼提出，在当今中国社会中，民间基金会治理现状存在诸多问题，包括相关法律法规不完善，内部机构不规范导致组织公信力下降，缺乏专业管理人员，筹款渠道单一导致经费不足，组织工作效率低下，监管体系不完善以及政府监督难度大。袁曼指出，我国的民间公益基金会募集资金渠道过于单一，一般是通过企业资助和政府拨款。这一问题的存在严重牵制了基金会的发展，导致我国民间公益基金会的发展远远滞后于现代化社会发展的客观要求。③ 丁波认为当代中国基金会发展的两大问题是基金会的合理性问题和基金会的有效性问题。合理性问题即基金会存在的意义，其在当今中国社会转型中所能发挥的作用能否推动社会发展；有效性问题就是基金会能否有效筹资以进行公益活动，充分发挥组织职能。④ 廖建军从近期新冠肺炎疫情下基金会对疫区的救助

① 廖建军. 我国慈善基金会的现状与发展研究——以慈善基金会参与新冠肺炎疫情救助为视角 [J]. 新经济，2020，532 (8)：8 - 16.

② 王俊，范赟. 我国高校基金会的社会功能探析 [J]. 黑龙江高教研究，2017 (12)：25 - 29.

③ 袁曼. 我国民间公益基金会治理问题研究：以壹基金为例 [D]. 上海：华东理工大学，2012.

④ 丁波. 当代中国基金会发展问题研究 [J]. 经济纵横，2008，268 (3)：59 - 61.

视角入手，总结了慈善基金会存在的问题：一是行政色彩浓厚，政社协同机制不畅通；二是专业化程度不够，参与应对突发公共事件经验不足；三是市场化程度低，社会大众参与力量偏弱；四是慈善基金会社会监督乏力，监督机制存在薄弱环节；五是慈善基金会行政约束过紧，成立和运营受制约。① 这些问题在社会应对紧急风险事件时被放大至公众的视野中，就好比武汉疫情防控期间广受争议的湖北武汉红十字会，在紧急物资调配处理出现管理问题后，第一时间就被舆论推到了风口浪尖上。朱国龙在分析我国基金会市场化路径的研究中提出，我国基金会现状可以概括为两点：数量呈现高速增长，但在资产存量、收入与支出方面仍显不足；基金会涉及的项目多、覆盖领域和地区广，且在收入方面大部分来自他人捐赠，基金会更像是一个传递金钱的平台，并没有很好发挥其经济作用，即合理管理资金，增加资金的利用率，从而更好地发挥自身职能。② 刘扬从中国慈善基金会保值增值路径研究的角度，分析中国基金会存在法律环境、市场条件、监管体系、社会认知四个方面的问题，其中市场条件中的问题包括基金会自身市场化运作意识不强，市场化运作能力不足和市场上针对基金会运作提供服务的专业机构稀少，基金会进行市场化运作可选择的范围小等方面。这就意味着与基金会相配套的市场环境与市场体制仍有待发展，需要更多的社会实践来帮助完善适合中国慈善基金会生存发展的市场条件。③

由以上的文献研究，我们可以提取出基金会在现今发展过程中存在的一个重要问题，即欠缺市场化集资手段与自主集资能力。基金会本身不只是一个将财富从一方转移到另一方的平台，而是类似证券投资机构，通过聚合资金，将资金通过合理的管理与运作，使自身资金保值增值，从而更好地投入慈善事业中。因此，中国慈善基金会的“自造血”能力显得尤其重要，而在“自造血”的过程中，市场化的手段可能能够提供帮助。

3. 市场化手段对组织发展的影响

在已有的研究中，罗文恩等提出，对于中国的慈善组织而言，市场化不仅意

---

① 廖建军. 我国慈善基金会的现状与发展研究——以慈善基金会参与新冠肺炎疫情救助为视角［J］. 新经济，2020，532（8）：8－16.

② 朱国龙. 我国基金会市场化路径研究［J］. 西南金融，2016，419（6）：43－46.

③ 刘扬. 中国慈善基金会基金保值增值路径选择研究——以广东省青少年发展基金会为例［D］. 长春：吉林大学，2017.

味着组织运作方式的变化，即从半公共事业单位转向企业化运作模式，还意味着非营利组织与政府机关关系的重新塑造，即从单方面依附转向合作、相互独立的伙伴关系，这有利于非营利组织自身的独立发展。① 卢玮静等人从资源依赖理论的视角出发，分析了基金会行政化运作、资源导向的市场化运作以及需求导向的社会化运作三种运作模式，其中市场化运作机制下，基金会获得了独立性，但是仍存在被资源控制的风险，即在此种模式下，人们对于基金会的监管部门要求较高，需要一个科学合理的监管体系来限制基金会以及关联方的非理智公益行为。② 杨玲娟认为基金会借助市场机制以及营利部门商业单位运作的成功经验，能够提高公益资产的使用效率，从而更好地实现自身组织职责。③ 朱豪君通过研究发现，现有许多公益基金会通过购买国债、基金、股票等方式实现资金的保值和增值，有的甚至委托第三方平台——专业投机市场资金管理公司帮助其进行资金管理。此种形式下形成了合理投资—获得回报—调配资金再投资与投入公益事业的良性循环链条，从而使基金会资金利用率大幅提高。④

总而言之，基金会最重要的资源就是自身的资金，资金来源多元化能降低基金会的财务脆弱性，摆脱基金会对外依赖性强的局面，提高基金会自身的生存发展能力，也有利于其公益使命的实现。

综上所述，在目前大环境下，我国社会面临百年未有之大变局，我国公益基金会虽然作为非营利组织，但各主体间面临的社会背景愈来愈错综复杂，基金会自身生存发展形势也越来越严峻，转型刻不容缓。虽说已有很多关于基金会市场化转型的研究，但大多数研究着重于研究如何进行市场化转型，具体研究市场化集资手段对基金会公益使命的实现和自身发展的影响的文章相对较少，因此本研究具有一定的必要性。

---

① 罗文恩，周延风. 中国慈善组织市场化研究——背景、模式与路径［J］. 管理世界，2010（12）：65－73，89.

② 卢玮静，刘程程，赵小平. 市场化还是社会化？——中国官办基金会的转型选择［J］. 中国非营利评论，2017，20（2）：44－67.

③ 杨玲娟. 基于市场化运作的基金会管理模式研究［D］. 北京：华北电力大学，2014.

④ 朱豪君. 公益性基金会市场化运作的探索［D］. 上海：复旦大学，2010.

8.2 研究方法

8.2.1 研究假设

本书将通过两组研究假设描述“基金会集资市场化对组织发展的影响”，并通过数据分析加以展开论证，最后得出结论。

首先，根据对已有文献的研究以及对部分基金会工作年报的查阅，大部分基金会现有筹资方式主要是通过基金会关联方供给或者外部捐赠。如果基金会仅仅依靠这种集资方式，资金积聚的稳定性和利用率不高，就会造成基金会自身的生存发展能力受到外部约束的结果。并且一旦基金会的总体数量规模增大，原有的中国捐赠慈善市场的金额将会被瓜分，甚至可能因为不同基金会的公信力差异，导致“一家独大”的局面出现，捐赠款项目被少数几家基金会垄断。因此，在本书的假设中，基金会集资市场化是具有现实意义的，而本书提及的基金会集资市场化在一定层面上指的是通过市场化的行为拓宽基金会资金来源渠道，通过运用已有资金在投机市场上运用科学的知识进行投资，或者以部分资金为成本提供公益物品或公益服务赚取利润，从而保证基金会资金在最低限度上保值，在一定程度上增值，以提升基金会资金的稳定性与利用率。

其次，对于基金会组织发展的情况，我们需要明白公益慈善基金会存在的意义以及它们所要履行的组织职能——通过对特殊群体的资金供给或者项目资助改善该群体的社会福利。而在这一个角度上，我们能够量化基金会一年以来在公益事业上的资金使用情况。同时，基金会每年年末前都能够按照当地民政部门的通知要求，向民政部门提交评级申报，然后民政部门通过公正合规的评估对该基金会给予评估等级。基金会评级能够帮助基金会获得公益性捐赠税前扣除资格，并扩大基金会的曝光度与提升其公信力。所以基金会评级也能成为表现基金会发展情况的重要指标之一。因此，本书将基金会组织发展情况分为两个可测度的方面：一方面是基金会自身组织公益使命的实现情况，另一方面是基金会相关监管机构对于基金会进行的评估评级情况。

基于上述论述，本书提出两组研究假设，具体可分为六个研究假设：

研究假设 A1：基金会投资收益越高，基金会公益事业支出越多。

研究假设 A2：基金会商品销售以及提供服务收入越高，基金会公益事业支出越多。

研究假设 A3：基金会投资年初投资金额占总资产比例越大，基金会公益事业支出越多。

研究假设 B1：基金会投资收益越高，基金会等级评定越高。

研究假设 B2：基金会商品销售以及提供服务收入越高，基金会等级评定越高。

研究假设 B3：基金会投资年初投资金额占总资产比例越大，基金会等级评定越高。

8.2.2 数据来源与样本筛选

本书选取了广东省社会组织综合信息服务平台中的基金会年报数据。该数据库包含广东省 2018—2021 年大部分基金会的基本情况、年报数据、资产状况和项目运营情况等，当中数据能够充分反映广东省基金会的发展状况。剔除濒临清算的基金会的样本后，考虑到建造本书数据库的时间点 2021 年的基金会年检工作尚未完全结束，本书选择了 2020 年的 200 家基金会的数据作为分析样本。

8.2.3 研究变量

本书的因变量是基金会的发展，具体为基金会本年度公益事业支出和组织评估等级。本书的自变量是基金会集资市场化的程度，在所收集数据中，相对较多的基金会筹资手段仍比较单一，主要依靠外部捐赠或者关联方供给，利用部分资产进行投资与商品或服务提供的基金会也占一定比例，因此自变量具体操作为基金会投资收入额与投资投入比例和基金会商品销售以及提供服务收入。

为了更好地识别基金会集资市场化对组织影响的主效应，本书对以下 5 个变量进行了控制。控制变量有 4 个，分别为其他渠道的收入情况、基金会类型、年初资产规模、内部人员情况。为了更有效地探究市场化集资手段对组织发展的影响，本书对基金会捐款收入、政府补贴收入进行了控制。周梦雅等人在对基金会会计信息透明度的研究中明确提出，基金会会计信息透明度与捐赠收入之间存在着显著的正相关关系。[①] 而会计信息透明度是关乎基金会公信力的重要指标之一，其对组织发展也存在一定的影响。所以本书认为基金会捐款收入和政府补贴

① 周梦雅，刘昭璇，周玥含．基金会会计信息透明度与捐赠收入关系研究［J］．商业会计，2017（14）：116－119.

收入对基金会的发展产生或多或少的影响。其次是基金会的类型分为公募基金会与私募基金会，蔡雅洁在对公募基金会与私募基金会的比较研究中提出，两类组织在工作重心、能力要求、社会分工、独立性和专业化人员配置等方面存在显著的差距，从而存在发展历程的差异。而由于各方面的原因，两者在发展进程中会出现趋同的现象。① 由于趋同不是立刻发生的，而是两种类型的基金会在发展历程中不断沉淀的结果，因此本书认为基金会的类型会影响基金会在资源获取、社会影响等方面的因素，从而影响基金会的发展情况。再看年初资产规模，因为本书着重分析 2020 年的基金会数据，因此该年的发展情况即本书所考察的公益支出情况与组织等级评估有着重要的关联。毕竟基金会说到底是一个通过资金流动发挥自身组织职能的组织，离开资金谈基金会的发展是不切实际的。最后是内部人员情况，本书此处旨在探究基金会内部管理情况，但因为存在局限性，无法具体探知内部人员在全年的管理情况，则通过全年专职人员来测量。一个组织的生存与发展离不开人员的管理与统筹，假设抛开管理人员的能力差异性，本书认为基金会的专职人员所占比例能够大致说明该基金会人员在全年组织管理工作中所付出的精力占比。

综上所述，本书具体控制变量有基金会政府补贴收入、基金会捐款收入、基金会工作人员中专职人员所占比例、基金会年初总资产、基金会类别 5 项。变量描述及操作化详见表 8－1。

表 8－1　变量定义

变量		变量简称	名义定义	操作定义
因变量	本年度公益事业支出		基金会 2020 年度在公益事业方面的支出	以数值在数据中呈现，依数值大小比较
	组织评估等级		基金会当地民政部门根据 2020 年基金会提交的年检申请与相关材料，通过评估给基金会当年度授予的评估等级，总共有无、1A、2A、3A、4A、5A 六个等级分段	无：0；1A：1；2A：2；3A：3；4A：4；5A：5，分为六个等级，等级按顺序排列

① 蔡雅洁. 公募基金会与非公募基金会的比较［J］. 中国市场，2016（37）：136，150.

（续上表）

变量		变量简称	名义定义	操作定义
自变量	投资收益		基金会在2020年度通过投资行为全年获得的总投资收益，用来描述组织投资效果	以数值在数据中呈现，依数值大小比较
	年初投资金额占总资产比例	年初投资金额占比	基金会2020年初投资金额占年初总资产的比例，用来描述基金会投资投入量	以百分比在数据中呈现，依百分比大小比较
	商品销售以及提供服务收入		基金会2020年全年通过商品销售和提供服务所获得的收入	以数值在数据中呈现，依数值大小比较
控制变量	基金会政府补贴收入		基金会2020年度获得政府补贴的收入	以数值在数据中呈现，依数值大小比较
	基金会捐款收入		基金会2020年度获得其他方主体捐赠的收入	以数值在数据中呈现，依数值大小比较
	基金会工作人员中专职人员所占比例	专职人员占比	基金会在2020年工作人员中，专职人员所占的比例	以百分比在数据中呈现，依百分比大小比较
	基金会年初总资产		基金会在2020年初所拥有的资产总额	以数值在数据中呈现，依数值大小比较
	基金会类别		根据能否面向公众募捐，将基金会分为公募基金会和私募基金会两种类别	公募：0；私募：1

8.3 数据结果与研究发现

8.3.1 描述性统计结果

本书选取了200家广东省基金会的年报数据作为分析样本，如图8-2所示，公募基金会占比28%，共56家，私募基金会占比72%，共144家。出现此种占比分配，是因为公募资格对基金会发展以及社会影响的作用十分大，是需要向民政部门申请且和基金会组织评级等挂钩的。早在2011年私募基金会的数量就已经超过公募基金会，并比公募基金会以更快的增长速度增长着，因此现有的私募基金会在整个社会总体情况上是多于公募基金会的。再从等级评估情况看，如图8－3所示，没有获得评级的基金会有110家，获得评级1A的有7家，获得评级2A的有11家，获得评级3A的有22家，获得评级4A的有30家，获得评级5A的有20家。可见，样本总体囊括了各个等级阶段的基金会样本。基金会评级需要经过多个阶段多指标的评估，包括基础条件、内部治理、工作绩效等，因此获得评级对于基金会来说有一定的难度。

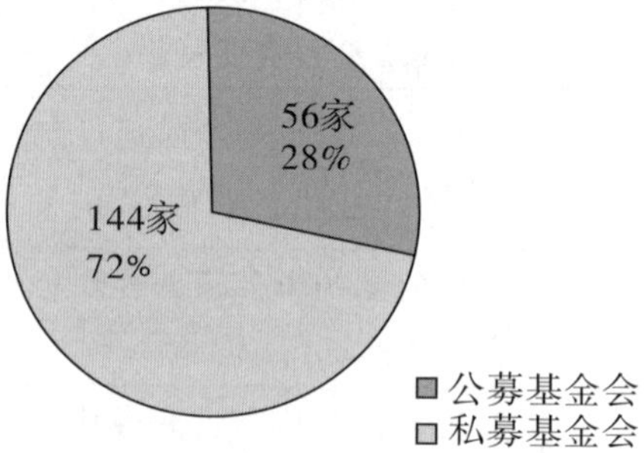

图8－2　基金会类别比例扇形图

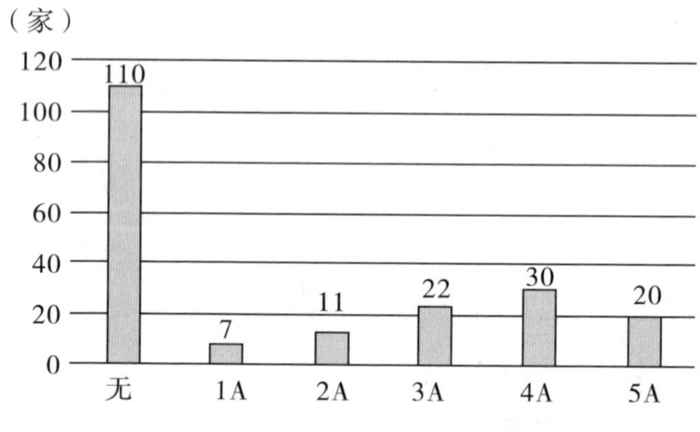

图8－3　基金会等级评估分布条形图

表8－2展示了除了名义变量与序号变量外的研究变量的描述性统计分析结果。从基金会的收入来源上看，基金会在2020年平均收到捐赠收入约为27 901 545.42元，在均值上为各收入数值之首。由此可以看出，从社会总体层面上看，大部分基金会仍主要通过他人捐赠获得收入。而基金会在2020年通过投资获得收益平均约为793 567.29元，在四个收入途径变量中数值排名第二。而在

本组数据中，通过投资获得收益的仅有 75 家基金会，与 162 家基金会拥有捐款收入相比，可以看出投资集资手段的效益是可观的。而基金会通过商品销售以及提供服务收入获得的平均收入大约是 289 087. 87 元，被政府补贴的平均收入是 107 924. 40元。从基金会完成公益职能的角度看，样本中基金会在当年度公益事业支出均值约为 24 860 407. 64 元，相比年初总资产的均值数据来说约占 50%，大致可以认为是一个偏中等的支出水平。最后，如图 8 －4 所示，该条形图是在所收集的基金会数据中对应字段不为零的基金会的数量，比如若投资收益为 0，我们可以认为该基金会并未将投资作为筹资手段。因此，可以看出市场化集资手段在基金会中其实并未得到广泛的普及。再从年初投资金额在总资产中的平均比例可以看出，大部分进行市场化的基金会目前还处于一个探索阶段，仍需要更多的实践经验来验证市场化集资手段的切实可行性。

表 8 －2　描述统计量

变量		N	极小值	极大值	均值
因变量	本年度用于公益事业支出（元）	200	28 000. 00	2 160 000 000. 00	24 860 407. 64
自变量	投资收益（元）	200	0. 00	39 889 3600. 00	793 567. 29
	商品销售以及提供服务收入（元）	200	0. 00	44 981 580. 00	289 087. 87
	年初投资金额占总资产比例（%）	200	0. 00%	99. 99%	17. 66%
控制变量	政府补贴收入（元）	200	0. 00	8 000 000. 00	107 924. 40
	捐款收入（元）	200	0. 00	1 740 000 000. 00	27 901 545. 42
	工作人员中专职人员所占比例（%）	200	0. 00%	100. 00%	58. 76%
	年初总资产（元）	200	7 741. 00	1 750 000 000. 00	50 076 748. 77
有效样本		200			

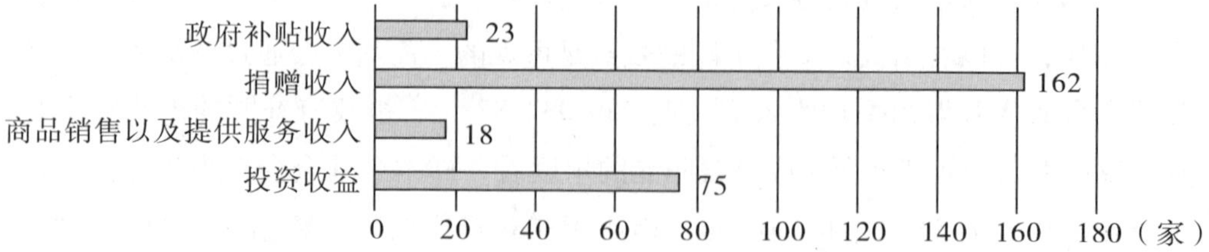

图 8-4　相关字段基金会数量统计分布条形图

8.3.2　回归分析结果

以 2020 年度用于公益事业的支出为因变量，以基金会政府补贴收入、基金会捐款收入、基金会工作人员中专职人员所占比例、基金会年初总资产、基金会类别 5 个变量为控制变量，以投资收益、商品销售以及提供服务收入为自变量，建立线性回归模型，对数据进行线性回归分析，回归分析结果如表 8-3 所示。从表可以看出，在 5% 的显著性水平下，投资收益和商品销售以及提供服务收入通过了显著性检验，对应假设 A1、A2，即在控制变量的条件下，线性回归分析能够在一定程度上解释假设 A1 与 A2。而资产规模和其他收入途径也与本年度公益事业支出有着线性关系。

结果表明，基金会商品销售以及提供服务收入越多，基金会本年度用于公益事业支出就会越多（$B=1.646$，$p<0.05$）；同时，基金会投资收益越多，基金会本年度用于公益事业的支出就会越多（$B=1.733$，$p<0.05$）。这很好地解释了基金会市场化集资手段对基金会公益事业支出的有利影响。

表 8-3　以 2020 年度用于公益事业的支出为因变量的回归分析

模型	非标准化系数		标准化系数	t	$Sig.$
	B	标准误差	试用版		
（常量）	-2 604 669.53	4 358 673.98		-0.598	0.551
投资收益	1.733	0.876	0.038	1.978	0.049
商品销售以及提供服务收入	1.646	0.798	0.034	2.063	0.140
年初投资金额占总资产比例	184 648.056	12 456.886	0.034	1.482	0.040

（续上表）

模型	非标准化系数		标准化系数	*t*	*Sig.*
	B	标准误差	试用版		
政府补贴收入	3.475	3.738	0.015	0.929	0.354
捐款收入	1.303	0.032	1.095	41.079	0.000
工作人员中专职人员所占比例	26 612.686	61 506.087	0.007	0.433	0.666
年初总资产	-0.160	0.026	-1.750	-6.048	0.000

注：因变量为2020年度用于公益事业的支出。

以组织评估等级为因变量，以基金会政府补贴收入、基金会捐款收入、基金会工作人员中专职人员所占比例、基金会年初总资产、基金会类别5个变量为控制变量，以投资收益、商品销售以及提供服务收入、年初投资金额占总资产比例为自变量，建立线性回归模型，对数据进行线性回归分析，回归分析结果如表8-4所示。从表可以看出，在5%的显著性水平下，年初投资金额占总资产比例通过了显著性检验，对应假设B3，即在控制变量的条件下，本书数据库的线性回归分析能够在一定程度上解释假设B3。

结果表明，基金会年初投资金额占总资产比例越高，组织评估等级趋向于更高（$B=0.009$，$p<0.05$）。

表8-4　以组织评估等级为因变量的回归分析

模型	非标准化系数		标准化系数	*t*	*Sig.*
	B	标准误差	试用版		
（常量）	0.822	0.232		3.540	0.001
投资收益	-0.000 000 043 22	0.000	-0.091	-1.104	0.271
商品销售以及提供服务收入	-0.000 000 036 18	0.000	-0.060	-0.886	0.376
年初投资金额占总资产比例	0.009	0.004	0.148	2.064	0.040

（续上表）

模型	非标准化系数		标准化系数	t	Sig.
	B	标准误差	试用版		
政府补贴收入	0. 000 000 298 6	0. 000	0. 106	1. 557	0. 121
捐款收入	0. 000 000 002 903	0. 000	0. 261	2. 397	0. 017
工作人员中专职人员所占比例	0. 009	0. 003	0. 200	2. 912	0. 004
年初总资产	−0. 000 000 000 394 8	0. 000	−0. 038	−0. 325	0. 745

注：因变量为组织评估等级。

经过上述分析，假设 A1、A2、A3、B3 成立，这在一定程度上说明基金会的市场化集资手段对其自身发展是存在作用的。

同时，本书研究数据库存在一定的局限性，会导致结果存在误差。第一，本书所选取的数据库的数据来源是广东省基金会 2020 年度年报数据，不能代表全国基金会情况；第二，当前大部分在进行市场化转型的基金会仍处于初期探索阶段，对于市场化相关手段，包括市场化集资手段与自身组织如何结合发展仍未有一个明确的答案，因此在此时期的基金会数据可能无法很好地体现出基金会市场化对组织自身发展的真正影响。

8.4 讨论

本书的研究结果表明基金会市场化集资手段在一定程度上确实能够对组织发展产生影响。尤其是在基金会的公益事业支出上，市场化集资手段能够为基金会筹集足够的资金，从而花费在公益事业上，以更好地履行其社会公益职能。因此，基金会市场化集资手段，如投资收入、商品销售收入、提供服务收入都能够成为基金会拓宽资金来源的有效新渠道。

同时，在本书研究过程中，以广东省基金会的数据为样本，我们可以明显发现，中国基金会采取市场化集资的手段仍处于初级阶段，大部分基金会只从投资方面来看，还是持有比较保守的态度，从而平均年初投资占比仍处于一个较低的水平。可能的原因有以下两点：

第一，大部分基金会其实还保留着原有的发展模式，对非营利组织进行市场化集资的理念还未接受，且在现有基金会生存环境下，资金管理体制改革存在一定难度，大部分基金会都不想成为第一个吃螃蟹的人。廖建军在他的研究中提到由于我国基金会管理条例明确规定，基金会修改章程、年度工作报告等要经业务主管单位审查同意，这表明基金会的管理和运作受到很多行政管理模式的影响，造成基金会的市场化程度低，管理及运作效率低。① 因此，行政过程的烦琐与政策背景，使基金会各方面的市场化转型，包括集资采取市场化手段的管理体制改革存在着现实的阻挠。

第二，大部分基金会无法承担市场化集资手段带来的资金风险。政府虽允许基金会通过投资等方式来增值保值资金，但由于没有相应的政策支持，使得基金会需要独自承担市场化集资手段带来的相应风险。而基金会缺乏市场化集资手段的相关专业人才，苏程程在对基金会市场化运作进程的研究中提出，目前我国基金会资金运作的现实之一在于，基金会现有的成员往往缺乏专业的投资理财背景，在进行项目决策时容易产生误区，很难做出正确的决策。② 倘若投资失败，一是基金会的公信力将会下降，因为原有资金的亏损而遭到外界主体对组织进行公益事业服务的质疑；二是会对组织造成实际的资金损失，从而导致组织发展受挫。

因此，基金会采取市场化集资手段任重而道远，仍需要基金会不断地积累实践经验和完善与规范相关资金管理体制，也需要相关行政部门的支持与推动。

① 廖建军. 我国慈善基金会的现状与发展研究——以慈善基金会参与新冠肺炎疫情救助为视角［J］. 新经济，2020，532（8）：8 – 16.

② 苏程程. 中国公益性基金会市场化运作研究［D］. 南京：南京大学，2015.

9 我国非政府组织社会企业项目运营的困难及对策

——以 LK 机构为例

9.1 研究背景及意义

随着政府财政支持的逐渐减少、民间个体与企业的捐赠逐渐下降以及非营利领域的竞争日益增强，非营利组织不得不改变传统的运作模式，重新开辟一条新的运营道路，来支撑组织自身的发展与生存。在市场经济机制的不断影响下，非营利组织逐渐关注到了企业所运用的商业运营手段，在 20 世纪 80 年代，非营利组织便开始了市场化运作模式，以商业手段来赚取组织发展所需要的资金。

本书的研究意义在于，非营利组织是以解决社会问题为目标，不以营利为目的的第三方部门，相对于政府与企业来说，它最了解社会大众的实际需求。社会中存在着各种各样的问题，而所要帮助的群体也有数种类别。单单依靠政府的力量来解决这些社会问题是不够的，毕竟政府的首要任务是顾及国家大局，而且政府的资源也非常有限，因此难免会顾及不到社会中的某部分群体或问题，非营利组织就是担任帮助政府去解决一些未被顾及的社会问题的角色。非营利组织的市场化运作模式有助于解决其资金短缺的难题，而促进非营利组织的发展又有利于社会的稳定与和谐，因此，提高非营利组织在市场化运营的成效对社会的发展有着重要意义。

9.2 研究内容及方法

本书的主要研究内容是分析我国非营利组织在市场化运营中所遇到的问题。本书先是解释非营利组织市场化的定义、兴起原因以及提到了一些相关的理论基础；接着第四部分便开始对案例进行分析，首先主要是介绍了利康（LK）机构的发展历程以及其发展现状，其次就是分析其市场化运营的模式以及在运营过程中所遇到的一些困难，然后探讨是什么因素导致了这些问题的出现，再针对这些因素提出一些提升该中心市场化运营成效的对策建议，同时借此案例来启示中国其他的非营利组织。而核心内容就是通过 LK 机构的实际案例来进行探讨，针对 LK 机构在市场化运营过程中所遇到的困难，总结出其在市场化运营中有哪些方面是需要改善的，同时机构外界又有哪些方面是需要改进的，最后再针对这些问题提出一些对策建议。

为探讨这一专题，笔者选择采用案例分析的方式。另外，笔者还通过访谈以及参考 LK 机构的官方网站等途径来获取案例的资料。

9.3　文献综述

在当今社会，由于非营利组织的竞争逐渐增强，获得政府、企业及私人对其的资助也越来越少，这导致非营利组织的资金缺乏问题越来越严重，使其不得不另寻出路。本书所探讨的非营利组织市场化运作在学术界中也算是热门话题，其市场化的运作模式也吸引了不少学者的关注，有不少学者就非营利组织市场化运作的各方面发表了文章。本书主要选取的一些文献是专门对非营利组织市场化运营进行研究的，其涉及的内容包括非营利组织市场化运作的动因及风险、公共责任现实机制、外界存在的问题及对策、组织内部的财务管理和营销管理等。这些文献的共同点是支持非营利组织进行市场化运营，笔者认为非营利组织的市场化运作能够帮助其解决资金缺乏的难题，使其能够更好地发展下去，但在此发展过程中也存在着各方面的问题。笔者致力于研究这些问题并提出一些措施建议，使非营利组织在市场化运营的道路上发展得更好，而这也是笔者所研究的意义。

9.3.1　非营利组织市场化的概念

非营利组织市场化是指其运用商业运营的手段来开辟新的资金源渠道，采用商业企业的管理运营手法来运作组织，从而实现资金自给自足的愿望。虽然说非营利组织市场化采用了商业企业的运营手法，但是它与营利企业还是截然不同的，因为非营利企业最终的目标不是利润最大化，而是要解决社会问题，而它所赚取的利润也不会用作个人利润收入，而是会再次投入公益服务和该组织中去维持组织的稳定生存。① 弗斯顿伯格讲过这么一句话："现代非营利机构必须是一个混合体：就其宗旨而言，它是一个传统的慈善机构；而在开辟财源方面，它是一个成功的商业组织。当这两种价值观在非营利组织内相互依存时，该组织才会充满活力。"

9.3.2 非营利组织市场化的起因

在非营利组织竞争的增长以及财政危机的影响下，非营利组织获得的政府、企业以及私人的支助越来越少，这导致非营利组织面临着资金短缺的问题。② 根据清华大学 NGO 研究所在 2000 年对全国团体组织的抽样调查，"缺乏资金"是非营利组织所面临的诸多困难中最常见的一点，而根据清华大学 NGO 研究所的另一项研究，该研究所于 1999 年在全国范围内对非营利组织进行调查，发现在非营利组织的平均收入结构中营业性收入仅占了总收入的 6%。另外，根据公共产品理论③：社会产品可被分为公共产品、准公共产品以及私人产品。而非营利组织提供的主要是准公共产品，其具有不完全竞争性或不完全排他性。按照受益原则和市场化运作方式，非营利组织可以向受益人收取一定的费用，作为偿还部分产品成本的资金，为社会公众生产出更多的准公共产品，从而提高资源的配置效率。

9.3.3 非营利组织市场化的理论基础

对于非营利组织的市场化运营，根据一些学者所提出的理论我们可以更进一步地了解到非营利组织市场化运营的必要性。④ 在古典政治经济学的创始者亚当·斯密提出的"市场失灵"（即无法通过市场这只无形的手对社会的稀缺资源进行有效的分配，需要政府的介入与干预）以及美国经济学家伯顿·韦斯布罗德提出的"政府失灵"（即政府所提供的公共物品无法满足不同特质的群体）的基

---

① 张玉磊. 困境与治理：非营利组织的市场化运作研究［D］. 济南：山东大学，2008；弗斯顿伯格. 非营利机构的生财之道［M］. 朱进宁，赵永仁，程尔晋，等译. 北京：科学出版社，1991：77.

② 祝建兵，陈娟娟. 非营利组织市场化的动因与风险规避［J］. 广东行政学院学报，2007（3）：73－77.

③ 张玉磊. 论非营利组织的市场化运作：理论基础与现实问题［J］. 山西财政税务专科学校学报，2007（5）：63－66.

④ 王名. 非营利组织管理概论［M］. 北京：中国人民大学出版社. 2002：67.

础下，萨拉蒙根据其在欧美发达国家考察中所获的资料，发现非营利组织也存在一些局限性。比如，这些组织会在志愿活动过程中出现故障而导致其无法起到有效的资源配置作用。由于满足不了社会的需求，其陷入了供给与效率的困境中，这就是所谓的“志愿失灵”。①

萨拉蒙提出的“志愿失灵”充分地阐释了非营利组织若一味地按照传统的管理运营模式是永远不能满足社会需求和发挥它的价值的，所以，非营利组织市场化是一场势在必行的改革，随着社会的不断发展，只有脱离陈旧的运营机制，非营利组织才能有机会摆脱“志愿失灵”这个噩耗，从而开辟出一条适应市场需求的新道路。

9.4 LK 机构的概况

9.4.1 发展历程

LK 机构是由广州市残疾人联合会与香港利民会合办的一家社区康复服务机构，它的服务对象主要是精神病患者的家属和精神状态处于康复期间的精神病患者，该机构所提供的服务包含家属服务、为精神病康复者而设立的康复、工作训练服务、康乐及社交服务等，而这些服务都是免费为这些服务对象所提供的。LK 机构原本的名字是“LK 家属资源中心”，它于 1998 年成功将香港利民会的精神康复服务的丰富经验引入组织中，并在嘉道理慈善基金会的拨款资助下建立起来。该中心在 1999 年 2 月便开始了投入服务的历程，并于 2007 年 5 月成功办理了民办非企业单位的登记注册，并且在过后几年，“LK 家属资源中心”在获得荔湾区民政局的批准后于 2016 年 4 月 11 日改名成今天的“LK 机构”。

这家社会工作服务中心存在的意义就是倡导一个平等、尊重、接纳的社区环境，使得精神病康复者以及其家属能够无障碍地参与一些社会服务。而服务中心的使命就是：促进精神病康复者与“病”同行，融入社会。

LK 社会工作服务中心开展的项目也曾荣获过一些奖项，比如在 2012 年，荣获“首届全国优秀专业社会工作服务项目”奖，这也说明，在中国内陆范围内就社会服务这一领域来讲，LK 机构已经算是小有成就的非营利组织了。

---

① 萨拉蒙，索可洛斯基，等. 全球公民社会：非营利部门国际指数［M］. 陈一梅，等译. 北京：北京大学出版社，2007.

目前来说，LK 社会工作服务中心有三个分区项目，它们分别是社区精神康复综合服务（海珠区）项目（海珠区精神康复综合服务中心）、春晖庇护工场学员社工服务、广州市荔湾区利康心驿服务（荔湾区精神康复综合服务中心）。

社区精神康复综合服务（海珠区）项目（海珠区精神康复综合服务中心）是运用社会工作的方式，通过专职社工，为居民、精神康复者、怀疑有精神健康问题的人士及他们的家属或者照顾者提供社区康复训练、心理疏导、事前预防、危机介入、实时支援以及个案跟进服务一站式的社区精神康复支援及康复服务。它建立社区精神服务网络，填补社区精神康复服务的空白，对接现有的精神疾病防控体系，增加社区精神康复服务资源。海珠区精神康复综合服务中心的主要服务对象是居住在广州市海珠区的持有《中华人民共和国残疾人证》或符合以下要求的精神病康复者：①离开精神病院三个月内的精神病康复者；②出院三个月以上在社区居住且病情稳定有接受精神科免费门诊资助的精神残疾人；③社区内疑似精神病居民、受精神康复问题困扰的居民以及其他对精神健康知识有进一步了解需要的居民；④精神病康复者家属或照顾者。而服务的主要形式则有外展探访、个案辅导、社交康乐、社交能力训练、职业技能训练、评测转介等。

春晖庇护工场的工作以康复者工作训练为主。学员们工作之余，也渴望拥有一段健康快乐的时间，渴望参与一些与工作无关的活动，因此，LK 社会工作服务中心承接了春晖庇护工场的社工服务，开展了一系列的兴趣小组、主题小组等，从而提升学员的自我价值和自我照顾能力，拓宽学员的生活圈子和加强其社交网络。此外，春晖庇护工场还专门设有精神病康复者家属的服务。在有精神病患的家庭里，照顾患者的责任绝大多数由女性成员来承担，她们不仅承受着巨大的照顾压力、心理压力和经济压力，还因为需要照顾病患而被迫辞职，以及因外界对精神病患的舆论压力而陷于被孤立无援的境地。她们常常因为得不到家人的理解和支持而感到无助和委屈，此外，她们还不懂得如何去照顾精神病患，纵然尽心尽力，但也劳神劳心。因此，该项目将通过链接资源、构建社会支持网络等手法，使女性照顾者有效地发挥自身的优势和运用身边的资源来减少医疗开支，释放心理压力，学习照顾技巧和健康养生知识，使她们能够更加轻松有效地协助病患康复。

广州市荔湾区利康心驿服务项目运用 LK 社会工作服务中心在社区精神康复服务的丰富经验及服务理念，为精神病康复者家属提供专业的服务支持，提升精神病康复者生活质量和对生活的满足感，从而更好地融入社会，促进康复者病情的稳定及康复。他们有足够的服务资源，配备了专职社工、活动助理、心理咨询师以及康复治疗师等。

9.4.2 发展现状

针对本书的问题研讨，笔者找到中心负责人李先生做了一个专访，在访谈过程中，笔者了解到了中心目前的一些状况。LK 社会工作服务中心已有十多年的经验了，组织的内部管理相对来说算是比较稳定的。而在资金源方面，目前中心有相当一部分的资金来自政府的资助，通过投标项目获取政府对其项目所资助的资金。此外，LK 社会工作服务中心还采取了市场化的运作模式来运营组织，即通过运用商业手段，出售服务对象所生产出来的一些产品来获取一些资金。中心找到了一些合作商，因此，目前中心的产品以批量生产为主。换句话说，对于这些合作商来说，中心目前充当着产品生产厂家的角色，但与普通的以营利为目的的厂家有本质上的不同。普通的生产商以利益最大化为目标，并将获得的收益全部用作个人利益与个人分红，但 LK 社会工作服务中心最大的目标是帮助精神病康复者重新融入社会，掌握一些职业技能，以实现自力更生的愿望，其所获取的利润不是用于组织管理层的个人利益的，而是将这些利润再次投放到组织中，储备更多的资金来研发，从而帮助更多的精神病康复者。中心生产的产品种类也非常多，有杯垫、万能收纳夹、手织吊饰、绣画等，还有产品设计、制作材料等。对于一款产品的生产，中心的工作人员经过了多方面的考虑才定样板，而需要考虑到的因素首先是该种产品制作的难易程度、材料的选择（针对产品本身的质量）、形状颜色等方面的设计、运输的难易程度等。中心的负责人李先生讲道：“就杯垫而言，我们都做过十几代了，而这十几代的杯垫其实就是中心生产杯垫不断完善过程的一个实物体现。我们根据每做出来的一代杯垫所存在的一些瑕疵，来选择下一代杯垫的材料、形状、颜色等，同时，在生产了几代的杯垫之后，有些学员还想到了其实杯垫可以有不一样的图案或颜色等的设计，有许多小创意，比如杯垫的图案、颜色都是学员们自己提出来的。他们通常会先自己做出一个小样来给我们看，因此可行性也是非常高的。有很多时候是因为社会将这类群体标签化而没有给他们一个好的机会、好的平台来让他们发挥自己，但当你给机会他们发挥的时候，往往有很多创意是我们所意想不到的。”

这些精神病康复者其实跟普通人没什么区别，只是他们比普通人要多做一件事，就是要定时服药，他们也会非常听话地按时服药，其精神状态是很稳定的。无奈的是，这个群体被标签化了，且大部分人对这一群体并不了解，所以会造成外界对他们产生偏见。但通过这些项目，你会发现，其实他们是有能力去胜任这些工作的，他们有部分人在某些方面甚至比普通人做得更好、更专业。LK 社会工作服务中心开展这些项目的核心目的是帮助这一群体，消除社会对他们的误解与偏见，帮助他们一步一步地再次融入社会。由此可见，中心目前的发展状况还算是稳定的。

9.4.3 LK 机构市场化运作的概况

1. 中心市场化运作的原因

随着非营利组织领域竞争的不断增长，非营利组织所能得到的政府拨款、基金会资助以及私人或企业的捐募越来越少且不稳定，这种情况在广州市范围内也越加明显。虽然 LK 社会工作服务中心主要依靠政府拨款，但是政府微薄的资金是不足以支撑起整个组织的发展的，因为政府近些年来也不断受经济危机的影响，要承受巨大的财政压力，因而减少了要投入非营利组织的资金，这导致 LK 社会工作服务中心不得不去寻求新的资金渠道，因此，除了政府的支助以外，LK 社会工作服务中心也结合了市场化运作模式来为组织获取更多的运营资金。

2. 中心市场化运作的模式

上文也有讲到，所谓的市场化运营模式就是利用营利企业的商业手段来获取组织的投入资金。中心最近生产了一些皮制品（万能收纳夹、小皮包、护照外皮等）和绣画等，而这些不同类型的产品由不同的商家下单，因此它们是批量生产的，而且，每一类的产品都有很多不一样的款式，因为中心主张让学员们自由发挥，设计出不一样的款式，这也是该中心产品的一大特点。其实，这些产品从设计（部分服务者）、生产、包装到运输的整一条流水线都是由中心的服务对象所完成的，而且他们完成的效果也很不错，中心会根据每个人的特点和情况来分配工作。当然，在产品的设计与教学方面也不是全由康复者们来担任，多数是由一些参加志愿活动的志愿者们来做的。由于这些志愿者们的最大目标是帮助这些服务对象而不是薪酬，因此，这些志愿者们的酬劳不会很高，这也帮助中心节省了开支。

当这些产品换来了收入时，中心会将 30% 的收入分配给生产这些产品的康复者们，将 40% 的收入再次投入组织中来运营，剩下 30% 分配给其他工作人员。

总的来说，LK 社会工作服务中心在市场化运作中，除了进行产品零售义卖以外，更注重于与其他商家合作，充当一个“产品供应商”的角色，因为如果仅仅依靠零售义卖的话，其实所能获得的利润非常少（比如一天下来，生产某类产品的康复者也许只能获得 2～3 元的收入），在这个物价水平如此高的社会中，这一点点的收入对于这些康复者来说根本起不了很大的作用，而且一天 8 小时的工作量对康复者来说太繁重了。面对这样的问题，中心的社工们便想办法提高产品的价值，这样做并不是为了让他们自己的收入更高，而是为了辛辛苦苦生产这些产品的康复者能有更好的酬劳。因此，中心便着力寻觅有意合作的商家，将产品的生产方式扩展到批量生产，这种市场化运作模式不仅为康复者提供了更好的薪酬，还能有点剩余的资金投入组织的运营中，支撑中心的稳定发展。

3. 中心市场化运作的困境

虽然市场化运作模式使 LK 社会工作服务中心具备了自力更生的能力，但中心在进行市场化运作中也还是面临着一些困境的，毕竟它在这方面还处于初步发展阶段。在前文中笔者也有讲到，目前中心正与一些商家合作，但是究竟是什么吸引这些商家来与中心合作呢？除了中心本身的意义以外，当然就是中心的产品了。当你想要吸引更多的商家来与你合作，你的产品就是一个很重要的决定因素，产品的创新性、质量等都影响着这一切。如今社会最重要同时也是最难的就是创新创意，同时，在市场化运作的道路上，LK 社会工作服务中心的竞争对手不仅只有非营利组织，还包括政府与营利企业。在这激烈的竞争下，项目与产品的创新要求就更高了。

另外，中心目前的工作人员都是社工，大家都没有商业管理运营的经验，也不懂专业的营销策略，因此在市场化运营的道路上，中心目前也只能自己去慢慢摸索。在市场化运营的过程中，因为是以一种商业的手段来运作的，当中所能赚取的利润对于中心领导者来说是一个非常大的诱惑，面对市场上的这些诱惑，若领导者们不能坚守初心，组织的性质便会因此而变质（事实上有不少非营利组织的领导者因不能守住初心，抵受不住诱惑而使组织变质），因此，这对于中心的领导者们来说也是一种压力。此外，中心的市场化运作还会受到外界的误会，在面对内部与外部市场压力的同时，还要承受一些社会舆论压力，这使得 LK 社会工作服务中心在市场化运作的道路上更加艰难。

9.5 LK机构市场化运作困境的原因分析

9.5.1 外部因素

在市场化运作的道路上，LK社会工作服务中心面临的其中一种压力来自市场。中心以商业运营的方式来为组织与康复者们获取更多的资金，这就意味着LK社会工作服务中心已经走进了市场，虽然它的性质与普通的营利企业不一样，中心依然是以解决社会问题为目标，但是由于其已经在市场上开始运作，这给普通的营利企业带来了不少的压力，因此，中心的竞争对手已不再只有非营利组织，还包括了政府与企业。

对于中心的领导者面临着社会上各种各样的诱惑，其更容易导致组织性质变质的这一困境，政府是有着很大的责任的。如今社会上会有那么多非营利组织在进行市场化运作中由于抵受不了诱惑而使组织变质，其实就反映出了政府对于非营利组织的市场化运作的监管力度非常不足，没有相关的法律法规来限制以及监管。在如此宽松的环境下，组织的领导者们在面临这么多的诱惑时，一下子走错了路也是不出奇的。

除了面对市场带来的困难以外，社会的舆论声音也会给中心带来不少压力。之所以外界会有舆论、误会这些组织，其实最主要的原因就是大部分的人不了解甚至不懂非营利组织市场化运作，他们只看到了非营利组织市场化运作和普通的营利企业都是为了赚取更多的收入，将其混为一谈，却忽视了这些收入的用途是什么。部分群众将非营利组织市场化运作和营利企业这两个概念混淆了，导致了社会某部分人对中心的误解。

9.5.2 内部因素

对于LK社会工作服务中心在市场化运作的发展道路上所遇到的项目（产品）创新难的问题，其实主要是因为目前设计这些产品项目的人群本身并不是相应的专业人士，平时的产品设计多数是由社工、康复者以及志愿者们来做的，这导致了中心在面对市场的激烈竞争时，产品及项目的创新程度面临很大的挑战。

此外，由于中心目前仍然处在市场化运作的初步阶段，中心本身没有太多的市场化运作经验。在市场化中，产品的营销策略及运营管理中心的对策是至关重要的，而中心的工作人员缺乏产品营销以及以商业化方式来运营组织的经验，这就削弱了中心的竞争力了。

另外，对于组织的领导者们在市场化运营的道路上面对着许多诱惑，这除了要依靠政府的监管以外，组织的领导者本身的想法也起着决定性作用。毕竟在一个宽松的环境下，面对这么多诱惑，人是很容易被诱惑所迷惑的，进而把自己的初心遗忘得一干二净。

9.5.3 小结

综上所述，若想要使 LK 社会工作服务中心在市场化运作的道路上能够更好地持续发展下去，就必须关注其目前所面临的一些困境。对于中心本身来说，它们需要在项目产品创新、中心的运营管理模式、产品的销售策略的内部问题上针对性地实施一些对策。还有中心的每一位工作人员在市场化运作的过程中，要时刻提醒自己，不忘初心。此外，除了中心内部需要改善以外，外界也需要做出一些改善，才能够使非营利组织在市场化运营的道路上走得更远。为了避免再出现非营利组织的变质，政府对于非营利组织的市场化运作也需要加强监管力度，同时还需要加强宣传介绍，减少外界对非营利组织市场化运营的误会，为中心（或其他非营利组织）提供一个健康良好的环境，才能让它们达成自给自足的愿望。

9.6 提升非营利组织市场化运营的建议

9.6.1 对 LK 机构提升市场化运营的建议

根据前一部分对 LK 社会工作服务中心目前在市场化运营道路上所遇到困境的原因，我们可以总结出一些相应的对策。对于中心内部的对策，有如下几点措施可以参照：①针对项目产品创新难的问题，我们可以借鉴香港非营利机构的一些做法，比如，它们会让一些读设计等专业的学生到组织里制作自己的作品（而这些作品其实是学校给学生布置的一些任务），学生会担任导师的角色来教导组织服务对象去制作作品，这样作品的个性与创意就变得多样化，既可以让学生积累更多的社会实践经验，又能帮组织省下一笔导师资金。而生产出来的这些产品会由组织服务对象亲自销售，这样还能让组织服务对象有更多的机会去接触外界，让他们能够慢慢地融入社会，也让更多人关注他们。②对于中心内部的管理问题，中心应当完善理事会制度的具体措施①，因为其对于保证中心充分完成使命、确保中心能够在法律范围内运作发挥着决定性的作用。因此，必须通过理事会将治理层和管理层、决策层和执行层分开，这样才能避免中心的性质发生变异。③针对工作人员缺乏商业运营经验的问题，中心可以把握与一些非营利组织市场化发展成熟的国家或地区的交流机会，主动去借鉴了解，积累更多的运营经验。④在面对利润诱惑的问题上，中心应当着重关注中心的财务管理②，因为有效的财务管理和规则，可以防止组织内部工作人员的腐败以及组织核心目标的变质。因此，应当在预算管理、收入与支出管理和结余及其分配管理等方面加大违规处罚力度。

除了中心内部的应对措施以外，外界也需要改进一些地方，而对于外部的应对措施有如下内容：①首先政府应当强化其对非营利组织市场化运作的监管力度③，比如可以建立一些监督制度与信息披露制度，同时还应当制定一些非营利组织市场化运作的价格规定，对其所进行的市场化活动进行法律约束，以防止非营利组织在市场化运作的过程中做出一些非法或者违背非营利组织本质的行为。②对于社会公众的声音，为了减少其对非营利组织市场化运作的误会，政府应当加强非营利组织市场化概念及核心目的的正确宣传，使社会公众能够将营利企业与非营利组织的市场化运作区分开来，为其建立一个良好的发展环境。但需注意的是，这样做并不代表社会公众就没有监管的责任。公众需要知道非营利组织市场化概念的同时，也需要承担对其的监管责任，这样才能够进一步防止非营利组织性质的变质。

9.6.2 对国内非营利组织市场化提升市场化运营的启示

综合上文针对 LK 机构在市场化运营道路上遇到的困难所提出的对策，我们可以以这一例子来启示我国其他非营利组织市场化的发展。目前，我国非营利组织在市场化的发展中所遇到的问题大致上是相同的，要促进其在市场化道路上的发展就必须从组织内部到组织外部都进行一些改善。比如，对于组织内部的措

---

① 刘向红．我国非营利组织营销管理问题研究［J］．现代企业教育，2013（2）：123－124.

② 傅璟．浅议非营利组织财务风险管理［J］．知音励志，2016（35）：255－256.

③ 张玉磊．市场化运作背景下非营利组织的公共责任实现机制探析［J］．广东青年干部学院学报，2007，21（4）：58－61.

施，组织本身应当注重解决在管理运营、项目产品创新以及法人对组织的性质界定等方面所遇到的问题。当然，具体的措施还是要结合该组织自身的特点来制定。

同时，对于组织的外部环境，最为重要的还是政府的支持与监管力度。如今不少非营利组织的性质发生变质，很大程度上是因为政府的监管力度过弱，在监督制度、信息披露制度、价格规定和相关的法律规定等方面没有完善好，为此，政府应当注重完善上述几个方面的工作。与此同时，社会公众的监管责任也是不可或缺的，公众除了要正确知道非营利组织市场化的意义，还应当加大对非营利组织市场化运作的监管力度，这样才能为非营利组织的市场化运作提供一个健康良好的环境，使其更好地持续发展下去。

9.7 结论

随着非营利组织的竞争不断扩大以及政府因受到经济危机的影响而不断缩减对非营利组织的资金投入，非营利组织必须具备自给自足的能力，而本书所探讨的非营利组织市场化运作就是非营利组织实现自给自足的新道路。虽然市场化运作模式能够帮助非营利组织解决资金不足的困难，但是由于我国非营利组织的市场化运作仍处于前期发展阶段，它们在进行市场化运作的过程中仍然面临着各种各样的问题。

非营利组织是社会不可或缺的一方，因为它最了解社会大众的真正需求，它在解决社会问题中担当着极为重要的角色。换言之，非营利组织的持续发展促使社会构建一个更稳定和谐的环境。因此，完善非营利组织在市场化运作上的发展是不可轻视的工作，而这也是本书的研究意义。

10 行业协会基础能力、活动与影响力的实证研究

10.1 问题的提出

国内关于行业协会影响力的研究较少，本书尝试探讨行业协会影响力与其基础能力和业务活动的关系，分析哪些因素影响行业协会成为有影响力的、成功的组织。

之前的研究较多将行业协会的基础能力与实际能力等同，认为行业协会的收入、资产、人力资源、会员和机构设置状况等代表行业协会基础能力的要素与其实施职能的能力（如业务活动能力）和效果（如行业影响力）密切相关。但是，目前实证研究方面还存在两个比较薄弱的重要问题：首先，表征行业协会基础能力、业务活动能力和行业影响力的要素或指标有哪些？其次，行业协会的基础能力是否一定可以转化为业务活动能力并因此获得行业影响力？本书将尝试回答这两个问题。

10.2 文献回顾

要分析行业协会基础能力、业务活动能力与行业影响力之间的关系，需要界定行业协会基础能力、业务活动能力和行业影响力的含义。

首先，关于行业协会能力的界定和分类，国内外学者根据不同的视角给出了不同的解释（见表10－1）。从既有的定义来看，大部分学者认为行业协会的能力与其业务活动和影响力是紧密联系的。大部分学者认为行业协会的能力通过开展业务活动影响所在行业、相关或相似行业的发展程度和实现组织目标（卫祥云，2004；任浩、李峰，2006；张冉等，2013）。当然，一些学者也认为行业协会的能力是在开展业务活动中体现出来的运用各种社会资源和处理与利益相关者关系的能力（康晓光，1997；沈亚平、陆明远，2006；林闽钢，2007）。而国外学者则从组织管理、组织活动、组织资源和组织影响力等多维角度考量组织能力（Paul Connolly，2002；Carol J. De Vita & Cory Fleming，2001）。

表 10－1 行业协会能力的界定

学者	视角	主要内容
卫祥云（2004）；任浩、李峰（2006）	组织影响力视角	对所在行业的影响力（即从事业务范围内工作和开展业务范围内活动所达到的影响广度和深度）及在所在行业、相关行业和相近行业中的知名度
康晓光（1997）	组织资源获取视角	动员多种社会资源（如社会、政治、国际、志愿者资源等），实现协会宗旨的能力
沈亚平、陆明远（2006）	组织核心能力视角	推动组织发展运用的独特技术、服务项目和营销手段
林闽钢（2007）	社会资本视角	与组织利益相关者（如政府、企业和社会公众）的合作能力及在组织利益相关者中的公信力
张冉等（2013）	组织管理学视角	履行组织职能和实现组织宗旨的综合性能力
Paul Connolly（2002）	多元化和可持续发展视角	组织使命与战略；项目活动及影响；战略关系、资源开发、内部运作和管理
Carol J. De Vita & Cory Fleming（2001）	非营利部门整体化视角	组织使命与宗旨、组织领导能力、组织资源、组织延伸、组织产品和服务

资料来源：张冉. 行业协会能力建设［M］. 上海：上海交通大学出版社，2013.

其次，关于行业协会活动的讨论主要与其职能联系起来。按照 Doner 和 Schneider（2000）的观点，行业协会的功能可划分为弥补“政府失灵”的功能和弥补“市场失灵”的功能。相对应地，行业协会的业务活动可划分为市场支持性活动和市场补充性活动。张冉等（2013）认为信息服务、获取资源等补充市场功能的活动可归为市场补充性活动，而反映行业诉求、制定行业规范与协调行业发展等可归为市场支持性活动。此外，有些活动如自律建设和国际维权具有弥补“市场失灵”与“政府失灵”的双重功能。一般认为，财力、人力和物力等基础能力较强的组织在发挥职能和开展业务活动方面具备优势。但是，现实中，有不少行业协会表现出较强的基础能力要素，但其业务活动开展的种类单一、数量较少和质量较差。这里有两个基本问题需要讨论：第一，行业协会的基础能力是否和行业协会业务开展情况相关？第二，如果行业协会的基础能力并不一定能保证其开展高质量的业务活动，原因是什么？

最后，目前较少文献讨论行业协会的影响力。张冉等（2013）认为行业协会对政府政策制定和会员企业发展的影响程度决定了其影响力大小。这种影响力的界定与行业协会的组织目标相关，也与行业协会的宗旨和使命相关。但是，哪些因素促成行业协会成为有影响力的组织？这些因素如何发挥作用使行业协会成为有影响力的组织？是否行业协会的基础能力越强、开展的业务活动越多，其影响力就越大？这些都是缺少实证研究的问题。

既有的文献较难区分行业协会具备发挥能力的要素和实际发挥能力的要素。行业协会本身具备的基础能力如人力、财力和物力等是否或如何发挥作用，使行业协会顺利开展业务活动并成为有影响力的组织是需要讨论的。

10.3 研究方法

本书以广东省 10 家第一批 5A 级全省性行业协会为研究对象，探讨我国行业协会的成功之道。这 10 家行业协会在依法办会、规范运作、发挥作用和产生影响方面都出类拔萃，是成功的行业协会的典范。本书重点探讨这 10 家行业协会基础能力、业务活动和行业影响力三者之间的关系。

本书主要对 2010 年这 10 家行业协会年检报告和评估报告提供的数据进行分析。在文献回顾基础上，本书将 10 家行业协会的基础能力、业务活动和行业影响力细分为 8 个子维度和 13 个具体指标（见表 10－2）。

表 10－2　10 家行业协会基础能力、业务活动和行业影响力要素

维度	子维度	具体指标
基础能力	组织的收入	收入的种类
		总收入
	组织资产	总资产
		净资产
	人力资源	专职工作人员数量
		大专以上学历工作人员的比例
	会员规模	会员数量
		会员数量占所在行业的比例

（续上表）

维度	子维度	具体指标
业务活动	活动的多样性	业务活动涉及的种类
	活动的数量	业务活动数量
行业影响力	会员合作（配合）	会员对协会业务活动的年平均参与率
		会费年平均收缴率
	吸纳新会员	会员的平均增长率（近两年内）

10.4　研究结果

10.4.1　基础能力

1．组织的收入

（1）收入的种类。行业协会的合法收入来源主要有捐赠收入、会费收入、提供服务收入、商品销售收入、政府补助收入和投资收益等。在这10家行业协会中，所有协会都没有商品销售收入；6家协会没有捐赠收入；2家协会没有提供服务收入；5家协会没有政府补助收入；只有1家协会有投资收益；7家协会有其他收入（见图10－1）。

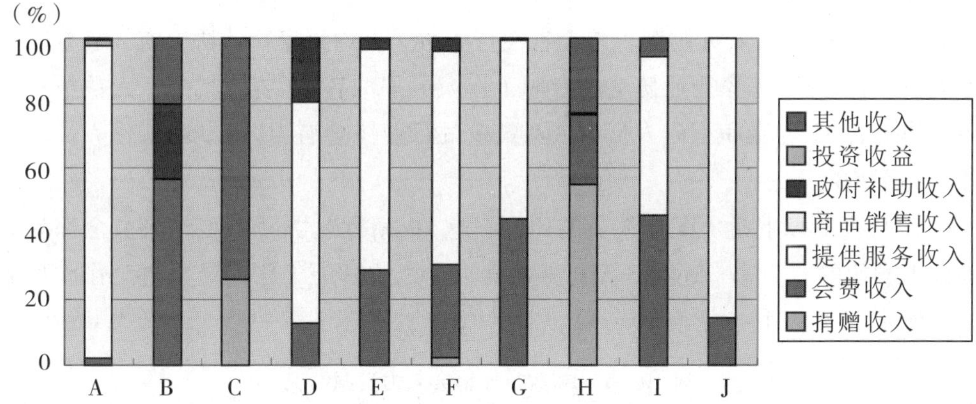

图10－1　2010年广东省10家5A级行业协会收入种类

（2）总收入。总收入合计为5 203万元，平均每家约520万元，是全省性行业协会平均每家协会总收入125.8万元的4倍多。其中，提供服务收入占总收入的比例过半，是行业协会最多的收入来源，其次为会费收入（见图10－2）。

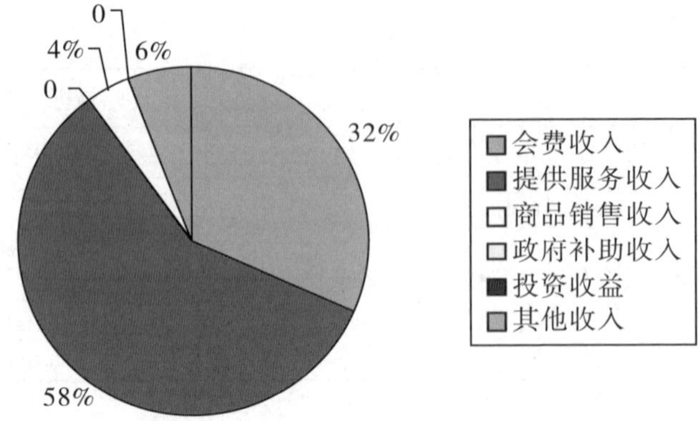

图 10－2 2010 年广东省 10 家 5A 级行业协会收入来源情况

2. 组织资产

（1）总资产。2010 年这 10 家行业协会的总资产约为 6 114.5 万元，平均每家行业协会约 611.5 万元。2010 年全省性行业协会总资产数量排在前 5 位的行业协会中，有 4 家属于这 10 家行业协会。

（2）净资产。从净资产规模看，2010 年这 10 家行业协会总的净资产为3 740 万元，平均每家行业协会约 374 万元，比全省性行业协会平均每家协会净资产 92.6 万元高出 3 倍以上。

3. 人力资源

（1）专职工作人员数量。与全省性行业协会平均每家行业协会有 8 名专职工作人员相比，这 10 家行业协会的专职工作人员平均有 20 名，其中，人数最多的行业协会有 43 名专职工作人员，人数最少的行业协会有 10 名专职工作人员，高于全省平均数。

（2）大专以上学历工作人员的比例。这 10 家行业协会中工作人员全部为大专以上学历的有 5 家，还有 3 家行业协会大专以上学历工作人员数占工作人员数的比例在 75% 以上（见表 10－3）。

表 10－3 10 家行业协会人力资源情况

行业协会	工作人员总数（人）	专职工作人员人数（人）	工作人员中大专以上学历人数占工作人员总数的比例（%）
A	10	10	100.00
B	22	22	100.00

（续上表）

行业协会	工作人员总数（人）	专职工作人员人数（人）	工作人员中大专以上学历人数占工作人员总数的比例（%）
C	18	18	100.00
D	21	15	47.62
E	43	43	100.00
F	22	22	—*
G	11	11	100.00
H	28	26	89.29
I	17	17	76.47
J	30	22	96.67

注：*表示该协会年检报告中未填写大专以上学历工作人员数。

4. 会员规模

（1）会员数量。这10家行业协会平均拥有会员687个，其中会员最多的协会拥有会员1 900个，会员最少的协会拥有会员196个。与广东省206家全省性行业协会平均拥有会员213个相比，这10家行业协会的规模是其3倍多。

（2）会员数量占所在行业的比例。在10家行业协会中，会员数量占本行业比例在60%以下的有6家，会员数量占本行业比例为60%～80%的有1家，仅有3家协会的会员数量占本行业的比例超过80%（见表10－4）。这在一定程度上反映了这10家行业协会的会员覆盖率还不是很高。

此外，这10家行业协会中会员数量多的协会，其会员数量占本行业的比例反而低。对会员数量和会员数量占本行业的比例进行Spearman等级相关分析，发现两者呈显著负相关关系（$r_s = -0.700$，$p < 0.05$）。

表10－4 会员数量占本行业的比例

	会员数量	会员数量占本行业的比例
A	1 900	60%以下
B	1 241	60%以下
C	519	60%～80%
D	415	60%以下

（续上表）

	会员数量	会员数量占本行业的比例
E	308	80%以上
F	453	60%以下
G	451	80%以上
H	768	60%以下
I	196	80%以上
J	621	60%以下

10.4.2 业务活动

业务活动涉及的种类和数量。这10家行业协会在2010年开展的业务活动涉及23个种类（“其他”归为一类），共计208场次。10家行业协会中开展业务活动种类最多的有11种，最少的有4种。10家行业协会所有业务活动中，开展培训场次最多，占业务活动总量的22%，其次为研讨论坛，占13%，第三为商务考察，占10%。可见，这10家行业协会在2010年主要履行市场补充性的职能，而较少涉及市场支持性的活动，即这10家行业协会在承担补充政府职能的工作。

10.4.3 行业影响力

（1）会员合作（配合）。这10家行业协会中，会员参与协会业务活动的年平均参与率达到80%的有7家，还有3家行业协会会员年平均参与率达到60%。此外，10家行业协会会费年平均收缴率达到70%的有5家，达到60%的有4家，还有1家达到50%（见表10－5）。可见，这10家行业协会的行业凝聚力较高，在一定程度上也反映出这10家行业协会开展的业务活动对现有会员有一定的吸引力，会员参与协会活动的意愿和程度都较高。

表10－5 会员参与协会业务活动情况

（单位：%）

	会员对协会业务活动的年平均参与率	会费年平均收缴率
A	80	60
B	80	70
C	80	60

（续上表）

	会员对协会业务活动的年平均参与率	会费年平均收缴率
D	60	50
E	60	70
F	80	60
G	60	70
H	80	60
I	80	70
J	80	70

（2）吸纳新会员。这10家行业协会会员两年内年平均增长率大于5%的有7家，增长率在4%～5%的有2家，还有一家在3%～4%（见表10－6）。

表10－6　会员两年内年平均增长率

	会员两年内年平均增长率
A	≥5%
B	≥5%
C	≥5%
D	≥5%
E	≥5%
F	≥5%
G	4%～5%
H	4%～5%
I	3%～4%
J	≥5%

10.5　基础能力、业务活动与行业影响力三者之间的关系

为厘清这10家行业协会基础能力、业务活动与行业影响力之间的关系，对

行业协会基础能力、业务活动与行业影响力变量进行相关分析。从相关分析的结果看，这 10 家行业协会基础能力变量分别与其业务活动开展情况变量和行业影响力相关，但业务活动变量与行业影响力变量不相关（见表 10－7）。

表 10－7 行业协会基础能力、业务活动与行业影响力的相关分析

基础能力变量	业务活动变量	行业影响力变量		
	业务活动总量	会员对协会业务活动的年平均参与率	会费年平均收缴率	会员年平均增长率
提供服务收入	0.598*			
政府补助收入	－0.765**			
总收入	0.638**			
总资产	0.711**		0.662**	－0.676**
净资产			0.091*	－0.899***
大专以上学历工作人员的比例			0.634*	
单位会员数		0.570*		

注：* 表示 $p<0.1$，** 表示 $p<0.05$，*** 表示 $p<0.01$。

具体而言，这 10 家行业协会的收入变量（包括提供服务收入、政府补助收入和总收入）、总资产与其开展的业务活动总量相关。其中提供服务收入和总收入与业务活动总量呈正相关关系，即提供服务收入和总收入越多，行业协会开展业务活动总量越多。而政府补助收入与其开展的业务活动总量呈负相关关系，即政府补助收入越多，行业协会开展的业务活动总量反而下降。行业协会通过提供服务获得收入，不仅反映出协会在市场上的竞争力，也反映出行业协会自谋生存发展的核心能力，而政府补助收入的多寡反映的是行业协会依靠政府的程度。在这 10 家行业协会中，政府补助收入越多的协会提供业务活动的总量反而越少，这说明政府应该让协会通过市场渠道自谋发展，不应该通过资助等方式让行业协会成为“二级政府”，这样反而不利于行业协会开展业务。这种发展行业协会的思路也符合 2013 年出台的《国务院机构改革和职能转变方案》的相关要求，即“逐步推进行业协会商会与行政机关脱钩，强化行业自律，使其真正成为提供服务、反映诉求、规范行为的主体。探索一业多会，引入竞争机制”。行业协会总收入与总资产这两个综合反映组织财力的变量与其业务活动总量呈正相关关系，这也反映出协会的财力与其业务活动能力密切相关。

协会总资产和净资产与其会费年平均收缴率呈正相关关系，说明协会的财力与协会能否发挥其职能、服务会员等能力相关。会员认同协会，愿意加入协会并遵守协会规定缴纳会费是确保协会有足够资金进行运作的重要因素。但是总资产和净资产这两个变量与协会会员年平均增长率呈负相关关系，即协会总资产和净资产越多，协会会员年平均增长率反而越小。可能的解释是财力雄厚的协会发展会员的意愿比较低，因为这些协会不太担心开展业务活动所需要的资金资源。

行业协会大专以上学历工作人员的比例与会费年平均收缴率呈正相关关系，一定程度上反映出行业协会工作人员资质与其在会员中的影响力相关。此外，行业协会单位会员数量的多寡与会员参与协会业务活动的年平均参与率呈正相关关系，这也反映出行业协会会员的支持程度与其在会员单位中影响力的大小有一定的关系。

10.6　结论

本书通过分析10家行业协会实证数据，探讨行业协会基础能力、业务活动和行业影响力之间的关系。分析结果显示，协会基础能力变量与业务活动变量及协会基础能力变量与行业影响力变量相关，而业务活动变量与行业影响力变量不显著相关。当然，本书仅仅是探讨了行业协会开展的活动种类和数量，并未讨论活动的质量，也未讨论行业协会会员对其开展的活动的满意度。

10.7　研究局限和展望

本书仅仅是根据10家行业协会提供的年检报告和评估报告数据来探讨行业协会基础能力、业务活动和行业影响力之间的关系，研究结果并不能推广到广东省省级行业协会甚至是全国，即研究样本的代表性和结果的普及性都是有限制的。

此外，本书并未采用较高级的统计分析方法，如回归分析和路径分析，主要是基于样本量小可能导致结果不稳定的考虑。因此，研究结果的推论是值得推敲的。若进一步研究，可在扩大样本数量和改善统计分析方法方面改进。

11 政府购买社会服务背景下社会组织性质的社会企业在居家养老中的作用研究

——以广州市天河区居家养老服务示范中心为例

11.1 研究背景

全国人大在《关于应对人口老龄化与发展养老服务的调研报告》中指出，人口老龄化是贯穿我国21世纪的基本国情。按照国际公认标准，65周岁及以上的老年人口占总人口比例7%以上，或者60周岁及以上老年人口占总人口比例10%以上，即进入老龄化社会。国家统计局数据显示，2018年中国65周岁及以上老年人口达1.58亿，占全国总人口的比例为11.9%。据预测，到2033年我国老年人口将突破4亿，到2053年，老年人口规模将达到峰值4.87亿，占比达到34.9%。

传统的家庭照顾功能日渐弱化。在强调子女尽孝、养儿防老的文化背景下，我国一直强调家庭对于养老的重要作用，但由于家庭小型化（“4—2—1”家庭结构）和年青一代生活和工作方式的变化，老年人家庭照顾模式面临着挑战。一方面，老年人口抚养比逐年上升，截至2017年，全国老年人口抚养比达15.9%，这意味子女养老压力大增；另一方面，截至2010年，我国城乡空巢家庭约占50%，半数子女未能与父母同住。

社会养老服务供需矛盾凸显。民政部数据显示，截至2017年，全国各类养老床位合计744.8万张，每千名老年人拥有养老床位30.9张，而《第四次中国城乡老年人生活状况抽样调查》显示，截至2015年，中国失能、半失能老年人已达4 063万人，占老年人口的18.3%，我国养老机构的床位供给远未能满足老年人庞大的需求。

总而言之，在人均预期寿命增长、人口出生率下降、家庭照顾弱化和正式照顾体系不健全等多种因素的共同作用下，空巢、失能、高龄、贫困等现象叠加，中国的老龄化社会问题日益突出，给经济社会发展带来挑战。

居家养老因融合了家庭养老和社会养老两者的优势而在实践中得到重视。2016 年 5 月 27 日，习近平总书记在中共中央政治局第三十二次集体学习时强调，要“构建以居家为基础、社区为依托、机构为补充、医养相结合的养老服务体系”。“十三五”规划纲要明确提出要建立多层次养老服务体系，巩固和加强居家养老服务的基础地位。同时，政府鼓励社会力量参与养老服务的供给，社会组织在健全养老服务体系的过程中发挥重要的主体作用。

11.2　研究现状

国内学界对于社会组织参与居家养老服务的研究起步较晚，但经过近十年的讨论与探索，已在理论研究和实证研究方面产出不少有益的成果。

11.2.1　理论研究文献综述

学者普遍认为，在老龄化社会的背景下，以政府为单一主导的供给模式难以满足巨大且多样化的养老需求，市场提供的养老服务产品因其商业性质而受众有限，同时出现“政府失灵”和“市场失灵”现象，社会组织进入该领域有其现实必要性。对于社会组织参与居家养老服务的理论研究主要集中在政府购买服务背景下社会组织参与居家养老服务的作用与优势以及面临的挑战。

（1）社会组织参与居家养老服务的作用与优势。

周红云、陈晓华和董叶基于湖北省的调查数据进行定量研究，结果表明，居家养老服务对老年人的生理、心理及社会健康均有显著的正向影响（周红云等，2018）。黄少宽认为，参与主体的多元化“能有效地发挥和利用个人、家庭、社区和社会的力量和资源，使老年人的养老服务需求得到保障，同时具有自助活动、心理调适、学习咨询和医疗与照顾功能”（黄少宽，2018）。黄少宽、陈竞等众多学者指出，社会组织在居家养老服务中的实践能在家庭情感纽带和社会交往需要两方面满足老年人的精神需求（陈竞等，2014）。祁峰、贾倩等学者将社会组织参与居家养老服务的独特优势总结为弥补政府服务缺陷、降低养老服务成本和拓宽资金渠道三方面（祁峰，2011；贾倩，2018）。特别地，曲绍旭指出社会组织介入对失能老人照护效果优化具有积极影响，政府服务外包的形式促使失能老年人居家养老服务制度化和专业化的形成（曲绍旭，2017）。

（2）社会组织参与居家养老服务面临的挑战。

陆洁如指出，社会组织在养老服务供给过程中存在政府支持力度不足、社会组织监管体制低效和社会组织公信力建设不足三个阻碍因素（陆洁如，2018）。胡宏伟、童玉林和郭少云指出，在政府与社会组织合作供给居家养老服务的过程中，社会组织作为公共服务的生产者，在运转机制、资源获取和专业化方面面临着困境（胡宏伟等，2013）。从优势视角出发，陈伟和黄洪认为居家养老服务的供给方（通常是社工机构）在对老年人的需求进行评估时，过于重视以风险为导向（risks-led），从而忽略导致个人功能失范的结构性原因（陈伟等，2012）。

11.2.2 实证研究文献综述

对社会组织参与居家养老进行实证研究的文献主要是针对不同地区、不同模式的分析和总结，因各地的经济发展水平和政策选择上的不同而造成明显的地域差异，社会组织在不同的模式下所发挥的作用和面临的挑战也略有不同。以服务供给方的不同为划分依据，可将社会组织参与居家养老服务的模式分为三类：

1. 社会组织框架下由志愿者供给

何燕兰以红十字会在全国7个省份的养老服务试点实践为例，对非营利组织参与养老服务的模式进行研究。在江西和山东两省部分地区，红十字会形成了以志愿服务为依托的城市居家养老服务模式，服务内容包括针对失能、半失能老年人的专业护理，老年人的日常生活照料、身体健康管理及心灵关怀等。作为由非营利组织提供的养老服务，该模式体现了以下四个显著特点：①公益性和救助性。以弱势老年人为重点关注对象，包括高龄、失能和半失能、失智、生活困难、独居等老年群体。②专业性与志愿性。有医护人员背景的志愿者提供专业的护理服务，而非医护人员背景的志愿者则提供生活照料服务。③动员包括资金、志愿者在内的社会资源。④发挥枢纽作用。与直接提供养老服务的社会组织不同，红十字会的服务传递方式主要表现为老年人介护知识的培训和输送。在挑战方面，该模式面临着资金、人员及专业化三方面的困境（何燕兰，2018）。

2. 政府购买服务背景下由社会组织供给

我国城市居家养老服务有由政府出资向社会组织购买服务，街道、社区承办的模式。宁波、舟山市等地的特点是突出对困难老年人的照顾：社区居家养老服务员上门为高龄、独居老年人服务（郭竞成，2010）。启用老年人服务热线，实现紧急求助、帮助定位等功能，其中部分地区面向市内80周岁以上的老年人、低保和失能老年人免费发放含该功能的手机（陈莉莉、曾梓杰，2018）。广州市开展社区居家养老“3 + X”创新试点工作，以助餐配餐、医养结合、家政服务为基本服务，各区、街镇根据辖区实际需求选择若干项目进行试点，政府发挥兜底角色，由社会参与提供专业服务，其特点是政府通过公益创投培育养老服务组织，实现生活照料、心理慰藉、文体娱乐等全方位、多层次的居家养老服务体系（广州市民政局，2017）。

3. 政府统筹下由市场供给

珠海市香洲区政府向符合要求的老年人发放服务券，服务者通过上门为需要特殊照顾的老年人提供服务获得服务券，并到居委会、街道办兑付劳务费（黄少宽，2018）。相似地，上海根据经济水平和身体健康状况对老年人进行分类，并对应不同程度的补贴标准，社区助老服务社按照市场化方法运作，由居家养老服务中心负责服务券兑现与经费结算。该模式的特点是灵活性强，老年人有较大的自由度，按需从供给方处兑换服务。

与理论研究结果相一致，不同模式均面临着资金、人员和专业性的困境。比较而言，更强调以志愿者为供给主体的模式下，社会资本带来正面的资源动员能力的同时，也在一定程度上造成了服务供给的不确定性。政府购买服务模式背景下，社会组织的服务供给水平很大程度上受到政府支持力度的影响，“居家养老服务券模式”则只是部分地区小范围内的试点。

总体而言，学者普遍认为我国现行居家养老资源城乡分布不平衡，社会组织参与居家养老服务缺乏国家层次的标准和规范，但各地方层面的实践形成了丰富的经验，对健全养老体系和应对人口老龄化带来的压力起到了关键作用。

11.3　研究方法

本书主要采取的研究方法为访谈法，以经验成熟度为原则，选取“天河区居家养老服务示范中心”作为案例。作为区级居家养老综合服务平台，该中心曾获“2018 广州慈善榜最具影响力慈善项目”等多项荣誉，国家老龄办、省区市各级领导多次到访指导并给予高度评价，兄弟省市政府部门和同行亦多次到访进行经验交流。此外，中心还获得中央电视台、《人民日报》等多家媒体的正面报道，具有良好的服务质量与社会效应。研究人员到中心进行实地走访调研，运用半结构化访谈的形式对该个案涉及的各方主体进行深入访谈，访谈对象包括天河区居家养老服务示范中心负责人和一线社工、医护人员以及接受由该组织提供的居家养老服务的老年人等。另外，本书还对该中心的项目宣传文稿、项目月报和年报进行分析，从而对服务项目及其所发挥的作用有进一步的了解。

11.4 案例研究

11.4.1 广州市居家养老服务的制度安排与社会组织参与现状

1. 制度设计

广州市政府在2016年12月颁布了《广州市社区居家养老服务管理办法》，管理办法中明确，“社区居家养老服务是指以家庭为核心，以社区为依托，以专业化服务为主要形式，充分利用各类社区资源，为居家老年人提供的社会化服务”。

在机构设置方面，广州市、各区分别设立居家养老服务指导中心，负责辖区内居家养老服务业务的开展。服务设施分为区、街道（镇）和社区三个层级，建设经费和运营经费由区财政负担。在服务内容方面，康复护理、生活照料、助餐配餐、医疗保健、日间托管、临时托养、文化娱乐、精神慰藉、临终关怀、“平安通”等是社区居家养老基本服务项目。在服务供给方面，可以采取政府购买服务方式或由各区、街道（镇）自主供给。在服务评估方面，需由第三方机构对老年人服务需求等级和服务项目进行评估，政府根据服务项目定级结果实行差别化的补贴标准。

广州市的制度设计鼓励社会力量通过公益创投、专项服务购买等方式参与居家养老服务的供给，承接所在区域的社区居家养老服务项目，扶持慈善组织与志愿组织重点为特殊困难老年人提供志愿服务。

2. 申请流程

广州市已建立社区居家养老综合信息服务平台，实行“一门受理”和“一站式”服务，申请人可以登录广州市居家养老网上服务大厅进行申请，或携带相关证件到相应的居家养老服务点，由工作人员现场协助申请（见图11－1）。

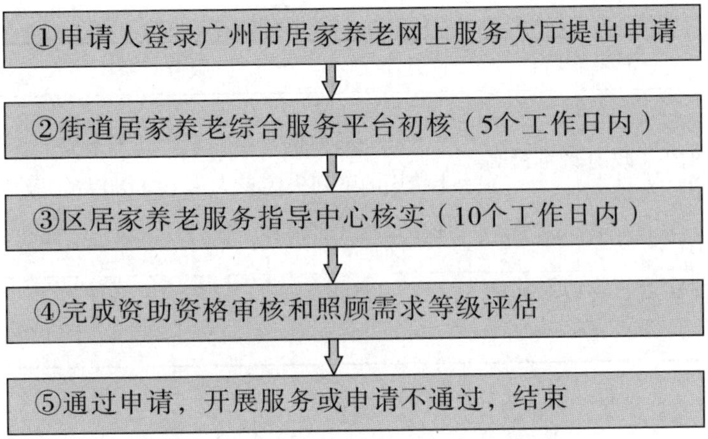

图 11-1　广州市居家养老服务申请流程

资料来源：《广州市社区居家养老服务管理办法》。

3. 补贴标准

居家养老服务对象为辖区内 60 岁及以上的长者，优先覆盖有需要的特殊群体老年人。区财政根据年龄、经济状况、生活自理状况等因素的不同，对服务对象实行不同程度的资助（见表 11-1）。

表 11-1　广州市居家养老服务资助标准

	服务对象
第一类资助对象（政府每月资助 400 元，经评估属于重度失能的，每月增加护理资助 200 元）	1. 城镇“三无”人员和农村五保供养对象 2. 最低生活保障家庭、低收入困难家庭、享受抚恤补助的优抚对象等 3 类人员中失能的 3. 最低生活保障家庭、低收入困难家庭、享受抚恤补助的优抚对象、80 周岁以上的老年人等 4 类人员中独居或仅与持证重度残疾子女共同居住的 4. 曾获市级及以上劳动模范称号中失能的 5. 100 周岁以上的 6. 计划生育特别扶助人员

（续上表）

	服务对象
第二类资助对象（政府每月最高资助 200 元）	本人月养老金低于本市最低工资标准，且自愿负担一半费用的下列失能老人：（1）80 周岁及以上的；（2）纯老家庭（含孤寡、独居）人员
自费购买社区居家养老服务的老年人	

资料来源：《广州市社区居家养老服务管理办法》。

一方面，政府对符合要求的老年人进行资助；另一方面，通过对服务机构运营成本的补助降低服务收费，从而达到适度普惠与保障基本的有机结合，扩大社区居家养老服务的覆盖面。

4. 社会组织参与现状

作为首批试点城市，广州市政府早在 2001 年就开始推出社区居家养老服务，从 2010 年起，广州市启动建立居家养老服务示范中心。这类型的服务中心主要面向长者，由政府出资购买服务，社工机构承接，并且由社工及相关工作人员提供专业的服务。经过十多年的发展，现已形成“区级居家养老综合服务平台 + 街镇级居家养老综合服务平台 + 长者饭堂”这一多层次、全覆盖的服务体系。

截至 2019 年 3 月，广州市全市长者饭堂达到 1 011 个，街镇级居家养老综合服务平台 255 个，覆盖全市街镇、社区（村）。居家养老服务实现线上一站式申请和线下社工协助申请两种途径，居家养老上门服务模块亦已试运行，逐步实现居家上门服务“线上申请—审批审核—确定资助—制订方案—上门服务—打卡结算”的闭环管理。

在资金投入方面，根据广州市民政局 2019 年 3 月公布的信息，广州市 2017 年社区居家养老服务改革创新项目共投入 10 919 万元，其中已使用金额为 6 981 万元，使用率为 64%，政府对居家养老服务体系建设的投入力度较大。

11.4.2 天河区居家养老服务与社会组织参与现状

1. 天河区居家养老服务需求情况

天河区行政区域总面积约 137.38 平方公里，辖有 21 个行政街，占广州市总面积的1.8%。2018年天河区GDP为4 608.8亿元，增长9.2%，总量和增速均居全市第一。天河区高校林立，智力资源丰富，产业呈高端化发展态势，居民人均可支配收入长居全市各区第一位。

截至2018年末，天河区常住人口为174.66万人，户籍人口93.92万人，城镇化率为100%。根据《2015年广州市1%人口抽样调查资料》，天河区老年人口基本数据如表11－2所示。

表11－2 天河区老年人口基本数据

		数量	百分比（%）
60岁及以上老年人口		4 321人	9.81
老年抚养比			12.58
有60岁及以上老年人口的家庭户		2 898户	
60岁及以上老年人口身体健康状况	健康	2 557人	59.33
	基本健康	1 563人	36.26
	不健康，但生活能自理	156人	3.62
	生活不能自理	34人	0.79
60岁及以上老年人口主要生活来源	劳动收入	110元	2.55
	离退休金、养老金	3 730元	86.56
	最低生活保障金	7元	0.16
	财产性收入	51元	1.19
	家庭其他成员供养	357元	8.29
	其他	54元	1.25

资料来源：广州市统计局。

相比于传统老区如越秀区、荔湾区和海珠区而言，天河区的养老压力尚不算太大，但该区对居家养老服务的绝对需求量仍然很大。

2. 天河区居家养老服务示范中心服务供给情况

（1）组织基本情况。天河区居家养老服务示范中心（以下简称中心）属于区级服务设施，是天河区政府、天河区民政局为创新社会管理、探索社会养老服务新模式的重要举措，由广州市天河区嘉禧社会工作服务中心承接运营。中心地处天河区石牌街道，建筑面积为2 000平方米，设有保健康复室、长者日托室、长者食堂、老年大学堂等24个功能室。其中，承接中心的嘉禧社工于2018年被评为5A级社会组织，中心亦在第三方机构评估中获优秀。

中心的宗旨是“敬老为善、助老为乐”，其目标主要有：其一，为社区内有需要的长者提供直接的居家养老、日间照顾、配餐、护理、保健康复、心理辅导与转介、社交康乐活动、老年大学等服务；其二，通过政策宣传及指引，引导符合条件的长者个案获得政策支持；其三，整合区内养老资源网络，逐步构建一个以服务平台为核心、社区居家养老为主体的为老服务网络。

中心的服务对象除了区内60岁及以上的长者外，还包括区内各街居家养老服务机构及其工作人员。

中心2017年末从业人数为29人，服务团队包括专业社工，医生、护士、康复师等专业医护人员，还有高级、中级、初级养老护理员，营养师，厨师等。

（2）组织资金来源。根据嘉禧社工2017年年度报告，中心2017年度总收入为2 313 433.71元，收入来源有四种：提供服务收入、捐赠收入、政府补助收入和其他收入，收入主要来自政府购买服务和捐赠（见表11－3）。

表11－3　嘉禧社会工作服务中心主要收入来源

<table>
<tr><th>序号</th><th colspan="2">项目</th><th colspan="2">金额（元）</th><th>说明</th></tr>
<tr><td rowspan="8">1</td><td rowspan="8">提供服务收入</td><td>居家养老服务收入</td><td rowspan="8">2 183 391.00</td><td>1 600 000.00</td><td>政府购买服务</td></tr>
<tr><td>关爱之家服务收入</td><td>22 000.00</td><td>政府购买服务</td></tr>
<tr><td>公益创投服务收入</td><td>238 360.00</td><td>政府购买服务</td></tr>
<tr><td>示范中心日托服务收入</td><td>5 748.00</td><td></td></tr>
<tr><td>长者关护项目服务收入</td><td>1 595.00</td><td></td></tr>
<tr><td>兴趣班服务收入</td><td>5 891.00</td><td></td></tr>
<tr><td>长者服务收入</td><td>23 950.00</td><td></td></tr>
<tr><td>长者饭堂服务收入</td><td>285 847.00</td><td></td></tr>
<tr><td>2</td><td colspan="2">捐赠收入</td><td colspan="2">99 028.01</td><td>长者关护项目、慢病管理项目、公益创投项目</td></tr>
</table>

（续上表）

序号	项目	金额（元）	说明
3	政府补助收入	30 000.00	广州市福利彩票公益金扶持社会组织发展基金
4	其他收入	1 014.70	利息收入

资料来源：嘉禧社工 2017 年年报。

（3）服务项目与运作效果。中心采取“居家养老 3 + X”服务模式，主要提供“大配餐、医养结合、家政服务、文化养老”四大类五项具体服务（日托服务属于“医养结合”大类）：

①上门家政服务。以不高于市场价收费标准或政府资助标准，提供以下“私人订制”居家养老服务，以提升居家养老长者的生活生命质量：一般家务、生活照料、陪护外出、心理慰藉、送餐上门。

②“大配餐”服务。首先，机构自主经营长者食堂，严格把控食材质量，保证安全卫生。其次，结合社区老年人的健康需求及饮食习惯，采取“三低”烹饪方式，搭配营养丰富的餐饮，提供干净舒适的用餐环境。最后，中心为独居、空巢、高龄且行动不便的老年人提供送餐到户服务。

③日托服务。中心为生活不能自理的老年人提供日间照料，通过康复训练、护理照顾、膳食服务和社交心理支援服务来提高长者活动能力，并使其保持与社会接触。

④医养结合服务。中心为长者提供康复训练和健康管理服务，由社工、医护人员、养老护理员等跨专业团队对长者进行照顾需求评估，给出专业的养老指导建议。

⑤文化养老——老年大学堂。中心开展歌舞艺术类、体育保健类、语言文学类、智能应用类、手工创作类五大类课程，丰富老年人的精神生活，倡导老年人持续学习。

根据嘉禧社工 2017 年年报，中心 2017 年服务项目、服务人次及成效整理如表 11－4 所示。

表 11－4 嘉禧社会工作服务中心 2017 年服务情况

服务内容	服务时间	服务人次	内容介绍及成效分析
老年大学堂	2017 年 1 月 3 日至 2017 年 12 月 31 日	25 800	不仅为选择社区居家养老的老年人提供丰富多彩的兴趣课程，还积极为老年人提供展示才艺的平台，举办大型节庆活动和作品展览等
长者饭堂大配餐	2017 年 1 月 3 日至 2017 年 12 月 31 日	25 319（含 3 119 人次送餐服务）	为社区老年人提供膳食服务，解决老年人吃饭难的问题。针对行动不便的老年人，提供送餐上门服务
日间托老服务	2017 年 9 月 1 日至 2017 年 12 月 31 日	620	中心签约入托 9 位半失能老人，为老年人提供日常护理、健康档案管理、午餐、益智游戏、健康操等日常服务。日间托老服务是居家养老服务的重要方式，为半失能又不想去机构养老的老人提供更理性的选择
上门探访和电话服务	2017 年 1 月 3 日至 2017 年 12 月 31 日	2 650	社工上门探访社区 80 岁以上高龄、独居、孤寡老年人，了解其生活状况，介绍惠老政策，协助其根据需要申请居家养老服务资助。社工根据实际需要定期电话回访老年人，表达问候并及时了解其服务需求
居家养老社区活动	2017 年 1 月 3 日至 2017 年 12 月 31 日	5 200	举办大型文艺会演活动、节日庆祝活动、生日会、健康知识宣讲等各类社区活动，联动资源，吸引社会关注老年人的需求和现状
居家养老社区外展宣传服务	2017 年 1 月 3 日至 2017 年 12 月 31 日	2 400	通过在社区人流量集中的地方摆摊宣传，让更多的居民了解居家养老新政策，如安装平安通、居家养老资助、大配餐等惠老政策，帮助更多有需要的老年人享受政策的福利与中心的服务

（续上表）

服务内容	服务时间	服务人次	内容介绍及成效分析
服务培训及交流	2017 年 1 月 3 日至 2017 年 12 月 31 日	1 240	为同行及同类政府购买服务提供经验交流，接待超过 50 次参观交流，介绍中心运营及服务经验。对区内为老服务人员进行培训，给予专业支持，如养老护理员考试培训、认知障碍症照顾培训、疑难个案交流会等
义工服务	2017 年 1 月 3 日至 2017 年 12 月 31 日	1 020	组织长者义工、普通居民义工、高校及企业义工团体，为社区老年人开展各类义工服务

资料来源：嘉禧社工 2017 年年报。

3. 天河区居家养老服务示范中心在居家养老中所发挥的作用

根据对中心的实地调研及对中心主任、一线社工、医护人员和长者的访谈，笔者总结出由社会组织提供居家养老服务的作用和优势：

（1）兼具福利性和市场性，满足个性化需求。陈友华指出："居家养老服务可以分为福利性与市场性两个基本的部分。福利性居家养老服务属于政府基本责任范畴，政府主要通过财政补贴或直接购买服务来履行责任。服务对象多为经济困难的独居、孤寡、高龄老人。市场性居家养老服务主要由市场主导，需要提供服务者个人或其家庭直接在市场上购买所需服务。"

根据广州市对居家养老服务的政策安排，政府对经济困难、高龄、独居和失能等困境老年人实行不同程度的资助，体现居家养老服务的福利性。由于政府的补贴和资助是通过向社会组织购买服务实现的，资助不是现金，并不直接经过老年人且不可用于购买实物，因此，社会组织在其中发挥服务和资源的传递作用。

除符合政府资助要求的老年人外，有能力负担的长者可根据需求自行与相关社会组织签订服务协议，自费购买服务，体现了居家养老服务市场化供给的一面。在此基础上，政府规定由社会组织提供的居家养老服务定价不得高于商业性的养老机构，相对普惠性的价格扩大了长者的可选择和可承担范围。

在满足长者的个性化需求方面，宏观上，在中心正式对外开放前，中心通过走访社区和长者，对全区的老年人养老服务需求状况进行了调研，形成需求评估报告，并制订中心年度服务计划。微观上，中心由医护人员、社工利用专业的器材对老年人进行需求评估，根据评估结果制订相应的个性化服务方案，并签订细化到具体服务内容的服务合同。

在实际的服务过程中，中心较为充足的人力资源使得服务对象能够获得更多的关注和照顾。据笔者实地观察及工作人员介绍，中心有一线社工、养老护理员、志愿者及其他后勤工作人员为长者服务，服务人员与服务对象的比例偏高，受访老年人亦对自身受到的个性化照顾和关怀感到满意。日托服务中心的养老护理员 H 有多年为老年人服务经验，曾在私人养老机构工作，2017 年中心成立后进入日托中心工作，她指出在私人养老院和目前的非营利机构中接受养老服务具有非常大的差异。“机构和养老院完全不一样，这里的服务相对要好很多，我现在是一对四，还有义工阿姨帮忙。养老院一个人对十个或者更多。”（中心日托服务中心养老护理员访谈记录，2019 年 3 月 28 日）

另外，通过建立微信群的方式，中心与长者及其家庭照顾者保持密切联系。在调研期间，笔者观察到中心工作人员在微信群里收到关于长者饭堂当日饭菜口味的反馈，深入老人家当中详细了解情况，考虑是否需要对菜品进行改进，从侧面反映出服务对象的意见可得到重视并及时处理。

（2）“双重”的精神慰藉作用：社会交往与家庭温暖。学者普遍认同，居家养老作为一种养老方式，本身具有让老年人在熟悉的家庭与社区环境中安享晚年的优点，在强调“子女尽孝”的文化背景下，亲人的情感纽带对于老年人的心理健康有不可替代的重要意义。本书的案例研究发现，社会组织提供的居家养老服务一方面通过减轻家庭照顾者的压力，使老年人在家养老成为可能，另一方面社会组织提供的如老年大学堂、长者饭堂和日托中心等平台也增加了老年人社会交往的机会，长者在社会参与中实现积极老龄化，产生获得感。

被访者普遍认为在中心接受居家养老服务对老年人保持社会交往和丰富精神世界有积极的影响。老年人通过参加中心开展的“老年大学堂”等活动，社交和精神需求得到了满足，“很多老人家一开始其实是不太愿意参加活动的，但是他来这里久了之后，认识的朋友多了，在人际方面会有很大的改善。平时活动在一起，吃饭在一起，有很多的交流。他们的文化程度较高，追求精神生活对他们（长者）来说比较重要。经常活动与待在家里对身心（健康）有不同的影响”。（中心副主任 X 访谈记录，2019 年 3 月 28 日）

社工提到中心有两位丧偶的阿姨，两人起初不愿与太多人接触和交流，不喜欢参加集体活动，但因为共同在长者饭堂吃饭而互相熟悉，建立了情感纽带并相互支持。

（3）减轻家庭照顾者和养老机构的压力。通过社会组织提供的居家养老服务，子女的照料压力得到缓解，从而降低把老人推向社会的可能性，既提高了长者的生活质量，又减小了机构养老的压力，体现这一作用和优势的项目主要是日托服务、长者饭堂与上门家政服务。

日托服务减轻了老年人白天独自在家存在的安全风险，老年人得到基本的健康管理和身体机能康复锻炼，中心通过微信群与家属保持密切沟通，缓解了照顾者的精神和照顾压力。“有些老人，他的孩子都在国外，孩子平时如果要照看老人的话，只能在家里安装摄像头，但是我们来了（介入）之后，他们就没有那么多的顾虑了。”（中心一线社工 Z 访谈记录，2019 年 3 月 28 日）

长者饭堂解决了长者吃饭难的问题。“老人家年纪大了，做饭也不方便，走到长者饭堂吃饭，走路的过程就算是当天的运动量了。相比于一个人在家里吃饭，这里有伴。对他们的健康饮食也有很大的提升，一个人吃饭容易随便对付，但这里（长者饭堂）的餐考虑到营养搭配，营养是比较充分的。”（中心副主任 X 访谈记录，2019 年 3 月 28 日）“（子女）吃饭问题不用管你，安全问题不用管你，所以就能安心工作了，这个比较好。我们两口子如果自己做饭太麻烦了，吃得也不多，剩饭剩菜不倒吧对健康不好，倒了吧又感觉可惜。所以我们干脆在这里吃，按需吃饭，很好的！”（长者 B 访谈记录，2019 年 3 月 28 日）特别地，针对行动不便的老年人，中心提供送餐上门服务。

公立或私立养老院一般接收重度失能、生活不能自理、需要长期卧床的老年人，更多偏向护理方面的服务，自理能力较好或半失能的老年人仍然具备居住在家中养老的条件。再者，公立养老院床位供给有限，轮候时间过长，私立养老院则价格高昂，超过长者的普遍承受能力。由社会组织供给部分居家养老服务，给希望居家养老的长者提供了一个新选择，从而减轻了院舍养老供给不足带来的养老压力。

（4）引入老年社会工作方法和养老护理员，服务更具专业性。由于承接中心的社会组织为社工机构，中心配备多名一线社工，运用老年社会工作方法开展为老服务，如“老年大学堂”的各项课程和活动以及“老党员义工队”运用

"优势视角"，提升老年人的自信和自我价值感，增加老年人的社会参与，改变传统地认为老年人无能衰老的偏差观念，展现老年人回馈和服务社区的一面，提倡积极老龄化和健康老龄化。

参加电脑学习班的长者 A 表示，"我在家没什么事干，没事就过来看看，学一学，过来的路上也活动一下身体"。（长者 A 访谈记录，2019 年 3 月 28 日）

养老护理员均持证上岗，主要负责上门的居家养老服务和日托中心的日常护理服务，较市场上一般的家政服务人员具有更丰富的为老服务经验。

（5）更容易获得信任，扩大受众范围。中心的非营利性质和官方支持的背景比商业机构更容易取得服务对象的信任，从而在一定程度上扩大居家养老服务的受众范围。

在对高龄、独居等老年人进行上门探访和一些基本的健康检查时，中心社工和医护人员在街道工作人员的联系或协助下入户，为中心开展工作提供了很大的便利。

社工、护理员和服务对象一对一联结，持续跟进情况，长者对社工和机构的服务产生了信赖感，家属对由社会组织提供的居家养老服务也相对放心。"护理员与老人家之间的信任关系是比较强的。比如说前段时间，有个老人家家里给他雇了一个保姆，保姆说的话他全部都不信，要打电话跟我们的护理员再确认一遍，说是不是有这样一回事，这样子对不对，他更倾向于相信我们的全职工作人员。"（中心一线社工 Z 访谈记录，2019 年 3 月 28 日）

广州市有由企业运营和由非营利社会组织运营两种类型的长者饭堂，受访长者普遍认为由社会组织经营的长者饭堂在食品安全上更有保障。"首先它是受民政局的委托，有一个监督在。其次是（有）营养师，安全、买菜各方面的都有保障，我们对油的安全放心，它绝对不敢胡来。但在外边的话，食品质量不好，而且你必须掏钱，它是营业性的、要赚钱的。"（长者 B 访谈记录，2019 年 3 月 28 日）

此外，长者倾向于将社会组织提供的服务与政府和党的关怀联系在一起，认为居家养老服务是政府服务的改善，对此感到感激和庆幸，而服务对象、街道和主管项目的领导都对中心提供的服务持较高的满意度。

4. 天河区居家养老服务示范中心的局限及其原因分析

（1）资金不足，服务开展缺乏广度和深度。资金支持是社会组织得到政府支持的主要方面，同时也是它们进一步开展工作的最大阻碍。在政策设计上，对社会组织开展的居家养老服务项目的数量是有一定要求的，政策期望居家养老服务在内容上能做到全覆盖，但政府的资金支持尚不足以支撑社会组织按计划开展工作，导致部分服务内容在实际开展的过程中欠缺深度，甚至有些项目未能开办，对服务项目的广度造成了限制。

中心负责人指出，资金的短缺导致跨专业的服务团队，如养老护理员、医护人员等缺乏薪酬和技能上的职业支持，进一步阻碍居家养老服务向专业化方向的纵深发展。“政策期望我们的居家养老服务涵盖方方面面，有各项服务内容，但当中项目运营的经费其实是做不了这么多事的。尤其是养老护理员和医护人员，要投入各种跨专业团队，对他们的支持相对来说还是比较弱的，也没有太多政策上的支持。更多的是四五十岁的中年妇女在从事这个行业。一线社工的流失也是显而易见的。”（中心副主任×访谈记录，2019 年 3 月 28 日）

为了实现向专业化方向的纵深发展，社会组织希望政策安排可以更多地根据实际情况作出一些调整，同时投入更多的资源使服务设计落到实处，更好地满足服务对象的需求。

（2）缺乏人员和设施，对老年人健康的专业支持不足。受访的医护人员坦言，中心的医护工作室和诊疗室实际发挥的作用极其有限，自其年初入职，除外出上门对老年人进行健康检查外，未有老年人主动使用中心的医疗服务。

中心设有保健康复室，但部分长者反映其设备较为简陋，使用率偏低，未能满足有需要的长者的复健需求。在问及中心有何不足和需要改进的地方时，受访长者 C 指出：“我也有过行动不便的时候，我在家里使用一些医疗器件来治疗，但日托中心有些老人行动非常不便，光托（管）在这里不行，这里的护理器械不够，每个老年人都有些病，但这里没有康复治疗。这里说的医生，谁到他那里看过病呢?”（长者 C 访谈记录，2019 年 3 月 28 日）

在政府和中心的服务设计中，“医养结合”是一项重要的项目，但实际上，医养结合项目发挥的成效不大，受惠人群还有待进一步扩展，“保健康复”和“心理辅导与转介”的作用实际上也得不到有效发挥。

（3）公众认知不足，限制服务范围进一步扩大。居家养老服务虽然已经推行多年，但相对于传统的家庭养老和机构养老，仍然是新鲜事物。一方面，在服务开展过程中，中心会遇到少数要求苛刻甚至刁难的服务对象。另一方面，大众对上门家政服务和日托服务了解较少，相应地，自费选择该项服务的人也较少，社会组织需加大宣传力度，吸纳更多潜在的有需求的长者。

11.5 讨论与对策建议

广州市天河区居家养老服务中心的案例研究表明，广州市社会组织参与居家养老服务所发挥的作用和面临的挑战与已有文献的研究成果大体重合，表明社会组织参与居家养老服务在全国范围内存在一些共性特征。在个案研究和深入访谈的基础上，基于广州市地方性的居家养老服务安排，笔者主要有以下三个研究发现：

（1）服务效能存在群体间差异。身体健康状况、自理能力较好的老年人更多地从“文化养老”相关项目中受益，失能、半失能的老年人则更多地从日常生活照料和护理相关项目中受益。

（2）区级平台的作用和街道级平台的作用有所不同。作为示范中心，除日常的基本项目运营外，天河区居家养老服务示范中心还承担着示范和经验输出的责任，与区老龄办和民政局合作，承担来访单位、团体或个人的接待任务，同时也对区内为老服务人员进行一些专项培训。“区级和街道级的平台并不是上下级的关系，我们更多的是提供一些资源给它们，我们平时会开展一些专业的培训，尤其是针对为老服务的人员开展一些技能培训，更好地提高他们的专业性，频率大概一年10次，对象包括做养老服务的社工和养老护理员。”（中心副主任×访谈记录，2019年3月28日）而街道级养老平台，如长者服务中心和家庭综合服务中心（社工站）提供的养老服务则侧重于下沉基层，服务人群更多地覆盖受政府资助的弱势老年群体，上门的居家养老服务也占据更大的比重。

（3）在居家养老服务体系中，社会组织有限度地充当着政策实施者和沟通者的角色。如前文所述，社会组织通过承接政府购买服务的形式，将政府对居家养老服务的制度设计真正转化为长者可享受或消费的服务，发挥政策落实者和服务提供者的作用，但由于资源有限，在服务内容上暂未能面面俱到。在社会组织与政府合作共同化解老龄化背景下的养老压力的过程中，社会组织会向政府反映服务对象及自身对于制度设计的意见或现实需求，政府亦会就居家养老政策安排的相关事项征询社会组织的意见，虽然意见未必都可以得到采纳和落实，但一定程度上起到政策沟通者的作用，反映基层的诉求。

为使社会组织更充分地发挥政策所期待其发挥的作用，针对其遇到的困难，首先，政府在设计居家养老服务制度和对居家养老服务工作进行规划时，要多听取利益相关者的声音，考虑社会组织的反馈意见，制定符合实际的、可操作的规则体系。其次，社会组织和政府要合力进行服务队伍建设，加强对养老服务人员进行定期的技能培训，改善薪酬和五险一金等福利待遇，吸引高层次人才加入居家养老行业，以提升居家养老服务的专业化程度。最后，扩大居家养老服务的有效需求是未来居家养老服务进一步发展的着力点。一方面，老年群体对居家养老服务的市场消费仍有待提高，政府和社会组织需要对此加大宣传力度；另一方面，社会组织需要从老年群体的实际需求出发去调整自身的服务项目。

11.6 结论

从文献回顾和实地调研访谈可知，社会组织参与居家养老服务有满足长者个性化需求、社会交往和家庭温暖双重精神慰藉、缓解家庭照顾者和机构养老压力、引入老年社会工作方法和更易取得长者信任的作用和优势，同时也存在资金不足、专业化水平和公众认知不足等有待改进的不足与局限。除共性的作用与局限，本书的创新之处是基于对广州市天河区居家养老服务示范中心的个案研究，归纳出由社会组织提供各项服务项目对不同的老年人群体产生不一样的作用、区级平台的作用和街道级平台的作用有所不同以及社会组织有限度地充当着政策实施者和沟通者的角色这三个特征。

总体而言，社会组织在实现居家养老过程中起着弥补“政府失灵”和“市场失灵”的作用，充分发挥着作为非营利部门公益性和志愿性的优势作用，体现多元主体协同治理老龄化严重这一社会问题。但在内外部条件的约束下，社会组织供给居家养老服务仍存在一些不足和阻碍，并未能完全发挥居家养老制度设计所期待其发挥的作用。在未来，社会组织需要基于实践经验进一步优化制度设计和资源投入情况，改善慈善资源供给不足、慈善的特殊主义和业余性等“志愿失灵”问题。

社会组织参与居家养老服务作为一项重要的制度创新和实践，若能做到服务资源、服务项目和服务对象的有机组合和匹配，其未来将会在居家养老服务体系中持续发挥核心作用。更多老年人将享受到高质量的居家养老服务，切实提高晚年生活质量，有效缓解我国老龄化背景下的养老压力，促进社会良性发展。

12 政府购买服务背景下社会服务机构提供社区戒毒康复服务效果的实证分析

12.1 研究背景

从2003年开始，社区戒毒康复服务乘着政府购买服务的发展大潮进入国内公众视野。最早试行政府购买社区戒毒康复服务的是上海地区。自此以后，以政府购买服务形式所开展的社区戒毒康复服务在全国各地得到了蓬勃发展，社区戒毒康复领域的“小政府大社会”格局初步形成。但长期以来，我国实行以强制戒毒为主的戒毒政策，戒治资源主要集中在公安以及司法系统，社区戒毒康复工作仅仅作为补充形式存在。因此，国内的社区戒毒康复工作起步较晚，发展也相对缓慢。直至《禁毒法》出台后，政府向社会组织购买社区戒毒康复服务的发展思路才真正有了初步探索。但当前国内的社会组织在提供社区戒毒康复服务过程中所运用到的各种技巧和方法大多是借鉴港澳或是国外已有的理论基础和实践经验，工作中取得的戒毒矫治效果也有待进一步的评估和研究。

12.2 文献综述

国外社区戒毒康复工作的起步时间相对较早，因此国外早已有针对社区戒毒康复领域所展开的研究。学者们主要从社会学、心理学、医学（药物治疗）和社会工作角度关注社区戒毒矫治效果，如Nakken（1988）、Steiker（2009）、Fareed等（2010）、Malivert等（2012）、Goodman（2013）和Prangley等（2018）。Malivert等（2012）从社会学和心理学视角总体评估戒毒治疗社区模式（Therapeutic Community，TC）对戒毒人员心理戒断方面有效，但并不能有效预防复吸。Fareed等（2010）从医学角度评估美沙酮维持治疗（Methadone Maintenance Treatment，MMT）在社区戒毒康复中的效果，并证实了美沙酮作为一种有效的药物，可以降低接受MMT的患者毒瘾复发的风险。Steiker（2009）

从社会工作角度发现动机访谈能为社会工作者提供一种可以与社区戒毒康复服务对象进行有效互动的方法，帮助社会工作者更好地引导服务对象去体察自己的矛盾心理，一旦服务对象因个体行为与其主要价值观发生冲突而产生不适感，就会引发服务对象内在的改变动机，进而起到良好的戒毒干预效果。Prangley 等（2018）发现就业帮扶和志愿服务有助于戒毒人员的康复。由于我国与西方国家的国情和毒情都有所不同，国外社区戒毒模式和影响社区戒毒服务效果的因素不一定与我国本土社区戒毒服务实践相吻合，因此，需要在借鉴国外实证研究的基础上构建本研究的理论框架，并结合我国实际，联系政府购买服务的背景，对社区戒毒康复服务作进一步探索，才有可能在该领域取得更大的进步。

随着我国《禁毒法》的颁布实施，各地社区戒毒康复工作快速发展，特别是一些经济发达地区，更是在社区戒毒康复服务领域上逐步形成了自身的工作特色，国内学者针对社区戒毒矫治效果的研究也逐渐发展起来。较多研究主要以复吸率作为重要指标评估戒毒服务的效果，探讨影响戒毒人员复吸的原因，包括吸毒人员自己对吸毒危害认知不足（钟钰发，2010）、社会排斥（麦以成等，2005；余传霞，2012；毒品检测网，2013）和家庭关系较差（李娟和赵太文，2008）等。但近几年，以复吸率作为戒毒服务效果的唯一指标受到了较多的质疑，转向关注戒毒人员精神认知层面的改变（张小华等，2016）。戒毒实践的理念也从治疗理念转向康复理念（韩丹，2015）。

我国较多学者从管理学、经济学、社会学、医学和心理学的视角研究社区戒毒矫治效果，如王清亮和刘志民（2013）、周礼清（2016）、谭俊（2012）、董宁（2012）、王利荣和张凯伦（2013）、徐欢乐（2012）以及高培英和潘绥铭（2014）等。王清亮和刘志民（2013）从成本—效益的角度，对上海市社区戒毒矫治的效果进行了评价，认为社区戒毒是成本较低而收益较高的一种服务模式。周礼清等（2016）从社区多部门系统干预戒毒康复模式的角度对上海市花木社区的 98 名社区戒毒康复服务对象开展了为期 5 年的跟踪评估，针对服务对象的心理状况、身体状况和经济收入等方面进行干预前后的对比分析，得出当地社区戒毒康复工作模式科学有效的结论。谭俊（2012）则从药物治疗的角度，对使用不同药物来实施脱毒治疗的社区戒毒康复服务对象进行分组，采用基于队列研究设计的社区戒毒试验方法，评估“济泰片治疗 + 心理咨询 + 社会支持”综合干预措施在上海市社区戒毒康复服务中的效果。董宁（2012）认为社会帮扶可以有效巩固戒毒人员的戒断效果，让他们积极融入社会，重建良友圈。王利荣和张凯伦（2013）也认为就业安置和生活帮扶是影响社区戒毒康复服务效果的重要政策和环境因素。徐欢乐（2012）从心理干预的角度，利用量表测量和分组比较的方法，重点从生理和心理等方面对社区戒毒康复服务对象取得的戒毒矫治效果进行评估。结果发现，单纯采取心理干预的社区戒毒康复服务在预防复吸方面未见有明显成效，而综合采用心理干预和社会帮助的手法更能有效预防复吸。高培英和潘绥铭（2014）也认为社区戒毒工作人员要注重建构并完善戒毒人员的社会关系，保证戒毒人员顺利融入社区，才能有效防止戒毒人员复吸。

随着政府购买社区戒毒康复服务的发展，也有一些学者研究社会工作的工作手法对社区戒毒矫治效果的影响。张县城（2017）认为个案工作可以帮助戒毒人员更加清晰地认识自己，进而提高戒毒信心，强化戒毒动机，能有效提升戒毒人员对毒品危害的认知。龚定宏（2013）则着重研究团体心理咨询在社区戒毒康复中发挥的效果。其在上海市虹口区某街道的社区戒毒康复服务对象中开展了团体心理咨询活动，采取分组实验方法，通过分别收集和对比分析干预组与对照组成员的焦虑及抑郁参数，得出了以团体心理咨询为主的社区戒毒康复服务对降低服务对象焦虑情绪有较好的效果。还有一些学者研究了艺术疗法、回顾怀旧疗法的效用（管剑萍、李新华，2008；彭善民，2010）。费梅苹（2017）基于上海社区戒毒服务实践案例，指出保障社会工作专业服务在社区戒毒中发展效用的四个关键要素：政府及相关制度支持、深入挖掘服务对象生命意义内涵、整合社会工作专业手法以及扎实的行动研究。

总的来说，目前国内关于社区戒毒矫治效果的研究主要有五个切入点：一是社区戒毒康复的运作管理模式与社区戒毒矫治效果的关系研究；二是药物性治疗在社区戒毒矫治中的效果研究；三是探讨家庭关系和社会支持对社区戒毒矫治效果的研究；四是讨论社会工作手法对戒毒人员精神认知层面和心理健康层面的影响；五是分析戒毒人员个体状况和对毒品的认知状况对矫治效果的影响。已有的研究分别从宏观政策和社会环境层面、中观组织层面以及微观家庭和个体层面分析社区戒毒服务的效果，但缺少整合视角，即综合考虑宏观、中观和微观因素的影响程度和影响机制。而且目前的研究多采用定性研究的方法研究社区戒毒治疗效果，定量研究较少，采用定量和定性相结合的方法进行的研究更少。此外，目前该领域的研究尚未具体分析政府购买的不同戒毒康复服务（包括家庭治疗、情绪辅导、就业帮扶、戒断动机强化、劳动技能培训、不良行为矫治和社交障碍训练等）对戒毒人员戒治效果的影响。不同的社区戒毒康复服务与戒治效果之间有什么关系？这些服务对于不同的服务对象是否又起到不同的戒治效果？哪些服务对社区戒毒矫治效果的影响最大？这些都是社区戒毒康复服务在发展中必须解答的问题。

12.3　研究方法

12.3.1　案例介绍

珠三角作为改革开放的前沿阵地，一直在探索政府购买社会服务的道路上先试先行，并率先建立起了现代社会工作制度。跟随着上级政府在购买服务领域的探索步伐，佛山市也在不断实践的过程中逐步形成了项目购买模式，即政府通过项目形式向社会组织购买公共服务，并在资金管理、监督检查、绩效评价等方面形成了完善的流程。经过多年大力推广，佛山市的社区戒毒康复工作开始陆续采用项目购买模式，社会组织承接社区戒毒康复服务这一发展思路也在近年迅速兴起。2017 年 8 月，佛山市 32 个镇街全面建成社区戒毒康复工作站，至 2018 年 4 月，全市的社区戒毒社区康复执行率高达 91.15%，位居全省前列。

Y 社会工作服务中心作为一个经佛山市禁毒办和市民政局批准成立的公益性社会组织，在佛山市各区镇街设有服务点，承接着包括 X 区在内的社区戒毒康复项目，并在当地禁毒办的指导下，为服务对象提供以个案管理、小组工作和社区工作为主要内容的社区戒毒康复服务。目前，中心在 X 区拥有一支 28 人的社区戒毒康复服务团队，成员来自法学、医学、社会学、心理学等学科专业，均为全日制大专以上学历。中心开展的社区戒毒康复服务范围遍及 X 区各镇街，拥有社区戒毒康复服务对象 162 人。成立以来，Y 社会工作服务中心一直在当地的社区戒毒康复工作中发挥着积极的作用，但对工作开展后所取得的戒毒矫治效果不甚了解，社区戒毒康复服务与戒治效果之间有什么关系？这些服务对不同的服务对象是否又起到不同的戒治效果？哪些因素在影响着社区戒毒矫治效果的提升？这些都是中心在发展中必须解答的问题。

12.3.2　研究假设

已有的文献已经检验过个体特征、对毒品的认知程度、家庭关系和社会支持对戒毒人员戒断效果的影响，而社区戒毒康复服务也被认为是能有效帮助戒毒人员实现生理和心理戒断的因素，但尚未有经验数据进行检验。本研究提出如下两个研究假设：

（1）服务对象参与社区戒毒康复服务的时长、种类与其戒治效果呈正相关关系。

（2）不同种类的社区戒毒康复服务对服务对象的矫治效果不同。

12.3.3 问卷设计

本研究前期收集了研究选点的社区戒毒康复工作开展现状、调查对象的基本情况等相关信息，在社会支持评定量表、家庭亲密度与适应性量表、稽延性戒断症状评定量表和90项症状清单等现有量表的基础上，编制成社区戒毒康复服务问卷。为避免调查问卷过于烦冗，研究者根据不同量表间题项内容的重复性以及题项与戒毒矫治效果的相关性，对社会支持评定量表、家庭亲密度与适应性量表和90项症状清单中的部分题项进行了简化，如社会支持评定量表中的部分题项和家庭亲密度与适应性量表中的一些题项密切相关，则将社会支持评定量表中涉及家庭方面的部分题项进行删减；90项症状清单中部分题项所陈述的症状较难体现戒毒矫治效果，亦对该类题项作删减处理。最后，社会支持评定量表保留6个题项①，家庭亲密度与适应性量表保留11个题项，90项症状清单保留23个题项。经简化形成的问卷由56个题项组成，包括基本信息、毒害认知、社会支持、家庭功能、生理症状和心理症状6个部分，其中，生理症状部分采用李克特量表形式的4点计分法，家庭功能和心理症状部分采用李克特量表形式的5点计分法。

另外，我们从Y社会工作服务中心工作人员的反馈意见了解到，部分调查对象对一些题项的句意较难理解，考虑到调查对象的文化层次普遍较低，我们对题项的表述进行了优化，尽可能做到简洁明了，通俗易懂。如将“家庭成员与朋友的关系比家庭成员之间的关系更密切”修改成“您与朋友的关系比您与家人的关系更密切”，将“想要很快把事情做完”修改成“做事情很急躁，想要很快把事情做完”等。同时，为了避免问卷中的选项对调查对象造成不良的心理暗示，

---

① 社会支持变量在后面模型分析中主要通过询问服务对象遇到急难情况时获得帮助的来源数量进行测量。

研究者还将生理症状部分的选项——“无”“轻”“中”“重”修改成“不是”“有时”“经常”“总是”，将心理症状部分的选项——“无”“轻度”“中度”“偏重”“严重”修改成“不是”“偶尔”“有时”“经常”“总是”。社会支持、家庭功能、生理症状和心理症状等5个变量数据的克伦巴赫Alpha系数均大于0.7，置于可接受范围，表明信度均达到了可接受的水平，证明获取的数据具有较高的可信度。

12.3.4 数据收集

本研究的问卷调查环节由Y社会工作服务中心的工作人员担任主试，在组织正式施测之前，研究者首先对主试进行了培训，详细说明了研究目的、具体的施测方法以及指导语内容，同时对有关问题予以解释。在正式施测时，研究者采取单独施测的方式，在调查对象每月到服务中心接受尿检时一并对其进行问卷调查，极大地提高了问卷的回收率。此外，为提高最终回收问卷的填写质量，本研究还采用了有偿问卷调查的形式，向每位参与问卷调查的人员赠送小礼品，提升了调查对象填写问卷的积极性和认真程度。

通过采取以上措施，本研究合共发放问卷110份，回收110份，回收率达到了100%；其中，部分问卷因为没有填写完整或所有题项均选择同一个答案而进行作废处理，最终收到104份有效问卷，有效率为94.5%。

12.4 研究结果

从表12-1可以看出，本次研究所选取的样本以男性为主，男性比例达92.3%，这一性别比符合X区男性吸毒人员要远多于女性吸毒人员的事实；样本的年龄以青壮年为主，而35岁以下更是占比55.8%，反映出X区吸毒人员呈年轻化趋势；样本的毒龄较多集中在5年以下，显示出较多吸毒人员的吸毒年限还相对较短；大部分研究样本为初中及以下学历，符合吸毒人员文化程度普遍较低的人群特征。服务对象平均接受服务的时长为10.84个月，平均接受1.16种服务项目。较多服务对象接受就业帮扶服务（28.8%）。大多数服务对象认为毒瘾是可以戒除的。服务对象遇到急难时可获得帮助的平均数为1.63个。家庭关系和适应性状况平均值为36.38。

表 12－1　因变量和自变量描述统计结果（$n=104$）

变量	均值或百分比	标准差	最小值	最大值
稽延性戒断症状	13.23	4.85	8	28
心理症状	41.43	16.44	23	98
自评抑郁状况				
自评焦虑状况				
性别（男）	92.3%			
年龄	35.20	9.64	20	57
受教育程度	2.97	0.69	1	5
文盲	1.9%			
小学	17.3%			
初中	64.4%			
高中	14.4%			
大学	1.9%			
毒龄（年）	8.83	7.89	1	29
接受服务时长（月）	10.84	9.72	1	36
接受服务种类（数量）	1.16	0.71	0	3
家庭治疗	19.2%			
情绪辅导	24.0%			
就业帮扶	28.8%			
戒断动机强化	24.0%			
劳动技能培训	4.8%			
不良行为矫治	2.9%			
社交障碍训练	4.8%			
毒瘾可以戒除的认知				
非常认同	54.8%			
一般认同	26.0%			

（续上表）

变量	均值或百分比	标准差	最小值	最大值
不怎么认同	14.4%			
完全不认同	4.8%			
遇到急难情况时获得帮助的来源（数量）	1.63	1.04	0	5
无	4.8%			
家人	76.0%			
朋友	41.3%			
同事	14.4%			
工作单位	9.6%			
社工机构	21.2%			
其他	1.0%			
家庭关系和适应性状况	36.38	7.78	17	51

为了检验研究假设中社区戒毒康复服务对服务对象生理和心理戒断症状所产生的影响，本研究先后以生理症状和心理症状作为因变量，依次将个体内在控制变量、外在环境控制变量和社会戒毒服务变量（接受服务时长、接受服务种类以及不同的服务项目）加入线性回归模型中进行分析，得到表12－2、12－3、12－4、12－5的结果。

表12－2模型3显示毒瘾戒除可能性认知、家庭功能和接受服务种类三个变量分别在0.1、0.01和0.05的置信水平对生理戒断症状产生影响，这说明服务对象的毒瘾可以戒除的认知程度越高，家庭功能越好，接受服务种类越多，其生理戒断效果就越好。表12－3显示毒瘾可以戒除的认知、家庭功能、情绪辅导和就业帮扶两种类型服务四个变量分别在0.1、0.01、0.1和0.05的置信水平对生理戒断症状产生影响，表明服务对象的毒瘾戒除可能性认知程度越高，家庭功能越好，接受过情绪辅导或就业帮扶方面的服务，其取得的生理戒断效果就越明显。

表 12－2　稽延性戒断症状影响因素

	模型1				模型2				模型3			
	B	*β*	*p*	容差	*B*	*β*	*p*	容差	*B*	*β*	*p*	容差
常数项	19.021		0.000		22.245		0.000		21.172		0.000	
性别	－0.617	－0.034	0.722	0.935	1.087	0.060	0.537	0.829	0.891	0.049	0.610	0.822
年龄	0.065	0.130	0.297	0.560	0.070	0.139	0.250	0.543	0.086	0.171	0.154	0.534
受教育程度	－0.526	－0.075	0.476	0.782	0.022	0.003	0.976	0.722	0.136	0.019	0.852	0.712
毒龄	0.007	0.012	0.922	0.588	－0.024	－0.039	0.737	0.564	－0.041	－0.067	0.576	0.535
毒瘾可以戒除的认知	－1.819	－0.335	0.001	0.915	－1.415	－0.261	0.007	0.855	－0.995	－0.183	0.074	0.736
可以得到朋友支持和帮助的个数					0.355	0.073	0.502	0.664	0.434	0.089	0.409	0.655
遇到急难情况时获得帮助的来源个数					－0.187	－0.040	0.691	0.765	－0.093	－0.020	0.842	0.758
家庭关系和适应性状况					－0.229	－0.368	0.002	0.599	－0.214	－0.344	0.003	0.593
接受服务时长									－0.028	－0.057	0.539	0.903
接受服务种类									－1.352	－0.199	0.048	0.764
R^2	0.119				0.261				0.294			
F 值	3.779				4.186				3.868			
P 值	0.004				<0.001				<0.001			

表 12－3　不同服务类型对稽延症性戒断症状的影响

	模型 7			
	B	β	p	容差
常数项	21. 199		0	
性别	0. 886	0. 049	0. 621	0. 790
年龄	0. 093	0. 184	0. 135	0. 515
受教育程度	0. 248	0. 035	0. 744	0. 663
毒龄	－0. 053	－0. 086	0. 477	0. 528
毒瘾可以戒除的认知	－1. 055	－0. 194	0. 071	0. 682
可以得到朋友支持和帮助的个数	0. 465	0. 096	0. 389	0. 632
遇到急难情况时获得帮助的来源个数	－0. 199	－0. 043	0. 686	0. 690
家庭关系和适应性状况	－0. 209	－0. 336	0. 005	0. 581
接受服务时长	－0. 035	－0. 071	0. 464	0. 827
家庭治疗	－0. 292	－0. 024	0. 811	0. 779
情绪辅导	－2. 041	－0. 181	0. 085	0. 714
就业帮扶	－2. 335	－0. 219	0. 043	0. 673
戒断动机强化	－2. 009	－0. 178	0. 124	0. 587
劳动技能培训	1. 177	0. 052	0. 596	0. 799
不良行为矫正	－0. 715	－0. 025	0. 796	0. 837
社交障碍训练	－3. 176	－0. 141	0. 128	0. 914
R^2	0. 331			
F 值	2. 686			
P 值	0. 002			

类似地，表 12－4 模型 6 显示毒瘾戒除可能性认知、家庭功能以及接受服务种类三个变量分别在 0. 1、0. 05 和 0. 05 的置信水平对心理戒断症状产生影响，说明服务对象的毒瘾戒除可能性认知程度越高，家庭功能越好，接受服务种类越多，其心理戒断效果就越好。表 12－5 显示毒瘾戒除可能性认知、急难情况下获得帮助来源数、家庭功能、情绪辅导和就业帮扶两种类型服务五个变量分别在

0.1、0.1、0.05、0.1和0.05的置信水平对心理戒断症状产生影响，表明服务对象的毒瘾戒除可能性认知程度越高，急难情况下获得帮助来源数越多，家庭功能越好，接受过情绪辅导或就业帮扶方面的服务，其取得的心理戒断效果就越明显。

表 12－4　心理症状影响因素

	模型4				模型5				模型6			
	B	*β*	*p*	容差	*B*	*β*	*p*	容差	*B*	*β*	*p*	容差
常数项	64.909		0.000		77.290		0.000		73.809		0.000	
性别	－5.116	－0.083	0.389	0.935	2.297	0.037	0.700	0.829	1.595	0.026	0.788	0.822
年龄	0.159	0.093	0.456	0.560	0.121	0.071	0.554	0.543	0.178	0.104	0.384	0.534
受教育程度	－2.268	－0.095	0.369	0.782	－0.199	－0.008	0.936	0.722	0.171	0.007	0.945	0.712
毒龄	0.125	0.060	0.623	0.588	－0.004	－0.002	0.987	0.564	－0.065	－0.031	0.794	0.535
毒瘾可以戒除的认知	－5.654	－0.307	0.002	0.915	－4.782	－0.260	0.008	0.855	－3.365	－0.183	0.075	0.736
可以得到朋友支持和帮助的个数					－0.423	－0.026	0.813	0.664	－0.144	－0.009	0.936	0.655
遇到急难情况时获得帮助的来源个数					－2.751	－0.175	0.087	0.765	－2.433	－0.154	0.126	0.758
家庭关系和适应性状况					－0.553	－0.262	0.024	0.599	－0.503	－0.238	0.038	0.593
接受服务时长									－0.108	－0.064	0.490	0.903
接受服务种类									－4.548	－0.198	0.050	0.764
R^2	0.151				0.260				0.293			
F 值	3.489				4.170				3.859			
P 值	0.006				<0.001				<0.001			

表 12－5　不同服务类型对心理症状的影响

	模型 8			
	B	*β*	*p*	容差
常数项	72. 727		0. 000	
性别	1. 296	0. 021	0. 833	0. 790
年龄	0. 231	0. 135	0. 276	0. 515
受教育程度	0. 683	0. 029	0. 793	0. 663
毒龄	－0. 090	－0. 043	0. 725	0. 528
毒瘾可以戒除的认知	－3. 380	－0. 184	0. 091	0. 682
可以得到朋友支持和帮助的个数	－0. 308	－0. 019	0. 868	0. 632
遇到急难情况时获得帮助的来源个数	－2. 818	－0. 179	0. 097	0. 690
家庭关系和适应性状况	－0. 503	－0. 238	0. 044	0. 581
接受服务时长	－0. 105	－0. 062	0. 525	0. 827
家庭治疗	－1. 782	－0. 043	0. 670	0. 779
情绪辅导	－6. 856	－0. 179	0. 091	0. 714
就业帮扶	－7. 848	－0. 217	0. 047	0. 673
戒断动机强化	－3. 529	－0. 092	0. 428	0. 587
劳动技能培训	－6. 597	－0. 086	0. 387	0. 799
不良行为矫正	0. 441	0. 005	0. 963	0. 837
社交障碍训练	－7. 311	－0. 096	0. 305	0. 914
R^2	0. 317			
F 值	2. 521			
P 值	0. 003			

12. 5　讨论

研究结果显示，服务对象接受多种类型的社区戒毒康复服务有助于减缓其生理和心理层面的不良症状，从而取得更好的戒毒矫治效果。一些社区戒毒康复服务，如就业帮扶服务对戒毒矫治效果产生显著的积极影响，另外一些社区戒毒康复服务对戒毒矫治效果所起到的作用却没那么明显。

一方面，在实践工作中应该注意社区戒毒康复工作和服务对象外部环境之间存在相互影响关系，即社会工作服务中心会通过向服务对象提供针对性服务，改善其家庭和社会环境，好的家庭功能和社会支持又会反过来助力社区戒毒康复工作更好地开展。另一方面，表明开展社区戒毒康复工作有助于强化服务对象的戒毒意愿，当服务对象的戒毒意愿得到强化，他会更加愿意去接受社区戒毒康复服务。

在开展社区戒毒康复工作过程中，政府除了需要加强对社会组织的引导、管理、监督和考核，还需要重视与禁毒社会组织之间的互动关系，通过加大资金投入、建立长效机制、制定政策法规等手段，为社区戒毒社会组织能够高质高效地开展工作创造条件。而社区戒毒社会组织也要主动配合政府开展好社区戒毒康复工作，积极发挥自身在服务供给过程中所表现的灵活性高、专业性强等特点，为社区戒毒康复人员提供有针对性的、可靠的服务。

12.6 研究展望

本研究主要探讨了在国内政府购买服务的背景下社区戒毒康复服务效果的影响因素，而目前该研究领域尚未形成完善的理论体系，仍有许多地方值得深入探讨和研究。基于以上原因，笔者认为以后可以从以下三个方面开展相关研究。

第一，进一步扩大抽样范围。由于本研究仅在佛山市 X 区 Y 社会工作服务中心接受社区戒毒康复服务的人员中选取调查对象，研究结果可能存在区域局限性，建议后续的研究采取更大范围的抽样，以增强研究结论的代表性、稳定性和说服力。而在研究对象的选取上，可以将 X 区的社区戒毒康复服务对象与其他区域的同类人群作横向对比。

第二，进一步挖掘数据价值。虽然本研究已经运用了描述性统计分析和多元回归分析等分析方法对问卷数据进行了较为详尽与深入的分析，但考虑到所收集到的数据仍足以支撑路径分析的开展，因此在下一步的研究中可引入路径分析方法，以找到影响戒毒矫治效果的最佳路径，更深入地探索各变量之间的相互影响机制，使问卷数据的价值得到进一步体现，为社区戒毒康复工作提供更有价值的指导。

第三，进一步拓展研究应用。强制隔离戒毒是当前我国戒毒工作研究领域的主流，考虑到社区戒毒和强制隔离戒毒存在相通之处，在以后的研究中还可以对本研究的框架作适当的调整与修改，将其拓展应用到强制隔离戒毒领域中，以期进一步优化戒毒场所内矫治项目的设置，为我国戒毒事业的发展贡献智慧力量。

13 政府购买服务视角下社区戒毒效果的影响因素研究

——基于广东省佛山市S区的扎根理论分析

13.1 引言

自《禁毒法》和《戒毒条例》先后颁布实施以来，我国逐步建立起以自愿戒毒、强制隔离戒毒和社区戒毒为主要措施的戒毒体系。经过多年的探索实践和多方的不懈努力，我国禁毒工作在现行的戒毒体系下取得了阶段性成效。截至2018年底，全国共有吸毒人员240.4万名，同比下降5.8%，国内毒品形势呈现整体向好、持续改观的积极变化，毒品的社会危害得到有效减轻。但我们仍要清醒看到，我国的吸毒人群规模依然很大，仅2018年被依法责令社区戒毒康复的就达到了24.22万人次，而这仅仅占当年全国被查处的吸毒人员（71.7万人次）的33.8%。面对当前我国禁毒工作压力仍然不小、社区戒毒适用率不断提高的形势，单纯依靠政府已不能全面推动社区戒毒工作向纵深发展，因而我们越来越需要借助社会力量来缓解社区戒毒工作所面临的压力。

近年来，随着社区戒毒工作的不断深入推进，我国社区戒毒工作进入了全面实施阶段，戒毒效果初步显现，优秀示范点不断涌现，典型带动作用效果明显，以政府购买服务为主要形式的社区戒毒工作在全国各地得到了蓬勃发展。但在开展社区戒毒工作的过程中，我们仍能发现一些社区戒毒部门、机构和组织中存在着如专业人才不足、社区戒毒工作机制不健全、戒毒矫治效果不明显等问题，如何进一步理顺社区戒毒工作机制，充分发挥社会组织作用，科学优化社区戒毒服务，继续提高社区戒毒成效，已经成为当地禁毒部门乃至全社会越来越关注的问题，这也是本书需要深入研究和重点解决的难点问题之一。

13.2 研究设计

13.2.1 研究方法

本书运用扎根理论质性研究方法来对社区戒毒效果的影响因素进行全面梳理和分析。质性研究比较适合在微观层面对个别事物进行细致、动态的描述和分析，它能够通过研究者和被研究者之间的互动对事物进行深入、细致、长期的体验，对事物的“质”得到一个比较全面的解释性理解。扎根理论是质性研究中的经典方法论，它通过采用归纳的方法，建构出反映事物本质的概念及它们之间的联系，进而自下而上地推导出研究结论。本书试图弄清社会工作、毒害认知、家庭和社会环境等因素对社区戒毒效果的影响，并尝试建构起社区戒毒效果影响因素理论模型，而采用扎根理论更适用理论建构，因此本书采用扎根理论的质性研究方法进行研究。

质性研究资料的收集方法非常丰富，本书选取半结构化访谈来进行资料收集。半结构化访谈兼具了结构化访谈和非结构化访谈的特点，它不仅具有结构化访谈的准确性和严谨性，能对访谈的结构、内容以及程序设置一定的控制，而且保留了非结构化访谈的自由度和灵活性，给访谈对象留有表达自身想法和意见的空间。选用半结构化访谈，一方面是鉴于目前国内外相关的研究成果十分丰富，可为访谈主题和访谈内容的确定提供重要依据，使研究者能够“站在巨人的肩膀上”开展更全面、更深层次的研究；另一方面是考虑到已有研究成果以外，还可能存在值得关注或有待研究的未知因素，因此，可以通过半结构化访谈在现有的研究基础上扩展研究外延，以保证访谈获得信息的完整性和全面性。

13.2.2 样本选取

样本选取的首要标准是要具有典型性。珠三角地区作为改革开放的前沿阵地，一直在探索政府向社会购买社区戒毒服务的道路上先试先行，逐步建立起相对完善的社区戒毒网络。其中，佛山市于2017年8月就在全市32个镇街内全面建成了社区戒毒康复工作站，率先在全省实现镇街一级社区戒毒康复工作站全覆盖；在2018年更是被国家禁毒委纳入首批全国禁毒示范城市创建名单，至2018年5月，佛山市的社区戒毒社区康复执行率高达99.3%，位居全省前列。近年来，跟随着佛山市政府在社区戒毒领域的探索实践步伐，S区大力推进社区戒毒社区康复“8·31”工程，取得了明显成效。因此，对佛山市S区的社区戒毒工作实践进行剖析，具有典型意义。而L社会工作服务中心作为经佛山市禁毒办和市民政局批准成立的一个公益性社会组织，在佛山市各区镇街均设有工作站点，承接着包括S区在内的社区戒毒项目，并在S区禁毒办的指导下，为当地162名社区戒毒人员提供以个案管理、小组工作和社区工作为主要内容的社区戒毒服务。鉴于此，本书选取L社会工作服务中心在S区的社区戒毒工作开展情况作为研究切入点。

本书的研究问题是政府购买服务视角下社区戒毒效果的影响因素，社区戒毒人员、社会工作服务中心工作人员和禁毒部门工作人员分别是社区戒毒服务的接受者、提供者和管理者，故对社区戒毒效果影响因素的探析理应深入以上三个主体的个体层面，通过分别开展半结构化访谈，从而把握与社区戒毒相关联的主要因素。因此，本书针对性选取3名社区戒毒人员、3名L社会工作服务中心工作人员以及1名当地禁毒办工作人员共7人作为访谈对象，从该三个主体的角度全面了解政府购买服务视角下社区戒毒工作效果的影响因素。其中，用于L社会工作服务中心工作人员的访谈提纲所涉及的问题较为全面，因而从服务中心工作人员中选取1份访谈资料用作饱和度检验。访谈对象的基本信息见表13－1。

表13－1　访谈对象的基本情况

<table>
<tr><td colspan="8">社区戒毒人员</td></tr>
<tr><td>案例</td><td>性别</td><td>年龄</td><td>学历</td><td>婚姻状况</td><td>毒龄</td><td>参加服务时长</td><td>主要接受项目</td></tr>
<tr><td>1</td><td>男</td><td>29</td><td>初中</td><td>未婚</td><td>1年</td><td>16个月</td><td>戒断动机强化</td></tr>
<tr><td>2</td><td>女</td><td>40</td><td>初中</td><td>离异再婚</td><td>2年</td><td>2个月</td><td>其他（撤销证件布控）</td></tr>
<tr><td>3</td><td>男</td><td>43</td><td>小学</td><td>已婚</td><td>23年</td><td>7个月</td><td>戒断动机强化</td></tr>
<tr><td colspan="8">L社会工作服务中心工作人员</td></tr>
<tr><td>称呼</td><td>职务</td><td colspan="6">主要工作经历</td></tr>
<tr><td>李社工</td><td>康复管理员</td><td colspan="6">2017年11月起担任镇街社区戒毒康复工作站点负责人，负责站点日常管理工作，与此同时，经常性组织站点工作人员开展社区禁毒宣传工作以及向社区戒毒人员提供生活和就业帮扶等社区戒毒服务</td></tr>
</table>

（续上表）

称呼	职务	主要工作经历
董社工	项目主任	参加工作以来，一直从事社会工作，涉及青少年、老年人、社区矫正、禁毒工作等领域。2016 年至今，从中山市轮岗至佛山市社会工作服务中心，先后担任一线社工、站点负责人，现为 S 区项目主任，为当地各镇街站点开展社区戒毒工作提供专业督导
岑社工	康复管理员	参加工作以来，一直从事社区禁毒工作，目前主要负责 S 区强制隔离戒毒人员的出所对接工作，对强制隔离戒毒和社区戒毒都有比较全面和深入的了解
当地禁毒办工作人员		
称呼	职务	主要工作经历
林专干	禁毒办专员	监督、管理和指导社会工作服务中心的社区戒毒工作，协调服务站点、当地各村居与禁毒部门之间的关系，确保几个主体之间的联络沟通渠道畅顺，并妥善处理工作中遇到的各类问题

13. 2. 3 提纲编制

基于前期对国内外相关文献的归纳分析，本书立足政府购买服务的视角，围绕社区戒毒矫治效果的影响因素这一主线，从社区戒毒工作的开展情况、社区戒毒人员的家庭功能状况、社会对社区戒毒人员的支持程度等方面进行访谈提纲设计，针对社区戒毒人员、L 社会工作服务中心工作人员和当地禁毒办工作人员三个主体共编制访谈问题 21 个，其中，社区戒毒人员部分 8 个，服务中心工作人员部分 8 个，禁毒办工作人员部分 5 个。在编制访谈提纲的过程中，需要注意以下几点：一是访谈提纲应该是粗线条的，在访谈中仅仅起到提示的作用，对访谈过程的控制更多是依靠研究者的访谈策略技巧和临场应变能力；二是社区戒毒人员的文化程度普遍较低，针对社区戒毒人员部分的访谈问题应尽可能设计得简洁明了和通俗易懂，使参与访谈的社区戒毒人员能够准确地理解题意，以期获得其清晰的回应；三是允许研究者根据访谈对象和访谈进展，对访谈问题作弹性处理，适当地调整或引入问题，以更深入地了解访谈对象对社区戒毒工作的观点立场和建议意见等。

13.2.4 资料收集

访谈被安排在一个宽敞安静的空间进行，研究者首先就本次访谈的目的和内容向访谈对象作初步解释，并承诺严格保密访谈内容，以建立信任关系，降低访谈对象心理防备，消除交流障碍。访谈围绕政府购买服务、社区戒毒工作的开展情况等主题展开，研究者通过与访谈对象建立参与性对话方式，引导其谈论与访谈主题相关的自身认识、感受与看法，直至研究者认为收集到的访谈信息趋于饱和，有把握对研究中需要解决的问题作出准确回答时，即终止访谈，每个对象的访谈持续时间约为40分钟。

为提高访谈质量，在征得访谈对象同意后，访谈全程使用录音笔对访谈内容进行现场记录。访谈资料收集的重点难点在于社区戒毒人员部分的访谈信息记录，社区戒毒人员通常会对透露自身的隐私存有顾虑，怕暴露过去吸毒的不良经历，在访谈中会表现出较大的阻抗反应，因此本研究对选定的访谈对象采用一对一的访谈方式，给予其一定的私人空间，以最大限度地降低阻抗，提高所获资料的真实性和有效性。同时，研究者在提问时还要尽可能避免个人倾向，做到态度中立、语气平和，以消除社区戒毒人员的被歧视感。此外，接受访谈的社区戒毒人员均为佛山籍人员，为消除语言沟通障碍，避免造成研究者与访谈对象双方在理解上的误差，研究者在访谈中尽可能地使用粤语来进行交流。

13.2.5 资料处理

在完成访谈后，基于忠实和完整的转录原则，研究者严格对照原始录音文件，进行访谈资料的文字化转换录入，尽可能保证转录文本的准确性和访谈内容的完整性，并争取在24小时内录入完毕，以避免转录时间过长而导致访谈细节遗忘。在转录文字时，研究者需充分考虑访谈对象在访谈时的神情、语境和肢体语言等细节，将其中的关键要点也一并转录下来，确保访谈资料符合访谈对象所要表达的语义。

访谈资料录入结束后，研究者对文本资料逐字逐句进行二次校验，避免出现纰漏或错过重要信息。为了聚焦研究主题和便于核查资料来源，研究者还采用“访谈对象号—访谈问题号—语句次序号”的格式来对转录的文本资料进行逐句编号，如“I1－R2－S3”表示第1位访谈对象针对第2个访谈问题回答中的第3句话，编号极大地便利了质性资料分析的开展。

13.3　模型构建

本书主要运用程序化扎根理论的3个编码步骤来探究社区戒毒效果的影响因素。一是通过开放性编码对原始资料进行分析和归类，形成初始概念；二是通过主轴编码对初始概念进行归纳，得到主范畴；三是通过选择性编码建立核心范畴，构建社区戒毒效果影响因素理论模型。鉴于访谈资料的信息量较大，为使编码过程更加规范，本书运用 Nvivo 质性分析软件对访谈资料进行整理和分析。

13.3.1　开放性编码

开放性编码是扎根理论编码流程的第一个步骤，它是一个将收集到的访谈资料打散，然后对资料中每段有用的信息分别进行概括并逐层概念化和抽象化，通过不断比较把访谈资料及抽象出的概念打破、揉碎并重新组合的操作化过程。因为社区戒毒人员、L社会工作服务中心工作人员和当地禁毒办工作人员三类访谈对象的访谈提纲有所区别，所以本书分别就三者的访谈资料展开分类初始分析。通过对访谈资料进行词频统计和浏览编码，可得到表13－2的初始概念。经检测，初始概念所包含的访谈信息在三类访谈对象所对应的访谈资料中，其覆盖率都超过75%，处于可接受水平。

表13－2　社区戒毒矫治效果影响因素的开放性编码初始概念

社区戒毒人员			
序号	初始概念	参考点（个）	覆盖率（%）
1	家庭支持帮助	6	13.71
2	社区戒毒	5	15.13
3	定期报到尿检	4	18.07
4	身边朋友影响	3	12.92
5	就业安置帮扶	2	10.30
6	戒断动机强化	2	7.84
7	情绪辅导治疗	2	7.77
8	主动接受社区戒毒	2	9.35
9	被动了解社区戒毒	2	2.38

（续上表）

序号	初始概念	参考点（个）	覆盖率（%）
10	主动了解社区戒毒	1	1.58
11	被动接受社区戒毒	1	0.87
L 社会工作服务中心工作人员			
序号	初始概念	参考点（个）	覆盖率（%）
1	就业安置帮扶	5	15.52
2	情绪辅导治疗	2	6.25
3	困难家庭扶助	2	6.10
4	社区戒毒服务	2	4.48
5	劳动技能培训	1	3.43
6	家庭关系修复	1	2.32
7	解除强戒对接	1	1.11
8	社区禁毒宣传	1	1.06
9	社会关系修复	1	0.91
10	家庭支持帮助	2	9.77
11	社会环境影响	3	9.17
12	信息传递	2	9.87
13	政府支持	2	4.63
14	政府购买服务	1	5.39
15	资源协调	1	3.63
16	机制建立	1	2.12
17	资金投入	1	1.16
18	管理指导	1	0.81
19	工作人员专业能力培训	3	5.99
20	工作人员工作积极性培养	1	7.56
21	主动接受社区戒毒	2	1.46

(续上表)

序号	初始概念	参考点（个）	覆盖率（%）
22	被动接受社区戒毒	1	3.43
当地禁毒办工作人员			
序号	初始概念	参考点（个）	覆盖率（%）
1	政府购买服务	4	21.36
2	组织架构建设	3	12.61
3	机制建立	2	14.18
4	资源协调	1	6.86
5	管理指导	1	6.87
6	信息传递	1	3.07
7	资金投入	1	2.68
8	解除强戒对接	2	8.51
9	社区戒毒服务	2	6.30
10	就业安置帮扶	2	5.20
11	困难家庭扶助	1	4.02
12	情绪辅导治疗	1	3.39
13	定期报到尿检	1	2.29
14	社会环境影响	1	0.71

基于同类合并和近义归类原则，本书将以上初始概念进行初步整合，如将由三类访谈对象对应的访谈资料所概括出来的相同初始概念进行合并，将“社区戒毒”归纳到“社区戒毒服务”，将“身边朋友影响”纳入“社会环境影响”中等，使3个不同类别的初始概念综合成一类大的概念，最终形成27个开放性编码概念如表13－3所示。

表13－3 社区戒毒矫治效果影响因素的开放性编码概念及其描述

序号	概念	访谈内容
1	社区戒毒服务	服务中心工作人员会把社区戒毒服务穿插在就业、家庭和社交这三项内容里面（I5－R8－S1）

（续上表）

序号	概念	访谈内容
2	定期报到尿检	在社区戒毒期间，第一年每个月至少到（社区戒毒康复）站点报到和接受服务一次，第二年每两个月至少到（社区戒毒康复）站点报到和接受服务一次，第三年每个季度至少到（社区戒毒康复）站点报到和接受服务一次（I1 – R3 – S1）
3	就业安置帮扶	提供就业帮扶，很多经（社区戒毒康复）工作站介绍的社区戒毒人员都能成功就业（I6 – R1 – S6）
4	劳动技能培训	（社区戒毒康复）工作站会定期开展小组工作，比如会进行技能培训、就业帮扶等（I4 – R8 – S2）
5	戒断动机强化	在我解除强戒后，一个朋友诱惑我吸毒，我知道自己的控制能力比较差，所以我就打电话跟（社区戒毒康复）站点的工作人员沟通，通过他的引导，最后避免了那次复吸（I3 – R4 – S1）
6	情绪辅导治疗	在我觉得心烦的时候，我也会主动找（社区戒毒康复）站点的工作人员聊天，接受他们的情绪辅导（I3 – R6 – S2）
7	困难家庭扶助	对于个别身患残疾的社区戒毒人员，（社区戒毒康复）站点会与民政部门沟通，申请将其纳入低保（I6 – R1 – S7）
8	家庭关系修复	如果家庭当中存在一些不和睦的因素，我们会帮他们把家里的这些因素给排除掉，让家庭环境变好（I5 – R8 – S2）
9	社会关系修复	在社交方面，我们可以帮他们重新建立朋友圈（I5 – R8 – S3）
10	解除强戒对接	目前，S 区有很多强戒所，更多地需要进行出所的无缝对接，在这方面现在 S 区的各个镇街都已基本实现（I6 – R2 – S1）
11	社区禁毒宣传	在社区工作方面，更多就是禁毒宣传（I5 – R6 – S3）
12	政府购买服务	S 区从 2017 年开始通过政府购买服务的形式聘请了专业的社会组织，协助政府管理社康社戒人员，提供实际的社区戒毒服务，取得的成绩也是显而易见的（I6 – R1 – S4）

(续上表)

序号	概念	访谈内容
13	政府支持	佛山政府对社区戒毒工作的重视和支持程度高。目前，佛山在创建全国禁毒示范城市，社区戒毒服务的进步是有目共睹的（I5 - R1 - S2）
14	组织架构建设	佛山市从2012年开始针对社区戒毒工作进行部署，先后在各个镇街建立（社区戒毒康复）工作站，我们称为启明星驿站，实现了社区戒毒工作阵地从无到有的转变（I6 - R1 - S3）
15	信息传递	我担任联络员，负责领导小组和（社会工作）服务中心之间的联络工作，协调工作安排（I6 - R4 - S2）
16	资源协调	一些服务项目是（社会工作服务）中心这边做不了的，比如申请低保，中心只能在政府这边寻求相关资源来开展这方面的服务。目前，社区戒毒服务的主导权、决定权还是在政府（I4 - R6 - S2）
17	机制建立	佛山政府对社区戒毒的重视程度有了很大的加强，对社康社戒人员的管理也出台了相应的方案，逐渐向成熟、专业的社康社戒模式看齐（I6 - R3 - S1）
18	资金投入	本地政府能最大限度提供社区戒毒活动的资金、物资（I4 - R2 - S1）
19	管理指导	按照当前政府购买服务的形式，让专业人士来提供社区戒毒服务，政府对他们进行监管考核，并给他们提供平台和资源，这会比政府直接干预的效果要好得多，工作效率和质量都有很大的提高（I6 - R3 - S4）
20	工作人员专业能力培训	我们会经常开展专业培训，个别区域还会请香港的督导来进行培训（I5 - R4 - S1）
21	工作人员工作积极性培养	我觉得做服务要靠心才行，较少工作人员接受培训掌握了技能后还愿意留在机构，也较少工作人员觉得自己在禁毒方面会做出一定成绩（I5 - R4 - S2）

（续上表）

序号	概念	访谈内容
22	家庭支持帮助	就我个人而言，主要实质性的帮助，比如就业上、经济上还是来自家人（I1 – R7 – S2）
23	社会环境影响	一方面，社区戒毒人员一般会碍于情面，怕在参与小组工作的过程中遇到熟人，因此参与小组工作的积极性不高。另一方面，社会对吸毒人员的歧视和不理解也不利于他们参与社区戒毒（I4 – R8 – S3&S4）
24	主动了解社区戒毒	我是征询过派出所后自己过来（社区戒毒康复）工作站接受社区戒毒的（I2 – R1 – S1）
25	被动了解社区戒毒	我是通过派出所了解到（社区戒毒康复）工作站这里有提供社康社戒服务的（I1 – R1 – S1）
26	主动接受社区戒毒	因为户口在异地，我之前的戒毒记录在本地查询不到，最近因为身份证布控还未取消，所以主动过来（社区戒毒康复）工作站寻求帮助（I2 – R2 – S2）
27	被动接受社区戒毒	是公安要求我过来接受社区戒毒的（I1 – R2 – S1）

13.3.2 主轴编码

主轴编码是一个通过演绎与归纳方法，将开放性编码中形成的初始概念进行聚类的过程，其主要任务是发现和建立范畴之间的潜在逻辑联系。本书在主轴编码阶段反复分析访谈资料，发现 27 个开放性编码概念间存在相互关系和逻辑次序，并对其进行如下聚类：

（1）“政府购买服务”这一概念因再无下级细分概念，且其包含的有用信息在访谈资料中占有较高的覆盖率，可见此概念对于整个质性研究的重要性，所以直接将其列入本级编码范畴。

（2）将“定期报到尿检”“就业安置帮扶”“劳动技能培训”“戒断动机强化”“情绪辅导治疗”“困难家庭扶助”“家庭关系修复”“社会关系修复”“解除强戒对接”“社区禁毒宣传”10 个概念归纳到“社区戒毒服务”范畴下。

（3）将“组织架构建设”“信息传递”“资源协调”“机制建立”“资金投入”“管理指导”6 个概念归纳到“政府支持”范畴下。

（4）将“工作人员专业能力培训”和“工作人员工作积极性培养”2 个概念归纳到“工作人员队伍建设”范畴下。

（5）将“家庭支持帮助”和“社会环境影响”2 个概念作进一步提炼，分别归纳到“家庭功能”和“社会支持”范畴下。

（6）将“主动了解社区戒毒”“被动了解社区戒毒”“主动接受社区戒毒”“被动接受社区戒毒”4 个概念归纳到“戒毒意愿”范畴下。

本文经过主轴编码提炼出 7 个更高抽象层次的范畴，根据概念与范畴之间的相互关系整理出的树状图如图 13－1 所示。

- 政府购买服务
  - 社区戒毒服务
    - 定期报到尿检
    - 就业安置帮扶
    - 劳动技能培训
    - 戒断动机强化
    - 情绪辅导治疗
    - 困难家庭扶助
    - 家庭关系修复
    - 社会关系修复
    - 解除强戒对接
    - 社区禁毒宣传
  - 政府支持
    - 组织架构建设
    - 信息传递
    - 资源协调
    - 机制建立
    - 资金投入
    - 管理指导
  - 工作人员队伍建设
    - 工作人员专业能力培训
    - 工作人员工作积极性培养
  - 家庭功能——家庭支持帮助
  - 社会支持——社会环境影响
  - 戒毒意愿
    - 主动了解社区戒毒
    - 被动了解社区戒毒
    - 主动接受社区戒毒
    - 被动接受社区戒毒

图 13－1　范畴层次关系树状图

由以上树状图可整理出主轴编码的主范畴见表 13 - 4。

表 13 - 4　社区戒毒矫治效果影响因素的主轴编码范畴及其内涵

序号	主范畴	范畴内涵
1	政府购买服务	政府通过发挥市场机制作用，聘请禁毒相关领域的专业社会组织和人员，并将其作为承担社区戒毒工作的主要社会力量
2	社区戒毒服务	以社会工作服务中心为代表的社会组织向社区戒毒人员提供专业服务，服务涵盖定期报到尿检、就业安置帮扶、情绪辅导治疗等多个方面内容
3	政府支持	社会工作服务中心在开展社区戒毒工作的过程中，获得政府在机制建立、资金投入、管理指导等方面的支持和帮助
4	工作人员队伍建设	社会工作服务中心通过培训、考核和奖励等手段提高工作人员服务专业性和工作积极性，培养工作人员的业务能力和综合素质
5	家庭功能	戒毒人员在接受社区戒毒的过程中，家庭对其在情感交流、关爱扶持、行为约束以及解决生活难题等方面表现出的综合能力
6	社会支持	戒毒人员在接受社区戒毒的过程中，社交群体、道德规范和社会舆论等社会因素对其戒毒所起到的作用
7	戒毒意愿	社区戒毒人员了解、接受以及配合社区戒毒工作的主动程度

13. 3. 3　选择性编码

选择性编码作为扎根理论编码流程的最后阶段，它通过挖掘核心范畴，并以核心范畴作为故事线，系统地处理各主要范畴之间的关系，以期构建一个全新的理论框架。本书按照不断比较的原则，通过归纳推理发现，政府购买服务模式涵盖政府购买服务的形式以及在此形式框架下政府对社区戒毒工作所提供的一切支持；社区戒毒工作则包含社区戒毒服务和工作人员队伍建设，它们分别代表社区戒毒工作的具体内容以及支持具体内容实施的人员要素；社区戒毒人员外部环境由家庭功能和社会支持组成，这两部分反映出来自家庭和社会等外部因素对社区戒毒人员戒毒效果的影响；社区戒毒人员内在因素则由戒毒人员的戒毒意愿体现，它决定了戒毒人员接受社区戒毒积极性的高低。综上所述，我们可得出政府购买服务模式、社区戒毒工作、社区戒毒人员外部环境和社区戒毒人员内在因素

4 个核心范畴，它们的内涵和相互关系见表 13 –5。而 4 个核心范畴当中，政府购买服务模式属于宏观行政层面核心范畴，社区戒毒工作属于中观实施层面核心范畴，社区戒毒人员外部环境和社区戒毒人员内在因素属于微观个体层面核心范畴。

表 13 –5　社区戒毒矫治效果影响因素的核心范畴及其内涵

序号	核心范畴	涵盖范畴	核心范畴内涵
1	政府购买服务模式	政府购买服务	政府购买服务模式是开展社区戒毒工作的基础，它通过政府出资聘请专业社会力量的形式向社会提供社区戒毒服务，并给予这些社会组织政策、资金等方面的支持，这些支持又进一步推动了政府购买服务的落实。同时，政府推行的社区戒毒政策也对社会环境产生一定的正向影响
		政府支持	
2	社区戒毒工作	社区戒毒服务	社区戒毒工作是政府购买服务模式下提高戒毒效果的最关键因素，它直接作用于社区戒毒效果，同时对社区戒毒人员外部环境和社区戒毒人员内在因素产生积极影响
		工作人员队伍建设	
3	社区戒毒人员外部环境	家庭功能	家庭功能和社会支持之间存在相互影响，它们共同构成社区戒毒人员外部环境。社区戒毒人员拥有好的外部环境是提升社区戒毒效果的重要因素，外部环境同时能够影响社区戒毒人员接受社区戒毒的深入程度
		社会支持	
4	社区戒毒人员内在因素	戒毒意愿	戒毒意愿是影响社区戒毒人员戒毒矫治效果的内在因素，它决定着社区戒毒人员接受社区戒毒积极性的高低

为揭示政府购买服务视角下各种因素对社区戒毒效果的影响机理，本书将研究的核心问题范畴化为“社区戒毒效果的影响因素”，并通过对访谈资料先后进行开放性编码、主轴编码和选择性编码，得出核心范畴以及范畴间的因果关系，最终推演出图 13 –2 的理论模型。

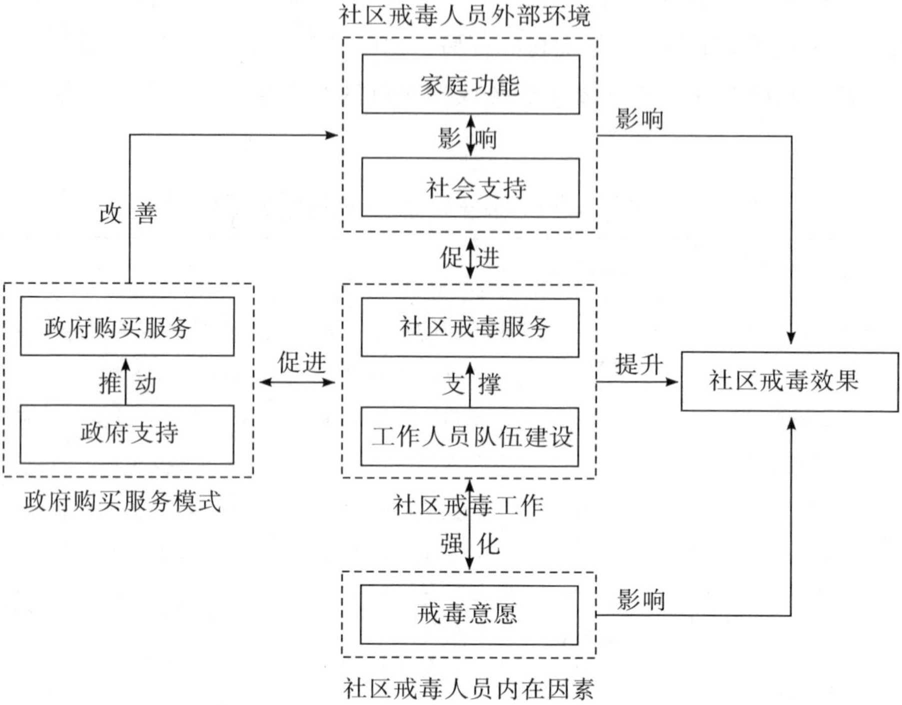

图 13－2　社区戒毒矫治效果影响因素理论模型

13.3.4　饱和度检验

理论饱和度是判断新收集到的访谈资料是否对理论建构有新的贡献的一个重要指标。为了检验理论模型的理论饱和度，本书再次运用扎根理论对预先选取的1名服务中心工作人员的访谈资料进行三级编码。编码过程显示，未发现新的概念、主范畴以及核心范畴，同时也没有产生新的关系，所得出的结果仍然符合“政府购买服务视角下各种因素对社区戒毒效果的影响机理”，因此可以判定已获取的理论模型是饱和的。

13.4　结论与启示

13.4.1　研究结论

为更清晰理解、探析政府购买服务视角下社区戒毒效果的影响因素及其作用关系，本书运用质性研究方法，借助扎根理论，挖掘当前我国社区戒毒领域中各类要素，总结对该领域的新理解与新认识，具体研究结论如下：

（1）界定了社区戒毒领域中各类要素的内涵。针对以往文献多集中于对单一措施在社区戒毒中所起到作用效果的讨论，而缺乏对社区戒毒效果影响因素的全盘研究，本书经过对访谈资料进行逐级编码，归纳分析得到与社区戒毒领域相关的27个概念、7个主范畴和4个核心范畴，并根据访谈资料的描述和现实的相关定义分别总结提炼出各自的内涵。这些概念和范畴不仅能够让研究者直观而全面地掌握社区戒毒这一体系所包含的内容和要素，还能为确定社区戒毒效果的影响因素划定寻找范围。

（2）构建起社区戒毒矫治效果影响因素的理论框架。本书基于相关文献的回顾总结，结合扎根理论的分析结果，在归纳概念、整合范畴和理清关系的基础上，建立起一个能够较为全面分析社区戒毒矫治效果影响因素的理论模型。该模型明确了各核心范畴之间的作用机制，即政府购买服务模式作为整个理论模型的重要前因变量，通过社区戒毒工作和社区戒毒人员外部环境两个中介因素作用于社区戒毒效果；社区戒毒工作能够正向影响与之关联的一切变量，并与社区戒毒人员外部环境和社区戒毒人员内在因素共同作用于社区戒毒效果。

（3）识别出影响社区戒毒效果的重要因素。在本书归纳出的4个核心范畴中，政府购买服务模式和社区戒毒工作均拥有多条直接或间接影响社区戒毒效果的路径，且在访谈中被多次提及，由此可判断，这2个范畴是影响社区戒毒效果的重要因素。其中，政府购买服务模式作为当前我国社区戒毒服务供给的基本形式，它不仅在政策、资金、管理等方面为社区戒毒工作的开展提供巨大的推动力，还通过投入资源改善社区戒毒人员的社会环境和家庭状况，为他们提供良好的外部环境，从而间接助推社区戒毒效果的提高；社区戒毒工作是整个理论模型的“十字路口”，它与模型中的每一个范畴都存在密切联系，对上，它能反馈现行模式运行是否畅顺，从而促进政府购买服务模式的自我调整和完善，对下，它能通过各种工作手段直接帮助社区戒毒人员戒除毒瘾、回归社会，对外，它能改善社区戒毒人员外部环境和社区戒毒人员内在因素，进而提升社区戒毒效果。相关研究已证实，相较于其他模式，政府购买服务模式是目前我国开展社区戒毒的有效途径，能够提高社区戒毒服务的效率和质量；而加强社区戒毒专业队伍建设，合理运用各种科学手段开展社区戒毒工作，则有助于巩固戒断率，提高社区戒毒依从性。

13.4.2 实践价值

本书研究结论表明，来自不同主体的多种因素对社区戒毒效果有着不同程度的影响。因此，要在社区戒毒工作实践中采取有效措施来提升社区戒毒效果，需要从政府部门、社会组织、社会环境以及戒毒人员等角度入手。

首先，加强协调联动，加大资源投入。社区戒毒是一项系统性工作，需要多主体、多部门配合协作，才能高效推进，因此在组织开展社区戒毒工作时，政府需要理清各主体、各部门的职责，建立完善的社区戒毒工作体制机制，减少职权交互叠加情况，提高工作衔接顺畅度和工作效率。此外，政府还要注重信息和资源的共享，在政策、财政和资源等方面给予禁毒社会组织足够的支持，为社区戒毒工作的高效开展创造有利条件。

其次，强化队伍建设，提供专业服务。社区戒毒工作队伍的专业性关乎社区戒毒服务的效果和质量，直接影响着社区戒毒人员的戒毒体验和戒毒成效。在政府购买服务的背景下，禁毒社会组织作为社区戒毒工作队伍建设的责任主体，需要根据社区戒毒的工作特点和发展形势，组建专业的社区戒毒工作队伍，针对性、周期性组织工作人员开展业务培训和绩效考核，结合实际优化社区戒毒服务项目，不断提高组织的服务和管理水平。

再次，注重家庭帮扶，建立社会支持。社会上对吸毒人员的认同普遍较低，很多人常常会戴着有色眼镜看待吸毒人员，因此社区戒毒人员经常会受到朋友甚至是家人的歧视。在开展社区戒毒工作时，不仅要注重落实对戒毒人员家庭的关心帮扶，还需加大社会的禁毒宣传力度和毒品打击力度，为社区戒毒人员营造良好的家庭和社会环境，帮助其建立稳固的家庭社会支持体系，使其在戒毒路上能够从家人、朋友和同事中获得更大的帮助。

最后，增强毒害认知，提升戒毒意愿。很多戒毒人员走上复吸之路与其戒毒决心容易动摇不无关系，因此工作人员在对社区戒毒人员开展心理治疗时，要注重纠正其错误观念，增强其毒害认知和戒毒信心，帮助他们把戒毒成功归因于个人内在的坚持、不断的努力等因素，培养坚定的戒毒内部动机，让社区戒毒人员认识到只有自己才能改变自己的命运。

13.4.3 不足及展望

作为一项探索性研究，本书还存在一些不足和一定局限性，需要在以后的研究中加以改进和完善，如本书采用的扎根理论是一种质性研究方法，具有较强的主观性，并且所得出的社区戒毒效果影响因素、影响因素之间的相关性研究等都有待进一步验证。在后续的研究过程中，社区戒毒效果的影响因素还应通过实证分析，采用量化研究方法验证理论模型中各个因素的作用机理以及其关联性，从而弥补质性研究方法的不足。

参考文献

[1] KARA A, SPILLAN J E, DESHIELDS O W. An empirical investigation of the link between market orientation and business performance in nonprofit service providers [J]. Journal of marketing theory and practice, 2004, 12 (2): 59 – 72.

[2] ANDREONI J, PAYNE A A. Is crowding out due entirely to fundraising? evidence from a panel of charities [J]. Journal of public economics, 2011, 95 (5 – 6): 334 – 343.

[3] BERESFORD P. Service users do not want care navigators [J]. Community care, 2007, 9 (1668): 18.

[4] BOYLE G. The role of autonomy in explaining mental ill-health and depression among older people in long-term care settings [J]. Ageing and society, 2005, 25 (5): 731 – 748.

[5] BRANDON T H, VIDRINE J I, LITVIN E B. Relapse and relapse prevention [J]. Annual review of clinical psychology, 2007, 3 (1): 257 – 284.

[6] BROWN T K, ALPER K. Treatment of opioid use disorder with ibogaine: detoxification and drug use outcomes [J]. The American journal of drug and alcohol abuse, 2018, 44 (1): 24 – 36.

[7] CANDA E R. Filial piety and care for elders: a contested confucian virtue reexamined [J]. Journal of ethnic and cultural diversity in social work, 2013, 22 (3 – 4): 213 – 234.

[8] CHAN-UNG PARK. The institutional embeddedness of social enterprises in welfare state regime: the case of South Korea [M]. Taipei: The 5th East Asian Social Policy Conference, 2008.

[9] CONNOLLY P, YORK P. Evaluating capacity-building efforts for nonprofit organizations [J]. OD practitioner, 2002, 34 (4): 33 – 39.

[10] 科宾，施特劳斯. 质性研究的基础：形成扎根理论的程序与方法

[M]. 朱光明，译. 3 版. 重庆：重庆大学出版社，2015.

[11] DE VITA C J, TWOMBLY E. Building capacity in nonprofit organizations [M]. Washington, DC: Urban Institute Press, 2001.

[12] DEES J G. Enterprising nonprofits [J]. Harvard business review, 1998, 76 (1): 54-67.

[13] DEHOOG R H. Competition, negotiation, or cooperation: three models for service contracting [J]. Administration & society, 1990, 22 (3): 317-340.

[14] YOUNG D R. Organizational identity in nonprofit organizations: strategic and structural implications [J]. Nonprofit management and leadership, 2001, 12 (2): 139.

[15] RICHARD F D, SCHNEIDER B R. Business associations and economic development: why some associations contribute more than others [J]. Business and politics, 2000, 2 (3): 261-288.

[16] EIKENBERRY A M, KLUVER J D. The marketization of the nonprofit sector: civil society at risk? [J]. Public administration review, 2004, 64 (2): 132-140.

[17] European Commission. A map of social enterprises and their eco-systems in Europe [R]. London, 2014.

[18] FAREED A, VAYALAPALLI S, STOUT S, et al. Effect of methadone maintenance treatment on heroin craving, a literature review [J]. Journal of addictive diseases, 2010 , 30 (1): 27-38.

[19] FASSINGER R E. Paradigms, praxis, problcms, and promisc: groundcd theory in counseling psychology research [J]. Journal of counseling psychology, 2005, 52 (2): 156-166.

[20] GLASER B G, STRAUSS A L. The discovery of grounded theory: strategies for qualitative Research [M]. Chicago: Aldine Transaction, 1999.

[21] GOODMAN A. Social work with drug, alcohol and substance misusers [M]. London: Learning Matters, 2013.

[22] XU Q W. State and society responses to social welfare needs in China: serving the people [J]. China review international, 2011, 18 (2): 236-239.

[23] LESTER M S. Of market failure, voluntary failure, and third-party government: toward a theory of government-nonprofit relations in the modern welfare state [J]. Journal of voluntary action research, 1987, 16 (1-2): 29-49.

[24] LI L W, LONG Y, ESSEX E L, et al. Elderly Chinese and their family caregivers' perceptions of good care: a qualitative study in Shandong, China [J]. Journal of gerontological social work, 2012, 55 (7): 609-625.

[25] DOMITER M, MARCISZEWSKA A. Challenges for contemporary non-profit organizations theoretical deliberations [J]. Management sciences, 2018, 23 (1): 20-26.

[26] MALIVERT M, FATSÉAS M, DENIS C, et al. Effectiveness of therapeutic communities: a systematic review [J]. European addiction research, 2012, 18 (1): 1-11.

[27] MJELDE M, ANN L, CHI I, et al. Assessing tradition in Chinese elders living in a changing social environment: implications for social work practice [J]. Journal of human behavior in the social environment, 2005, 11 (3-4): 41-57.

[28] RAY M. Gerontological social work: reflections on its role, purpose and value [J]. British journal of social work, 2015, 45 (4): 1296-1312.

[29] NAKKEN C. The addictive personality: understanding compulsion in our lives [M]. New York: Harper & Row Publisher Inc., 1988.

[30] O'NEIL J. The link between strong public relationships and donor support [J]. Public relations review, 2007, 33 (1): 99-102.

[31] PARASURAMAN A, ZEITHAML V A, BERRY L L. SERVQUAL: a multiple-ltem scale for measuring consumer perceptions of service quality [J]. Journal of retailing, 1988, 64 (1): 12-40.

[32] PARASURAMN A, ZEITHAML V A, BERRY L L. A conceptual model of service quality and its implication for future research [J]. Journal of marketing, 1985, 49 (4): 41-50.

[33] PRAHALAD C K, HAMEL G. The core competence of the corporation [J]. Harvard business review, 1990, 68 (3): 79-91.

[34] PRANGLEY T, PIT S W, REES T, et al. Factors influencing early

withdrawal from a drug and alcohol treatment program and client perceptions of successful recovery and employment: a qualitative study [J]. BMC psychiatry, 2018, 18 (1): 1-11.

[35] DOLNICAR S, IRVINE H, LAZAREVSKI K. Mission or money? competitive challenges facing public sector nonprofit organisations in an institutionalised environment [J]. International journal of nonprofit and voluntary sector marketing, 2008, 13 (2): 107-117.

[36] STEIKER L K H. Motivational interviewing and addiction: an interview with Melinda Hohman [J]. Journal of social work practice in the addictions, 2009, 9 (2): 236-239.

[37] STOLLER E P. Formal services and informal helping: the myth of service substitution [J]. Journal of applied gerontology, 1989 (8): 37-52.

[38] VAN HOUTVEN C H, NORTON E C. Informal care and health care use of older adults [J]. Journal of health economics, 2004, 23 (6): 1159-1180.

[39] WACKER R R, ROBERTO K A. Community resources for older adults: programs and services in an era of change [M]. Los Angeles: SAGE, 2008.

[40] WILLNER-REID J, WHITAKER D, EPSTEIN D H, et al. Cognitive-behavioural therapy for heroin and cocaine use: ecological momentary assessment of homework simplication and compliance [J]. Psychology and psychotherapy: theory, research and practice, 2016, 89 (3): 276-293.

[41] WONG L. The third sector and residential care for the elderly in China's transitional welfare economy [J]. The Australian journal of public administration, 2008, 67 (1): 89-96.

[42] LU Y Y, KE P C. A brief discussion on community home care service and aged society work in Guangzhou [J]. Advances in social sciences, 2018, 7 (5): 651-656.

[43] YANG B. Contrasting and explaining the models of government purchasing public service: a study of institutional transformation [J]. Chinese public administration, 2011 (3): 41-45.

[44] 蔡雅洁. 公募基金会与非公募基金会的比较 [J]. 中国市场, 2016

(37)：136，150.

［45］曹晓辰．非营利组织市场化运作研究——以上海市交响乐团为例［D］．上海：上海交通大学，2013.

［46］陈竞，文旋．社会组织在居家养老服务中的实践［J］．广西民族大学学报（哲学社会科学版），2014，36（1）：43－47.

［47］陈莉莉，曾梓杰．多中心治理视角下的舟山市海岛社区居家养老服务研究［J］．浙江海洋大学学报（人文科学版），2018（6）：22－28.

［48］陈清．公共产品：基于政府失灵的市场化运营研究［J］．经济研究导刊，2010（6）：90－91.

［49］陈秋芸．目前我国推行公共服务市场化的措施研究［J］．西安石油大学学报（社会科学版），2016，25（5）：32－36.

［50］陈伟，黄洪．批判视域下的老年社会工作：对社区居家养老服务的反思［J］．南京社会科学，2012（1）：70－77.

［51］陈向明．质的研究方法与社会科学研究［M］．北京：教育科学出版社，2000.

［52］陈友华．居家养老及其相关的几个问题［J］．人口学刊，2012（4）：51－59.

［53］陈宇，刘芬芬．社会工作视角下政府购买社区戒毒服务模式的运用浅析——以广州市Q机构“C服务计划”为例［J］．社会工作，2014（6）：36－41.

［54］邓伟志，张钟汝，范明林．社会管理与社会政策［M］．上海：上海人民出版社，2007.

［55］邓闻静．市场化程度、政府购买公共服务与社会组织发展［D］．桂林：桂林理工大学，2019.

［56］邓雪莉．非营利组织筹资模式创新研究［J］．财会通讯，2017（17）：20－24，129.

［57］丁波．当代中国基金会发展问题研究［J］．经济纵横，2008，268（3）：59－61.

［58］丁惠平．市场化、全球化与网络化——当代中国社会组织变迁的影响机制及内在逻辑［J］．吉林大学社会科学学报，2017，57（6）：183－191，208.

［59］董宁．社区帮扶戒毒模式初探［J］．河北公安警察职业学院学报，

2012，12（2）：23－25.

［60］樊云慧．论我国社会企业法律形态的改革［J］．法学论，2016，34（5）：105－114.

［61］费梅苹．本土化视野下社区戒毒康复社会工作服务研究——以上海同伴教育为例［J］．华东理工大学学报（社会科学版），2017（1）：33－42.

［62］傅璟．浅议非营利组织财务风险管理［J］．知音励志，2016（35）：255－256.

［63］高成运．民间组织能力建设的视角与路径［J］．学会，2006（5）：15－21.

［64］高红，朴贞子．三元整合的社会组织能力培育机制构建及其制度支持［J］．学习与实践，2015（6）：97－104.

［65］龚定宏．团体心理咨询在社区戒毒中的效果评价［J］．上海医药，2013，34（6）：58－61.

［66］官有垣，陈锦棠，陆宛苹，等．社会企业：台湾与香港的比较［M］．台北：巨流图书公司，2014.

［67］管剑萍，李新华．"回顾怀旧法"在禁毒社会工作中的可用性［J］．中国药物依赖性杂志，2008，17（1）：73－74.

［68］广州市民政局．广州市2017年社区居家养老服务改革创新项目资金使用情况的公示［EB/OL］．（2019－03－04）．http://www.gzmz.gov.cn/gzsmzj/llfw/201903/31f14b394b6644e3b4853c605998c5c3.shtml.

［69］广州市人民政府办公厅关于印发广州市社区居家养老服务管理办法的通知［EB/OL］．（2016－12－12）．https://jjyl.gzmz.gov.cn/notice/toview/3e4c101a260f49b8834a5241b649307e/a4688319b1f74e529d97d2dbc4b5daf8.

［70］郭豪楠．社会企业：内涵、国内实践与域外经验［J］．党政干部学刊，2019（3）：70－75.

［71］郭竞成．居家养老模式的国际比较与借鉴［J］．社会保障研究，2010（1）：29－39.

［72］郭平，陈刚．2006年中国城乡老年人口状况追踪调查数据分析［M］．北京：中国社会出版社，2009.

［73］国家统计局．2018年国民经济和社会发展统计公报［EB/OL］．（2019－

02－28). http://www.stats.gov.cn/tjsj/zxfb/201902/t20190228_1651265.html.

［74］韩丹. 中国戒毒理念的社会学视野——从治疗理念向康复理念的范式转换［J］. 福建论坛（人文社会科学版），2015（3）：136－141.

［75］韩君. 英国社会企业的发展现状与认证标准［J］. 中国第三部门研究，2013，6（2）：106－115.

［76］韩文琰. 立法认证：解决我国社会企业融资难的重要途径——现实审视与国际比较［J］. 甘肃政法学院学报，2018（2）：73－82.

［77］郝申强. 济泰片治疗合并心理咨询与社会支持在社区戒毒中的效果评价［D］. 上海：复旦大学，2013.

［78］何铨，张实. 基于扎根理论的为老服务社会组织领导者发展路径研究［J］. 云南民族大学学报（哲学社会科学版），2018，35（1）：62－71.

［79］何燕兰. 非营利组织参与养老服务模式研究——以中国红十字会养老服务试点实践为例［J］. 社会福利（理论版），2018（8）：50－54，63.

［80］何云峰，孟祥瑞. 政府对新生社会组织的催化与公共服务社会化［J］. 上海师范大学学报（哲学社会科学版），2011，40（4）：13－19.

［81］贺林平. 一线视角：为居家养老烹制“高标餐”［N］. 人民日报，2018－07－23（9）.

［82］胡宏伟，童玉林，郭少云. 我国政府购买社会组织居家养老服务现状、问题与改进路径［J］. 广东工业大学学报（社会科学版），2013，13（4）：42－51，84.

［83］胡辉华，彭彦霏. 走出非营利组织能力建设的观念迷宫——以广东全省性行业协会能力建设为例［J］. 甘肃行政学院学报，2015（1）：74－83，125.

［84］胡可璐. 老年餐桌：老人点赞，市场艰难［EB/OL］.（2016－01－13）. http://health.people.com.cn/n1/2016/0113/c398004－28048701.html.

［85］黄莉培. 公共服务市场化面临的挑战及对策［J］. 中国青年政治学院学报，2014，33（4）：110－115.

［86］黄少宽. 国外城市社区居家养老服务的特点［J］. 城市问题，2013（8）：83－88.

［87］黄少宽. 我国城市社区养老服务模式创新研究综述［J］. 城市观察，2018（4）：101－113.

[88] 黄水平. 我国社会体育组织获权市场化运作的创新研究 [J]. 湖北体育科技，2015，34（5）：404－406.

[89] 贾倩. 社会组织参与居家养老问题综述 [J]. 经济研究导刊，2018（31）：50－51.

[90] 贾旭东，谭新辉. 经典扎根理论及其精神对中国管理研究的现实价值 [J]. 管理学报，2010，7（5）：656－665.

[91] 金仁仙. 韩国社会企业发展现状、评价及其经验借鉴 [J]. 北京社会科学，2015（5）：122－128.

[92] 康晓光. 创造希望：中国青少年发展基金会研究 [M]. 桂林：漓江出版社，广西师范大学出版社，1997.

[93] 康宗基. 我国民间组织的发展及其与政府的互动关系研究 [D]. 泉州：华侨大学，2011.

[94] 兰华. 问题与对策：我国非营利组织管理体系探析 [J]. 国家行政学院学报，2006，54（4）：52－55.

[95] 李昺伟. 中国城市老人社区照顾综合服务模式的探索 [M]. 北京：社会科学文献出版社，2011.

[96] 李健，卢永彬，王蕾. 组织法律形式、政策工具与社会企业发展——基于全球28个国家的模糊集定性比较分析 [J]. 研究与发展管理，2019，31（1）：1－9，66.

[97] 李健. 政策设计与社会企业发展——基于30个国家案例的定性比较分析 [J]. 理论探索，2018（2）：32－38.

[98] 李健. 社会企业政策国际经验与中国选择 [M]. 北京：社会科学文献出版社，2018.

[99] 李江帆，杨望成. 非营利领域的市场化运作模式及其启示 [J]. 学术研究，2004（8）：62－66.

[100] 李鹏，赵太文. 论家庭在戒毒中的作用 [J]. 山西警官高等专科学校学报，2008，16（1）：75－77.

[101] 李栩栩. 关于对强制隔离戒毒人员进行半结构式访谈的应用 [J]. 犯罪与改造研究，2018（8）：64－70.

[102] 梁枢. 市场化转型背景下体育社会组织改革研究 [J]. 体育与科学，

2015，36（1）：108 – 112.

［103］廖建军. 我国慈善基金会的现状与发展研究——以慈善基金会参与新冠肺炎疫情救助为视角［J］. 新经济，2020，532（8）：8 – 16.

［104］林闽钢. 社会资本视野下的非营利组织能力建设［J］. 中国行政管理，2007（1）：42 – 44.

［105］刘丹. 新时代养老服务业急需弥补人文关怀短板［EB/OL］.（2018 – 10 – 18）. https://theory.gmw.cn/2018 – 10/18/content_31774595.htm.

［106］刘莉莉. 我国非营利组织（NPO）市场化运作模式研究［D］. 青岛：中国海洋大学，2010.

［107］刘美萍. 中国非营利组织的发展现状与出路［J］. 机械管理开发，2012（1）：125 – 128.

［108］刘向红. 我国非营利组织营销管理问题研究［J］. 现代企业教育，2013（2）：123 – 124.

［109］刘小霞. 社会企业：合法性困境及出路［J］. 学习与实践，2012（10）：95 – 103.

［110］刘小元，蓝子淇，葛建新. 机会共创行为对社会企业成长的影响研究——企业源的调节作用［J］. 研究与发展管理，2019，31（1）：21 – 32.

［111］刘晓佳. 中国非营利组织现状探析［J］. 国家行政学院学报，2003（5）：34 – 37.

［112］刘扬. 中国慈善基金会基金保值增值路径选择研究——以广东省青少年发展基金会为例［D］. 长春：吉林大学，2017.

［113］刘杨秋. 广州社区戒毒模式及其创新研究［D］. 成都：西南交通大学，2016.

［114］刘志阳，李斌，陈和午. 企业家精神视角下的社会创业研究［J］. 管理世界，2018，34（11）：171 – 173.

［115］卢德之. 用资本精神推动社会影响力投资［J］. 经济研究参考，2013（28）：45 – 47.

［116］卢玮静，刘程程，赵小平. 市场化还是社会化？——中国官办基金会的转型选择［J］. 中国非营利评论，2017，20（2）：44 – 67.

［117］陆洁如. 社会组织参与养老服务供给过程中的障碍因素［J］. 管理

工程师，2018，23（5）：68－72.

［118］罗观翠，雷杰．“社会福利社会化”的陷阱——以广州老人院舍为例［J］．华东理工大学学报（社会科学版），2008（1）：25－29.

［119］斯皮尔，梁鹤．论社会企业的外部支持生态系统［J］．江海学刊，2018（3）：32－37.

［120］罗文恩，黄英．构建社会企业身份：中国大陆、香港和台湾地区社企认证实践比较分析［J］．中国非营利评论，2019，23（1）：86－109.

［121］罗文恩，黄英．我国港台地区社会企业成长中的政府角色比较研究［J］．甘肃行政学院学报，2018（4）：96－109，128.

［122］罗文恩，周延风．中国慈善组织市场化研究——背景、模式与路径［J］．管理世界，2010（12）：65－73，89.

［123］尼森．社会企业的岔路选择：市场、公共政策与市民社会［M］．伍巧芳，译．北京：法律出版社，2014.

［124］马庆钰．社会组织能力建设［M］．北京：中国社会出版社，2010.

［125］麦以成，顾鸿，麦永辉，等．珠三角地区吸毒者脱毒治疗后复吸原因相关因素分析［J］．中国药物依赖性杂志，2005，14（1）：65－57.

［126］苗青．社会企业：链接商业与公益［M］．杭州：浙江大学出版社，2014.

［127］潘绥铭，侯荣庭，高培英．信任重建与社区再融入：社区戒毒长效机制研究［J］．山西师大学报（社会科学版），2014，41（3）：59－64.

［128］新华社．广州：928个老年人饭堂实现街道社区全覆盖［EB/OL］．（2018－03－28）．http://www.gov.cn/xinwen/2018－03/28/content_5278106.htm.

［129］彭善民．篆刻艺术小组：戒毒社会工作的本土创新［J］．福建论坛（人文社会科学版），2010（7）：146－151.

［130］齐东明．济泰片在社区戒毒人员康复治疗中的应用及对焦虑症状影响的研究［J］．心理月刊，2018（4）：55－57.

［131］祁峰．非营利组织参与居家养老的角色、优势及对策［J］．中国行政管理，2011（10）：75－78.

［132］曲绍旭．社会组织介入视角下失能老人服务效果优化研究［J］．残疾人发展理论研究，2017（1）：138－148.

［133］全国老龄工作委员会办公室．中国城市居家养老服务研究报告［EB/OL］．(2008 - 02 - 21)［2012 - 10 - 15］．http://www.lovepama.com/lovepama3.pdf.

［134］任浩，李峰．行业协会影响力评价指标体系的实证研究［J］．现代管理科学，2006（4）：11 - 13.

［135］莱斯特，索可洛斯基．全球公民社会：非营利部门国际指数［M］．北京：北京大学出版社，2007.

［136］沙勇．社会企业：理论审视、发展困境与创新路径［J］．经济学动态，2014，639（5）：49 - 56.

［137］沈军，魏秀玲，高莉，等．开展社区戒毒康复与美沙酮维持治疗资源整合模式的意义［J］．中国药物滥用防治杂志，2014，20（6）：334 - 335.

［138］沈亚平，陆明远．公益与效率：中国非营利组织能力建设［J］．学会，2006（5）：9 - 14.

［139］沈永东，虞志红．政府资助影响社会组织非政府渠道筹资收入——基于中国 3016 家基金会的实证研究［J］．经济社会体制比较，2019（4）：128 - 137.

［140］石琤．居家养老概念辨析、热点议题与研究趋势［J］．社会保障研究，2018（5）：56 - 63.

［141］石君煜．政府引导社会企业参与残障就业服务的问题研究——以广州慧灵为例［D］．广州：华南理工大学，2016.

［142］时立荣，刘菁，徐美美．社会性嵌入：从企业生产要素看社会企业模式的产生［J］．河南社会科学，2014，22（4）：91 - 95，124.

［143］苏程程．中国公益性基金会市场化运作研究［D］．南京：南京大学，2015.

［144］苏明，贾西津，孙洁，等．中国政府购买公共服务研究［J］．财政研究，2010（1）：9 - 17.

［145］苏中华，郝伟，成义仁，等．470 名社区吸毒人员和 1185 名社区普通居民对毒品和艾滋病的认知、态度调查［J］．中国药物依赖性杂志，2005，14（4）：284 - 288.

［146］孙丹潇．宗教服务组织从事社会服务的市场化研究［D］．济南：山

东大学，2019.

［147］孙晓娥. 深度访谈研究方法的实证论析［J］. 西安交通大学学报（社会科学版），2012，5（3）：101－106.

［148］谭俊. 济泰片与美沙酮在社区戒毒康复治疗中预防复吸的药效及安全性评价［D］. 上海：复旦大学，2012.

［149］汤真清，张丽娟，江海峰，等. 济泰片与美沙酮治疗社区戒毒人员抑郁症状的疗效比较［J］. 中国初级卫生保健，2014，28（6）：107－109.

［150］唐咏，徐永德. 中国社会福利变迁下养老服务中非营利民间组织的发展［J］. 深圳大学学报（人文社会科学版），2010，27（1）：74－78.

［151］天河区居家养老示范中心. 关于天河区居家养老服务示范中心情况的报告［R］. 2018.

［152］田蓉. 轻资产运营：非营利组织社会企业化路径与反思［J］. 福建论坛（人文社会科学版），2019（10）：51－58.

［153］汪忠，詹旎萍，王爽爽. 社会创投、资源获取与社会企业绩效关系研究［J］. 财经理论与实践，2019，40（1）：84－89.

［154］王崇赫，孙凌霞. 非公募基金会投资管理模式选择：美国经验及启示［J］. 社团管理研究，2010（2）：41－45.

［155］王杰，洪佩. 情感能量与毒品认知：戒毒康复长效机制研究——基于上海同伴教育的经验［J］. 华东理工大学学报（社会科学版），2018，33（1）：51－58.

［156］王俊，范赟. 我国高校基金会的社会功能探析［J］. 黑龙江高教研究，2017（12）：25－29.

［157］王利荣，张凯伦. 社区戒毒康复机制研究——以贵州“阳光工程”为分析样本［J］. 中国人民公安大学学报（社会科学版），2013（1）：113－118.

［158］王名，蔡志鸿，王春婷. 社会共治：多元主体共同治理的实践探索与制度创新［J］. 中国行政管理，2014（12）：16－19.

［159］王名. 非营利组织管理概念［M］. 北京：中国人民大学出版社，2003.

［160］王名. 走向公民社会——我国社会组织发展的历史及趋势［J］. 吉

林大学社会科学学报，2009，49（3）：5－12，159.

［161］王念祖. 扎根理论三阶段编码对主题词提取的应用研究［J］. 图书馆杂志，2018（5）：74－81.

［162］王清亮，刘志民. 上海市社区戒毒（康复）的效果及其成本—效益评价［J］. 中国药物依赖性杂志，2013，22（1）：69－73.

［163］王世强. 政府推动社会企业发展的政策措施：国际经验与中国路径［J］. 天津行政学院报，2013，15（2）：101－107.

［164］王思荔，董大海，孟佳佳. 基于扎根理论的人脉衡量要素识别［J］. 管理现代化，2015（1）：115－117.

［165］王晓，孙立海，吕万刚. 我国社区体育非盈利组织发展现状的调查研究［J］. 武汉体育学院学报，2013，47（6）：5－11.

［166］王彦斌. 市场化过程中体制内组织的变迁与适应——一项基于东北老工业基地社会S市的调查分析［J］. 云南行政学院学报，2011，13（6）：37－41.

［167］卫祥云. 行业协会（商会）的核心竞争力浅议［EB/OL］.（2006－12－30）［2015－07－07］. http://www.chinacondiment.com/interview/22089.

［168］翁士洪. 公益市场化中的资源依赖与政府控制——基于上海市社区基金会的实证研究［J］. 北京行政学院学报，2020（6）：30－39.

［169］伍菲. 家庭环境对戒毒康复人员戒毒动机的影响研究［D］. 武汉：华中师范大学，2019.

［170］谢川豫. 新时期我国戒毒模式的发展及挑战［J］. 中国人民公安大学学报（社会科学版），2013（2）：38－46.

［171］徐欢乐. 心理干预在社区戒毒中防复吸效果的初步评估［D］. 上海：复旦大学，2012.

［172］严若森. 中国非营利组织的政府性异化及其适应性治理［J］. 管理世界，2010（7）：167－168.

［173］杨宝. 政府购买公共服务模式的比较及解释：一项制度转型研究［J］. 中国行政管理，2011（3）：41－45.

［174］杨玲娟. 基于市场化运作的基金会管理模式研究［D］. 北京：华北电力大学，2014.

［175］杨勇飞. 政府与非营利组织合作供给公共服务的现状分析［J］. 公

关世界，2020（8）：26－27.

［176］姚建龙.《戒毒条例》与新戒毒体系之运作［J］. 中国人民公安大学学报（社会科学版），2012（5）：73－81.

［177］于魏华. 英国社会企业的特征、经验及启示［J］. 中国经贸导刊，2015（15）：60－63.

［178］余传霞. 谈建立戒毒回归人员过渡性帮扶救助制度——以3 000例吸毒人员复吸原因解析为基础［J］. 中国司法，2012（6）：90－92.

［179］袁曼. 我国民间公益基金会治理问题研究：以壹基金为例［D］. 上海：华东理工大学，2012.

［180］张波，囤秀秀. CORPS模式下的非营利组织可持续发展能力评价——以176家民政部登记的基金会为例［J］. 财会月刊，2019（23）：128－138.

［181］张敬伟，马东俊. 扎根理论研究法与管理学研究［J］. 现代管理科学，2009（2）：115－117.

［182］张冉. 行业协会能力建设［M］. 上海：上海交通大学出版社，2013.

［183］张冉. 现代行业协会组织能力［M］. 上海：上海财经大学出版社，2009.

［184］张冉，等. 行业协会能力建设评价体系［R］. 上海：上海市民政局，2011.

［185］张文静，沈克印. 政府购买服务视角下我国公共体育资源配置市场化改革研究［J］. 体育文化导刊，2020（2）：24－30.

［186］张县城. 心理社会治疗模式下社工介入社区戒毒过程的实务探究［D］. 郑州：郑州大学，2017.

［187］张小华，夏一巍，吴光炜，等. 论我国上海戒毒服务和社会帮助对戒毒矫治效果的影响［J］. 中国药物依赖性杂志，2016，25（3）：291－296.

［188］张玉磊. 困境与治理：非营利组织的市场化运作研究［D］. 济南：山东大学，2008.

［189］张玉磊. 论非营利组织的市场化运作：理论基础与现实问题［J］. 山西财政税务专科学校学报，2007，9（5）：63－66.

［190］张玉磊. 市场化运作背景下非营利组织的公共责任实现机制探析［J］. 广东青年干部学院学报，2007，21（4）：58－61.

[191] 张蕴涵. 社区社会组织市场化的动因与路径 [D]. 杭州：浙江大学，2021.

[192] 章晓懿，刘帮成. 社区居家养老服务质量模型研究——以上海市为例 [J]. 中国人口科学，2011 (3)：86 - 87.

[193] 赵桂保. 社区戒毒康复工作现状与发展趋势 [J]. 犯罪与改造研究，2019 (11)：38 - 43.

[194] 赵颖. 浅析新常态下非营利组织能力提升问题 [J]. 学会，2016 (12)：51 - 54，60.

[195] 郑功成. 中国慈善事业的发展与需要努力的方向——背景、意识、法制、机制 [J]. 学海，2007 (3)：62 - 67.

[196] 郑光. 公益创投项目市场化运作模式研究 [D]. 黄石：湖北师范大学，2018.

[197] 中华人民共和国统计局. 中国民政统计年鉴 [M]. 北京：中国统计出版社，2014.

[198] 周丰. 非营利组织市场化运营的研究——以 A 市青年志愿者协会为例 [D]. 武汉：华中师范大学，2017.

[199] 周红云，陈晓华，董叶. 社区居家养老服务对城市老年人健康的影响 [J]. 统计与决策，2018 (17)：98 - 101.

[200] 周俊. 政府购买公共服务的风险及其防范 [J]. 中国行政管理，2010 (6)：13 - 18.

[201] 周礼清，张剑琛，唐德清，等. 上海市花木社区多部门系统干预戒毒康复模式实践效果分析 [J]. 中国药物依赖性杂志，2016，25 (4)：380 - 384.

[202] 周梦雅，刘昭璇，周玥含. 基金会会计信息透明度与捐赠收入关系研究 [J]. 商业会计，2017 (14)：116 - 119.

[203] 周永新，赵环. 中西合璧的老人支持体系——香港所追求的全面照顾模式 [J]. 人口与发展，2010 (3)：75 - 80.

[204] 朱国龙. 我国基金会市场化路径研究 [J]. 西南金融，2016 (6)：43 - 46.

[205] 朱豪君. 公益性基金会市场化运作的探索 [D]. 上海：复旦大学，2010.

［206］朱柳慧，李婧，任艳敏. 居家养老背景下的社区养老服务设施建设策略——基于北京市“老年餐桌”实施现状的实证分析［J］. 规划师，2015（C1）：264－268.

［207］祝建兵，陈娟娟. 非营利组织市场化的动因与风险规避［J］. 广东行政学院学报，2007，19（3）：73－77.

附　录

附录1：访谈提纲（中山市政府部门）

1. 请问中山市社会企业的发展分为几个阶段，其标志性事件和阶段特征分别有哪些？发展社会企业的动力有哪些？

2. 请问针对社会企业的政策文件有哪些？政策对社会企业发展的影响有哪些？社会企业创新模式对社会组织发展的影响有哪些？

3. 请问有哪些政府部门和工作人员负责社会企业项目？政府在发展社会企业项目中的角色和作用体现在哪些方面（资金供给、筛选项目、培训、监管、评估等）？

4. 请问政府在监管社会企业项目过程中面临的挑战有哪些（人力资源管理、项目管理、财务管理、评估等）？

附录2：访谈提纲（社会企业）

1. 请说明机构成立的背景、动力和筹备情况（自发成立还是政府引导）。机构负责人的工作经历与社会企业发展有什么关系？

2. 请说明社会企业的资金来源构成、人力资源、顾客/服务对象、产品（服务）内容、项目运行情况、项目评估、资金盈余情况及盈余用途。

3. 请问市民参与社会企业开展的项目或活动的情况如何（宣传途径、组织管理、数量、频率、反馈等）？

4. 请问社会企业对社会组织发展的影响体现在哪些方面？

5. 请问社会企业发展面临的挑战有哪些（政策环境、社会环境、内部管理等）？

6. 请问社会企业如需进一步发展，应在哪些方面进行完善或改进？

附录3：访谈提纲（LK机构）

1. 目前中心的发展现状（康复者、工作人员、资金状况）是怎样的？

2. 资金主要来源是什么？

3. 中心的市场化运营模式如何？

4. 为什么会选择这种运营模式？

5. 在进行市场化运营过程中遇到过什么困难？

6. 面对市场化运营所遇到的困难，中心是怎么解决的？

7. 对于完善非营利组织在市场化的发展，您有什么建议？

附录4：面向天河区居家养老服务示范中心工作人员的访谈提纲

1. 请对贵组织的居家养老服务项目进行总体介绍。

2. 在成立初期，贵机构对区内长者的服务需求进行了调研。请问区内长者的服务需求情况如何？哪些服务需求比较大？

3. 贵组织目前为老年人提供哪些居家养老服务项目？收费情况如何？政府对各项服务的补贴政策又是怎么样的呢？

4. 贵组织目前每年大约有多少人次提供服务？实际服务开展过程中，哪些服务项目的需求比较大？

5. 服务对象的经济社会特征、生活自理能力和居住状况如何（是否为五保户、特困户；是否为失能老人；是否独居）？

6. 不同需求的老年人分别倾向于选择哪些不同的服务？不同背景的老年人对不同项目的参与度是否有所不同？

7. 您认为贵组织提供的居家养老服务对老年人带来哪方面的积极影响？哪些老年人群体在居家养老服务项目中受惠最大？有无印象深刻的个案？

8. 利益相关方（老年人、老年人的家庭照顾者及服务购买方）对贵组织提供的居家养老服务的认可度和满意度如何？

9. 相比于政府公立养老院和商业养老机构，贵组织在提供居家养老服务方面有哪些优势和劣势？

10. 贵组织是否有固定的志愿者队伍，志愿者在服务供给过程中发挥什么作用？

11．您经常与政府哪些部门打交道，在政府处获得哪些方面的支持，面临什么问题？您又是如何应对的呢？

12．在开展居家养老服务过程中，贵组织遇到哪些困难和挑战？

13．为了更好地应对挑战，提升服务效果，贵组织最需要获取哪些外部资源及支持？

14．请说明贵组织居家养老服务项目的未来发展规划。

附录5：面向天河区居家养老服务示范中心的长者的访谈提纲

1．请问您的年龄、文化程度、婚姻状况、居住状况和职业分别是什么？

2．请问您的身体状况如何？

3．请问您如今的经济来源和生活补给是什么？有没有养老保险和医疗保险？

4．请问有多少个家庭成员和您生活在一起？子女平时会提供哪些帮助和照顾？

5．您对目前的生活状况感到满意吗？若不满意，不满意的地方在哪？

6．您认为居家养老服务对老年人生活的影响有哪些？

7．您理想的养老方式是什么（自己或夫妻照料、由子女照顾、住养老院、居家养老但由社区提供相应服务）？

8．您在日常生活中遇到的难题有哪些？最需要获得哪些居家养老服务（医疗卫生服务、家政料理、老年热线、文体娱乐、聊天解闷、精神慰藉等）？

9．目前您获得哪些居家养老服务？这些服务分别给您的生活带来哪些影响？哪些服务对您或您的家庭照顾者帮助最大？

10．您对这些服务和提供该服务的社工、志愿者总体上满意吗？有没有需要改进的地方？

11．您的家庭照顾者对居家养老服务持怎样的态度？

附录6：社区戒毒服务问卷

基本信息

1．性别：□男　□女

2. 出生年份：________年

3. 文化程度：□文盲 □小学 □初中 □高中 □大学

4. 首次吸毒年份：________年

5. 接受社区服务的时长：________月

6. 接受过的社区服务种类（可多选）：□家庭治疗 □情绪辅导 □就业帮扶 □戒断动机强化 □劳动技能培训 □不良行为矫治 □社交障碍训练 □其他__________（请列出）

第一部分

1. 您认为毒品的危害大吗？

□没有任何危害 □有少许危害 □有危害 □有很大危害

2. 您认同“毒瘾是可以戒除的”这个观点吗？

□非常认同 □一般认同 □不怎么认同 □完全不认同

3. 您有多少关系密切，可以得到支持和帮助的朋友？

□一个也没有 □1～2个 □3～5个 □6个或6个以上

4. 近一年来您：

□远离家人，且独居一室。

□住处经常变动，多数时间和陌生人住在一起。

□和同学、同事或朋友住在一起。

□和家人住在一起。

5. 您与朋友：

□相互之间从不关心，只是点头之交。

□遇到困难可能稍微关心。

□有些朋友很关心您。

□大多数朋友都很关心您。

6. 过去，在您遇到急难情况时，曾经得到的关心安慰、经济支持和解决实际问题的帮助的来源有（可多选）：

□无任何来源（如选择此项后续选项无需填写）

□家人 □朋友 □同事 □工作单位 □社工机构 □其他__________（请列出）

7. 您遇到烦恼时的求助方式：

□只靠自己，不向任何人倾诉和接受别人帮助。

□很少请求别人帮助。

□有时请求别人帮助。

□有困难时经常向家人、亲友、社工机构求援。

8. 对于社工机构组织的活动，您：

□从不参加　□偶尔参加　□经常参加　□主动参加并积极活动

第二部分

1. 在有难处的时候，家里的每个人都会尽最大的努力相互支持。

□不是　□偶尔　□有时　□经常　□总是

2. 在您家里，每个人都可以随便发表自己的意见。

□不是　□偶尔　□有时　□经常　□总是

3. 与家里人一起讨论问题，问题总能得到愉快的解决。

□不是　□偶尔　□有时　□经常　□总是

4. 您与朋友的关系比您与家人的关系更密切。

□不是　□偶尔　□有时　□经常　□总是

5. 家庭状况有变化时，家里平常的生活规律和家规很容易会有相应的改变。

□不是　□偶尔　□有时　□经常　□总是

6. 家庭成员对一件事要作出决策时，喜欢与家人一起商量。

□不是　□偶尔　□有时　□经常　□总是

7. 当家庭中出现矛盾时，家里的每个人能够相互谦让取得妥协。

□不是　□偶尔　□有时　□经常　□总是

8. 在您家里，每个人都不愿意分担家庭义务，而在推卸家庭责任。

□不是　□偶尔　□有时　□经常　□总是

9. 家庭成员都很主动与家里其他人谈心。

□不是　□偶尔　□有时　□经常　□总是

10. 在家里，每个家庭成员的朋友都会受到极为热情的接待。

□不是　□偶尔　□有时　□经常　□总是

11. 在家里，大家更愿意分开做事，而不太愿意和家人一起做。

□不是 □偶尔 □有时 □经常 □总是

第三部分

1. 感到心慌	□无	□轻度	□中度	□严重
2. 感觉全身有说不出的难受	□无	□轻度	□中度	□严重
3. 感觉手和脚怎么放都不舒服	□无	□轻度	□中度	□严重
4. 感觉肌肉或关节疼痛	□无	□轻度	□中度	□严重
5. 晚上睡觉很容易醒	□无	□轻度	□中度	□严重
6. 早上醒得很早	□无	□轻度	□中度	□严重
7. 感到烦躁不安	□无	□轻度	□中度	□严重
8. 晚上很难入睡	□无	□轻度	□中度	□严重

第四部分

1. 头痛或头晕	□无	□轻度	□中度	□偏重	□严重
2. 感觉别人能控制您的思想	□无	□轻度	□中度	□偏重	□严重
3. 忘性大	□无	□轻度	□中度	□偏重	□严重
4. 感觉大多数人都不可信任	□无	□轻度	□中度	□偏重	□严重
5. 容易哭泣	□无	□轻度	□中度	□偏重	□严重
6. 会不能控制地大发脾气	□无	□轻度	□中度	□偏重	□严重
7. 怕单独出门	□无	□轻度	□中度	□偏重	□严重
8. 经常责怪自己	□无	□轻度	□中度	□偏重	□严重
9. 对事物不感兴趣	□无	□轻度	□中度	□偏重	□严重
10. 旁人能知道您的私下想法	□无	□轻度	□中度	□偏重	□严重
11. 恶心或胃部不舒服	□无	□轻度	□中度	□偏重	□严重
12. 感觉比不上他人	□无	□轻度	□中度	□偏重	□严重
13. 感觉有人在监视您、谈论您	□无	□轻度	□中度	□偏重	□严重
14. 做事必须反复检查	□无	□轻度	□中度	□偏重	□严重
15. 难以做出决定	□无	□轻度	□中度	□偏重	□严重
16. 呼吸困难	□无	□轻度	□中度	□偏重	□严重

17. 因为感到害怕而避开某些事物、场合或活动

□无　□轻度　□中度　□偏重　□严重

18. 感觉前途没有希望　□无　□轻度　□中度　□偏重　□严重

19. 不能集中注意力　□无　□轻度　□中度　□偏重　□严重

20. 经常与人争论　□无　□轻度　□中度　□偏重　□严重

21. 认为应该因为自己的过错而受到惩罚

□无　□轻度　□中度　□偏重　□严重

22. 想要很快把事情做完　□无　□轻度　□中度　□偏重　□严重

23. 从未感觉和其他人很亲近　□无　□轻度　□中度　□偏重　□严重

附录7：访谈提纲（社区戒毒）

社区戒毒康复服务对象部分

1. 您是通过哪些渠道了解社区戒毒康复服务的？
2. 您了解社区戒毒康复服务后是基于什么考虑选择社区戒毒康复服务的？
3. 您认为让您成功戒毒的最大因素是什么？
4. 为什么会这么说？这些因素从哪些方面影响了您或是帮助了您？
5. 服务中心工作人员在您回归社会的过程中起到的作用大吗？
6. 服务中心工作人员在哪些方面给予过您帮助？
7. 这些方面能够对您回归社会起到很好的效果吗？能不能举一些例子？
8. 您认为目前服务中心工作人员还有哪些地方有待进一步改进？

Y社会工作服务中心工作人员部分

1. 在开展社区戒毒康复工作中，政府对机构的支持力度大吗？
2. 能不能具体说说政府在哪些方面给予过您支持？
3. 在提供社区戒毒康复服务的过程中，您曾遇到过什么样的困难？
4. 这些困难目前解决了吗？如果解决了，最后是怎样解决的？
5. 能不能介绍一下目前中心开展得比较好的一些服务项目？
6. 请问这些项目是根据服务对象的需求确立的，还是按照禁毒办的要求设置的？
7. 您觉得这些服务对服务对象有哪些影响或帮助？

8．有一些服务对象提及某些社区戒毒康复服务项目（根据服务对象的访谈结果选取）能起到较好的矫治效果，您能就该服务项目分享一些目前已有的好的经验吗？

X 区禁毒办工作人员部分

1．请问您是怎么看待政府以购买服务的形式开展社区戒毒康复工作的？这种模式有什么优势和劣势？

2．您认为在当前的社区戒毒康复工作中，政府更多地充当一个什么样的角色？

3．目前政府在社区戒毒康复方面给予了服务中心和戒毒人员哪些支持？

4．与社区戒毒康复服务领域起步更早的广州相比，佛山在这一领域有什么优势或者创新的地方呢？

5．能介绍一下 X 区社区戒毒康复工作的下一步规划吗？对这方面规划目前采取了什么措施？

后　记

国外关于社会企业的研究主要偏重于案例分析，如乔芷娅·列文森·凯欧翰编著的《21 世纪社会创业：席卷非营利、私人和公共部门的革新》（华南理工大学出版社，2016），分析的案例主要来自国外，考虑到我国社会企业和公益创业的制度环境和具体实践与国外有较大不同，国外案例的可借鉴性和在中国推行的可行性都不大。因此，本书基于中国本土化案例探讨社会企业在中国的发展路径。

目前，国内关于社会企业的研究缺少对近年典型案例的分析，而且多以工商登记类社会企业作为案例进行分析，本研究基于社会组织类型的社会企业的驱动力、影响因素、模式、作用、社会影响和挑战比较分析社会企业发展路径的同质性和异质性，为将来社会企业发展路径的选择提供循证依据，丰富我国社会企业研究案例的同时，整合了制度因素、组织内部治理、服务供给模式、社会影响力等组织发展要素，系统分析中国本土化社会企业，进一步完善社会企业相关理论体系。

本书写作专题研究部分得益于学生的启示和共同合作。第 5 章内容与 2020 届行政管理本科专业学生丁冰洵合作完成。第 6 章内容与 2020 届行政管理本科专业学生杨翊垲合作完成。第 7 章内容由 2022 届全日制研究生尹婉霞完成。第 8 章内容与 2022 届行政管理本科专业学生廖远军合作完成。第 9 章内容与 2018 届行政管理本科专业学生林静茵合作完成。第 11 章内容与 2019 届行政管理本科专业学生梁颖善合作完成。第 12、13 章内容与 2018 届 MPA 学员周文超合作完成。在此感谢以上学生的贡献。

编著者

2023 年 3 月